TRIBUNAIS DE CONTAS E O DIREITO FUNDAMENTAL AO BOM GOVERNO

Moises Maciel

Prefácio
Lauro Ishikawa

TRIBUNAIS DE CONTAS E O DIREITO FUNDAMENTAL AO BOM GOVERNO

Belo Horizonte

2020

© 2020 Editora Fórum Ltda.

É proibida a reprodução total ou parcial desta obra, por qualquer meio eletrônico, inclusive por processos xerográficos, sem autorização expressa do Editor.

Conselho Editorial

Adilson Abreu Dallari	Floriano de Azevedo Marques Neto
Alécia Paolucci Nogueira Bicalho	Gustavo Justino de Oliveira
Alexandre Coutinho Pagliarini	Inês Virgínia Prado Soares
André Ramos Tavares	Jorge Ulisses Jacoby Fernandes
Carlos Ayres Britto	Juarez Freitas
Carlos Mário da Silva Velloso	Luciano Ferraz
Cármen Lúcia Antunes Rocha	Lúcio Delfino
Cesar Augusto Guimarães Pereira	Marcia Carla Pereira Ribeiro
Clovis Beznos	Márcio Cammarosano
Cristiana Fortini	Marcos Ehrhardt Jr.
Dinorá Adelaide Musetti Grotti	Maria Sylvia Zanella Di Pietro
Diogo de Figueiredo Moreira Neto (*in memoriam*)	Ney José de Freitas
Egon Bockmann Moreira	Oswaldo Othon de Pontes Saraiva Filho
Emerson Gabardo	Paulo Modesto
Fabrício Motta	Romeu Felipe Bacellar Filho
Fernando Rossi	Sérgio Guerra
Flávio Henrique Unes Pereira	Walber de Moura Agra

FÓRUM
CONHECIMENTO JURÍDICO

Luís Cláudio Rodrigues Ferreira
Presidente e Editor

Coordenação editorial: Leonardo Eustáquio Siqueira Araújo
Aline Sobreira de Oliveira

Av. Afonso Pena, 2770 – 15º andar – Savassi – CEP 30130-012
Belo Horizonte – Minas Gerais – Tel.: (31) 2121.4900 / 2121.4949
www.editoraforum.com.br – editoraforum@editoraforum.com.br

Técnica. Empenho. Zelo. Esses foram alguns dos cuidados aplicados na edição desta obra. No entanto, podem ocorrer erros de impressão, digitação ou mesmo restar alguma dúvida conceitual. Caso se constate algo assim, solicitamos a gentileza de nos comunicar através do *e-mail* editorial@editoraforum.com.br para que possamos esclarecer, no que couber. A sua contribuição é muito importante para mantermos a excelência editorial. A Editora Fórum agradece a sua contribuição.

Dados Internacionais de Catalogação na Publicação (CIP) de acordo com a AACR2

M152t	Maciel, Moises
	Tribunais de Contas e o direito fundamental ao bom governo / Moises Maciel. – Belo Horizonte : Fórum, 2020.
	245p.; 14,5cm x 21,5cm
	ISBN: 978-85-450-0697-8
	1. Direito Administrativo. 2. Direito Público. 3. Direito Constitucional. I. Título.
	CDD: 341.3
	CDU: 342.9

Elaborado por Daniela Lopes Duarte – CRB-6/3500

Informação bibliográfica deste livro, conforme a NBR 6023:2018 da Associação Brasileira de Normas Técnicas (ABNT):

MACIEL, Moises. *Tribunais de Contas e o direito fundamental ao bom governo*. Belo Horizonte: Fórum, 2020. 245p. ISBN 978-85-450-0697-8.

À mulher da minha vida, Márcia Maciel, pelo apoio incondicional em todos os momentos, principalmente nos de incerteza, muito comuns para quem tenta trilhar novos caminhos. Sem você, nenhuma conquista valeria a pena.

Aos meus pais Manoel Maciel e Hermecelina Maciel (in memoriam), que dignamente me apresentaram à importância da família e ao caminho da dignidade e persistência na busca pelo conhecimento.

AGRADECIMENTOS

A conclusão da presente obra é fruto da preciosa doação da vida e da sabedoria de várias pessoas. Em primeiro lugar, não posso deixar de agradecer a Deus por me guiar, iluminar e proporcionar forças e tranquilidade para seguir em frente sem desanimar diante dos diversos obstáculos. Foi Deus quem me presenteou com uma abençoada e compreensiva família que participou ativamente deste exitoso desafio. Assim, agradeço imensamente pela vida da minha querida e amada esposa Márcia e pela vida dos nossos filhos Davi e Manuelle.

Agradeço ao meu orientador, Prof. Dr. Lauro Ishikawa, por toda a paciência, empenho e sentido prático com que sempre me orientou neste trabalho e em todos aqueles que realizei durante os seminários do mestrado. Muito obrigado por me ter corrigido quando necessário e por me apresentar a brilhantes professores, como o Prof. Dr. Paulo Ferreira da Cunha, Prof. Dr. Eduardo Arruda Alvim e Prof. Dr. Francisco Pedro Jucá, que muito valor acrescentaram à conclusão deste trabalho.

Desejo igualmente agradecer a todos os meus colegas do mestrado, especialmente à Cleide Aparecida Vitorino pelo companheirismo incondicional. Da mesma forma, agradeço ao doutorando Alisson Carvalho de Alencar, cujo apoio, orientação e sincera amizade guiaram os meus passos até a FADISP: você é uma inspiração positiva em todos os momentos.

Agradeço também aos colegas do TCE/MT, em especial, ao Conselheiro Gonçalo Domingos Campos Neto pelo relevante apoio.

Por fim, agradeço a toda a equipe do gabinete substituto pelo ambiente de harmonia, bem como agradeço pelas incansáveis revisões realizadas pelas queridas amigas Stella Capitula e Daniela Samaniego durante a elaboração deste trabalho.

SUMÁRIO

PREFÁCIO
Lauro Ishikawa 11

INTRODUÇÃO 15

CAPÍTULO 1
DOS DIREITOS FUNDAMENTAIS E DAS NORMAS
JURÍDICAS 19

1.1 Os direitos fundamentais: definição e características 20
1.2 Efetividade dos direitos fundamentais à luz do princípio da
     reserva do possível e do mínimo existencial 29
1.3 Os direitos fundamentais e a corrupção 46
1.4 A norma jurídica e a sua eficácia social 53
1.5 Contribuição da iniciativa privada no combate à corrupção 64
1.5.1 A governança corporativa no setor público 66
1.5.2 *Compliance* e programas de integridade 73
1.5.3 Detecção de fraudes utilizando o *big data* 78
1.6 Rede de Controle: troca inter e intragovernamental de
     informações 81

CAPÍTULO 2
DOS TRIBUNAIS DE CONTAS E DO MINISTÉRIO PÚBLICO
DE CONTAS COMO ÓRGÃOS DE CONTROLE 87

2.1 Formas ou Espécies de Controle 89
2.1.1 O controle financeiro e o orçamentário 95
2.2 Os órgãos técnicos de controle 101
2.2.1 Os Tribunais de Contas no Brasil 101
2.2.1.1 Aspectos históricos 105
2.2.1.2 Da magistratura de Contas: evolução histórica 112
2.2.1.3 As garantias funcionais dos Auditores Substitutos de
        Conselheiros: uma análise constitucional 123
2.2.1.4 Composição dos Tribunais de Contas e sua estruturação 143
2.2.1.5 Das funções e da natureza jurídica dos Tribunais de Contas 147

2.2.1.6	Juridicidade, contratação pública e os Tribunais de Contas	162
2.2.1.7	O Tribunal de Contas como guardião da Lei de Responsabilidade Fiscal	164
2.2.2	Do Ministério Público de Contas	167
2.2.2.1	Aspectos históricos	172
2.2.2.2	Composição do Ministério Público de Contas e sua estruturação	174
2.2.2.3	Das funções e da natureza jurídica do Ministério Público de Contas	177
2.2.2.4	Dos limites na atuação do Ministério Público de Contas	183

CAPÍTULO 3

A FUNÇÃO SOCIAL DOS TRIBUNAIS DE CONTAS E DO MINISTÉRIO PÚBLICO DE CONTAS ... 189

3.1	Função social manifestada na interação institucional	194
3.2	Função social manifestada na interação social	199
3.3	Função social expressa na promoção da efetividade das políticas públicas	211
3.4	O Tribunal de Contas, o Ministério Público de Contas e o direito fundamental ao bom governo	219

CONSIDERAÇÕES FINAIS ... 229

REFERÊNCIAS ... 231

PREFÁCIO

A presente obra, de autoria de Moises Maciel, foi desenvolvida ao longo de sua permanência no Programa de Pós-Graduação *Stricto Sensu* da Faculdade Autônoma de Direito, culminando na apresentação de Dissertação de Mestrado.

O desenvolvimento de um trabalho de pesquisa requer dedicação, atributo que não faltou a Moises Maciel. Incansável defensor das boas práticas no trato da coisa pública, o Autor apresentou trabalhos nas seculares Universidades de Salamanca e de Valladolid, ambas fundadas no século XIII, na Espanha, além de aprimorar seus conhecimentos no Summer School em Democracia e Desenvolvimento, na também secular Universidade de Siena, Itália.

Na qualidade de Orientador, ousei fazer esse relato para demonstrar a seriedade com que Moises Maciel desenvolveu sua Dissertação de Mestrado, e a nota máxima obtida na defesa final é consequência disso.

Tribunais de Contas e o direito fundamental ao bom governo é publicação que permeia temas de inquestionável atualidade, revelando em suas linhas um trabalho que merece demorada leitura.

O leitor perceberá que o ponto de apoio que conduz a presente obra é a premissa, intrínseca a uma ordem jurídica democrática, de que a salvaguarda e a promoção dos direitos fundamentais não são possíveis sem uma administração pública eficiente e íntegra, orientada à adoção de instrumentos transparentes, que tenha a garantia da dignidade da pessoa humana a todos e a efetivação da justiça social como finalidades.

Em um primeiro momento, há rica contextualização histórica dos direitos fundamentais, sem deixar escapar a orientação ao objeto da pesquisa, evocando, em seguida, dados, autores e uma colação precisa sobre a jurisprudência nacional para a constituição do panorama do princípio da reserva do possível no Estado brasileiro. De forma objetiva e clara, conduz o debate na esteira da escolha sobre o planejamento e a execução das políticas públicas mediante a busca da melhor decisão possível, transpondo da análise da discricionariedade pública, num cotejo e correlação daquele princípio com a necessária promoção de um mínimo existencial.

Adentrando o mérito da relação entre a efetivação dos direitos fundamentais e a corrupção, são apresentadas leis e convenções nacionais e internacionais, referindo-se ao trabalho de combate a essa chaga – a corrupção –, especialmente no arcabouço jurídico brasileiro.

Colacionando a eficácia social da norma jurídica, com base em autoridades como Robert Alexy e Tercio Sampaio Ferraz Júnior, Moises Maciel orienta o tópico seguinte especialmente, mas não só, através da definição de eficácia e da necessária distinção entre regras e princípios, com a linha argumentativa evidenciando a premente consciência cultural de respeito à ordem jurídica, a qual não deixa de ser conferida, ainda atualmente, pela natureza e força coercitiva intrínseca aos seus ditames.

Em linha retórica coerente, o Autor segue a obra abordando aspectos relativos à contribuição da iniciativa privada no combate à corrupção. Nesse momento, além de ser cotejada a relação entre o ambiente público e o privado e o bom governo, enfrenta-se juridicamente o conceito de *compliance*, inclusive trazendo o inovador instrumento/ferramenta do *Big Data* e seu uso como técnica para coibir fraudes no campo de atuação privada e estatal. São abordadas a transparência pública e a gestão estatal da informação mediante o cotejo da interlocução entre governos e dentro da própria administração, de dados sensíveis e adequados ao aperfeiçoamento gerencial dos órgãos públicos nas mais variadas esferas.

No capítulo que segue, Moises Maciel apresenta o Tribunal de Contas e o Ministério Público de Contas, discutindo as formas e espécies de controle de gestão dos atos administrativos, com foco na distinção entre controle de legalidade e controle de mérito; entre o controle externo e o interno; e, de forma mais específica, no conceito de controle financeiro e orçamentário.

Posteriormente, de uma forma fluida e bem concatenada, tendo em vista seu conhecimento tanto teórico quanto prático do assunto, Moises Maciel discorre sobre os órgãos técnicos de controle do Estado, abordando especificamente os aspectos históricos e fundamentais relativos aos Tribunais de Contas brasileiros. Nesse tópico, o Autor nos brinda com a evolução histórica da magistratura de Contas, o cotejo constitucional das garantias funcionais dos Auditores Substitutos de Conselheiros, a composição e estruturação dos Tribunais e suas variadas funções e natureza jurídica.

Após, caminha para a relação do Tribunal de Contas no Brasil com a contratação pública e a juridicidade – esta enquanto possibilidade de preenchimento de lacunas que invariavelmente possam ser apresentadas durante o próprio exercício da administração pública.

Moises Maciel também não deixa de cotejar a capacidade do Tribunal de Contas enquanto guardião da Lei de Responsabilidade Fiscal – sendo apto dito Tribunal a demandar do setor público, nas mais variadas situações práticas – traçando uma orientação de atuação ao Estado em prol da boa governança.

Em seguida, a consistente pesquisa do Autor destina-se a analisar o Ministério Público de Contas em face da sua premissa essencial de busca da justiça e de sua função de "fiscalizar o cumprimento da lei, promovendo a defesa da ordem jurídica, do erário e dos interesses sociais, atuando como *custos legis*". Iniciando com os aspectos históricos que envolvem esse órgão, passa pela sua composição e estruturação, suas respectivas funções, sua natureza jurídica e limites normativos de atuação.

O ponto essencial é apresentado no capítulo que trata da função social dos Tribunais de Contas e do Ministério Público de Contas, levando-se em consideração três espectros: na interação institucional, na interação social e a expressa na promoção da efetividade das políticas públicas. Para tanto, o Autor parte da premissa de que a função social deve estar vinculada a todos e aos mais variados institutos jurídicos intrínsecos à sociedade, independentemente se públicos ou privados, objetivando alcançar tanto os aspectos relativos ao indivíduo quanto aqueles relacionados a toda a coletividade. Defende de forma assertiva que com o cumprimento da norma está alcançada a função social do Direito, sedimentando sua análise sobre os três pontos indicados, sem deixar de compreender a função social estatal de forma integral e em face de seus próprios órgãos internos.

Por fim, estabelece relação entre o Tribunal de Contas, o Ministério Público de Contas e o direito fundamental ao bom governo. Conceituando esse direito de forma mais estrita, e citando juristas de escol como Francisco Pedro Jucá e Helio Saul Mileski, discorre sobre a necessidade de se adotar uma gestão pública compromissada e responsável com a efetividade e garantia dos interesses sociais, com sopesamento e ponderação entre as reais possibilidades do Estado, a demanda e as expectativas da sociedade.

Ressaltando os "momentos difíceis" vividos pela sociedade brasileira, Reynaldo Soares da Fonseca, Ministro do Superior Tribunal de Justiça, conclui em sua magistral obra que "é chegada a hora de resgatarmos os valores da ética, do Direito e da Democracia, com a construção de um novo paradigma de Justiça. Uma Justiça inclusiva e fraterna" (*O princípio constitucional da fraternidade*: seu resgate no sistema de justiça. Belo Horizonte: D'Plácido, 2019, p. 167).

Nessa esteira, o escrutínio das considerações finais de Moises Maciel merece apreço e lança luzes para as questões mais desafiadoras de uma sociedade em busca do pleno desenvolvimento, de forma sustentada e em sintonia com as novas exigências determinadas pela ONU: nas dimensões econômica, social, ecológica e, em especial, de governança.

Na expectativa do coroamento do estado da arte na futura tese de doutorado, esboço este tímido Prefácio e parabenizo o Autor, Moises Maciel, pela competência, seriedade e humildade.

Boa leitura!

Lauro Ishikawa
Doutor e Mestre em Direito das Relações Sociais pela Pontifícia Universidade Católica de São Paulo. Pós-doutor pela Universidade de Salamanca, Espanha. Professor da graduação em Direito, professor e coordenador adjunto do programa de pós-graduação *stricto sensu* da Faculdade Autônoma de Direito, São Paulo. Professor da graduação em Direito e coordenador de extensão das Faculdades Integradas Rio Branco, São Paulo. Bolsista da Fundação Nacional de Desenvolvimento do Ensino Superior Particular, Brasília. Foi membro do Conselho Superior da Coordenação de Aperfeiçoamento de Pessoal de Nível Superior no Ministério da Educação (2008-2010). Advogado em São Paulo.

INTRODUÇÃO

Atualmente, muito se tem falado acerca dos direitos da sociedade a um bom governo, que se relaciona diretamente com a efetividade de direitos fundamentais, tendo em vista que a má gestão dos recursos públicos tem como consequência a desigualdade social, a concentração de renda e a pobreza extrema. O trabalho apresentado segue essa linha de raciocínio.

Busca-se analisar o papel dos Tribunais de Contas e do Ministério Público de Contas no controle e fiscalização da Administração Pública, que – além de proporcionar às pessoas e às empresas um meio ambiente estatal de governança comprometido com a ética, o bom direito, o bem-estar social – possui a missão constitucional de efetivar o exercício dos direitos fundamentais.

A judicialização, que desafia a eficiência do planejamento orçamentário e financeiro da administração pública, vem demonstrando o quanto precisamos de um controle eficiente dos atos estatais – inclusive, há auditorias comprovando fraudes perpetradas dentro de processos decorrentes da judicialização da saúde. Com experiência centenária no exercício das técnicas especializadas de Controle Externo da Administração Pública no Brasil, ao qual compete a fiscalização contábil, financeira, orçamentária, operacional e patrimonial da União e das entidades da administração direta e indireta, quanto à legalidade, legitimidade, economicidade, aplicação das subvenções e renúncia de receitas, temos o Tribunal de Contas que atua em conjunto com o Ministério Público de Contas, que detém função essencial à justiça, sendo o fiscal da lei, à luz da Constituição Federal de 1988.

Considerando o exposto, nossa principal preocupação ao elaborar o presente estudo voltou-se aos seguintes aspectos:

- Como garantir à sociedade o direito efetivo a um bom governo?
- Quais órgãos estatais têm a missão de capacitar, recomendar, determinar e direcionar os gestores públicos para que desempenhem uma gestão eficiente?
- O que se entende por função social dos Tribunais de Contas e do Ministério Público de Contas?
- Como tornar essa função social ainda mais eficaz?

Seguindo essa linha de raciocínio, procuramos organizar nosso trabalho da seguinte forma: em um primeiro momento, discorremos acerca dos direitos fundamentais, abordando a sua efetividade frente a princípios próprios da Administração Pública, como os da reserva do possível e o mínimo existencial. Ainda nesse capítulo, analisaremos a necessidade do combate à corrupção frente à garantia desses direitos, efetuando uma breve análise das inovações da governança corporativa e de seus instrumentos de controle de riscos, bem como examinando a aplicação dessas ferramentas no setor público, como os programas de *compliance*, os programas de integridade, da detecção de fraudes através da utilização do *big data*. Fechamos o primeiro capítulo com um breve estudo sobre a norma jurídica, seu conceito e eficácia perante a sociedade.

No segundo capítulo, apresentamos o Tribunal de Contas e o Ministério Público de Contas em seus papéis de órgãos de controle. Para tanto, buscamos fazer um pequeno retrospecto histórico a fim de compreender o surgimento de tais órgãos, além de tratarmos da composição e estruturação desses órgãos – bem como de suas funções, identificando a natureza jurídica dos mesmos (assunto um tanto quanto controverso em nossa doutrina) e finalizando com os mecanismos de fiscalização e controle dessas instituições constitucionais sobre a Administração Pública.

Encerramos nosso estudo com o tema principal, qual seja: A Função Social dos Tribunais de Contas e do Ministério Público de Contas, abordando tal função sob suas diversas modalidades de expressão ou manifestação, isto é, em um primeiro momento, analisamos e apresentamos a função social manifestada por meio da interação institucional; em seguida, em sua manifestação social; por fim, pela função social expressa na promoção da efetividade das políticas públicas via controle da legalidade, legitimidade e eficiência exercidos.

Entendemos tratar-se de tema atual e de suma importância, porque é justamente a eficaz atuação desses órgãos de controle que servirá de baliza para a garantia da entrega, à sociedade, de um governo capaz de efetivar direitos fundamentais. A pacificação social é boa, necessária, e deve ser buscada e esperada pela sociedade, mas, acima de tudo, só se pode falar em eficácia, em bom governo e em garantia dos direitos fundamentais observando o princípio maior da dignidade do ser humano por meio da concretização real e efetiva da justiça social.

Para tanto, é necessário que o Tribunal de Contas e Ministério Público de Contas exerçam plenamente a sua missão constitucional de garantidores do bom governo por meio de auditorias, acompanhamento simultâneo e fiscalização da gestão pública. Além disso, essas agências devem fomentar e despertar a sociedade em geral e os conselhos de políticas públicas para que exerçam, efetivamente, o controle social. Por fim, devem também verificar se os sistemas de controle interno, conforme previsto na Constituição Federal, existem e funcionam com liberdade e eficiência em toda Administração Pública nacional.

Assim, o Controle Social, o Controle Interno, o Controle Judicial e órgãos técnicos do Controle Externo, especificamente o Tribunal de Contas e o Ministério Público de Contas, cumprindo suas funções sociais com eficiência, além de necessariamente interagir na troca de informações e conhecimentos técnicos com objetivo de maximizar os resultados do controle, caminharão mais firmes e decididos a propiciar, a toda a coletividade, um governo comprometido de fato com as premissas de uma boa governança, que objetiva o desenvolvimento sustentável, a modernização e a eficiência da gestão pública e a efetivação de direitos fundamentais.

CAPÍTULO 1

DOS DIREITOS FUNDAMENTAIS
E DAS NORMAS JURÍDICAS

Preliminarmente, a doutrina destaca que os direitos fundamentais são a constitucionalização dos direitos humanos. Tais direitos são, portanto, umbilicalmente ligados, diferenciando-se em alguns casos no tratamento jurídico que é conferido ao bem jurídico tutelado e no plano em que estão consagrados – nacional ou internacionalmente. Nesse sentido, Ingo Wolfgang Sarlet leciona que:

> (...) os direitos humanos guardam relação com uma concepção jusnaturalista (jusracionalista) dos direitos, ao passo que os direitos fundamentais dizem respeito a uma perspectiva *positivista*. Nesse sentido, os direitos humanos (como direitos inerentes à própria condição e dignidade humanas) acabam sendo "transformados" em direitos fundamentais pelo modelo positivista, incorporando-os ao sistema de direito positivo como elementos essenciais, visto que apenas mediante um processo de "fundamentalização" (precisamente pela incorporação às constituições) os direitos naturais e inalienáveis da pessoa adquirem a hierarquia jurídica e seu caráter vinculante em relação a todos os poderes constituídos no âmbito de um Estado Constitucional. (Grifo nosso).[1]

Entende-se que a essência dos direitos humanos é a luta contra a opressão da sociedade e a busca do bem-estar social, o que gera a positivação de direitos como a saúde, segurança, educação, trabalho, a fim de conferir ao ser humano a dignidade inerente à vida.

---

[1] SARLET, Ingo Wolfgang. *A eficácia dos direitos fundamentais*. 12. ed. Porto Alegre: Livraria do Advogado, 2015.

De igual maneira, as normas jurídicas surgem para estabelecer direitos e obrigações decorrentes das relações sociais, conforme veremos.

1.1 Os direitos fundamentais: definição e características

Historicamente, os direitos fundamentais possuem como bases ideológicas a igualdade, a justiça e a liberdade, cujo conteúdo é indissociável da vida social desde os primórdios das comunidades humanas, a contar dos primeiros escritos do século VIII a.C. ao XX d.C.[2]

Os primeiros filósofos que trataram dos direitos individuais foram: Zarastustra, na Pérsia; Buda, na Índia; Confúcio, na China; e o profeta Isaías, em Israel. Esses filósofos possuíam em comum a adoção de códigos de comportamento baseados no amor e no respeito.[3]

De igual maneira, os gregos deixam de legado para consolidação dos direitos humanos uma expressiva construção dos direitos políticos. Platão, em sua obra *A República* (400 a.C.), defendeu a igualdade e a noção do bem comum. Aristóteles salientou a importância do agir com justiça para o bem de todos (*Ética a Nicômaco*).[4]

Em Roma, a contribuição se deu com a fragmentação do princípio da legalidade: a Lei das Doze Tábuas, ao estipular a *lex scripta* como delineador de condutas, buscou reduzir as condutas arbitrárias à época. Os romanos consagraram, ainda, os direitos de propriedade, liberdade, personalidade jurídica, entre outros.[5]

No Antigo Testamento, o Pentateuco de Moisés apregoa a solidariedade e a preocupação com o bem-estar de todos, em especial dos vulneráveis (1800-1500 a.C.). Quanto ao Novo Testamento, o cristianismo contribuiu para a disciplina, pregando a igualdade e a solidariedade para com o semelhante.

Jorge Miranda defende que o cristianismo é um dos marcos dos direitos fundamentais na Antiguidade:

> É com o cristianismo que todos os seres humanos, só por o serem e sem acepção de condições, são considerados pessoas dotadas de um eminente valor. Criados à imagem e semelhança de Deus, todos os

---

[2] RAMOS, André de Carvalho. *Curso de Direitos Humanos*. 4. ed. São Paulo: Saraiva, 2017. p. 34.

[3] *Ibidem*.

[4] *Ibidem*, p. 35.

[5] *Ibidem*, p. 36.

homens e mulheres são chamados à salvação através de Jesus, que, por eles, verteu o Seu sangue. Criados à imagem e semelhança de Deus, todos têm uma liberdade irrenunciável que nenhuma sujeição política ou social pode destruir.[6]

A grande contribuição da Idade Média foi a promulgação na Inglaterra da *Magna Charta Libertatum*, documento tido como a primeira declaração formal de direitos considerados fundamentais no período monárquico. Ressalva-se que, ainda que as garantias postas fossem asseguradas apenas à nobreza, tais prerrogativas existem até os dias de hoje para o Direito Constitucional, são elas: o direito de ir e vir, a propriedade privada, a gradação da pena à importância do delito.[7]

A Idade Moderna foi marcada por grande divergência no continente europeu, entre o absolutismo monárquico e o parlamento, na qual o absolutismo parlamentarista visava à conquista de novos direitos para a coletividade e à manutenção dos já conquistados. Nesse período, ocorreu também a reforma protestante, marcando uma independência religiosa contrária à Igreja Católica. No contexto dos direitos fundamentais, Calvino defendia que as autoridades tinham o dever de promover o bem-estar da sociedade, respeitando os direitos inerentes ao homem, conferindo um *status* de direito natural ao direito à vida e à propriedade, defendendo a posição de uso de resistência por parte dos subjugados na defesa desses direitos.[8]

André Ramos elenca, entre os principais debatedores da construção dos direitos inerentes ao homem, Thomas Hobbes (*Leviatã* – 1651), que na esfera política conclui que o ser humano abdica de sua liberdade inicial e se submete ao poder do Estado (o Leviatã), cuja existência justifica-se pela necessidade de se dar segurança ao indivíduo diante das ameaças de seus semelhantes (o homem é o lobo do homem).

---

[6] MIRANDA, Jorge. *Manual de Direito Constitucional*. 3. ed. Coimbra: Coimbra Editora, 2000. t. IV. p. 17.

[7] SILVA, Evander de Oliveira da. A Magna Carta de João Sem-Terra e o devido processo legal. *Jusbrasil*, 2014. Disponível em: https://evanderoliveira.jusbrasil.com.br/artigos/152036542/a-magna-carta-de-joao-sem-terra-e-o-devido-processo-legal. Acesso em: 04 ago. 2019.

[8] OESTREICH, Gerhard. Die Entwicklung der Menschenrechte und Grundfreiheiten: eine historische Einführung. *In*: BETTERMANN, Karl August; NEUMANN, Franz L.; NIPPERDEY, Hans Carl. *Die Grundrechte*: Handbuch der Theorie und Praxis der Grundrechte. Berlin: Duncker & Humblot, 1966. v. 1. p. 24.

Entretanto, Hobbes afirmava que o indivíduo não possuía qualquer proteção contra o poder do Estado.[9]

Em contrapartida, John Locke (*Tratado sobre o governo civil* – 1689) afirmou que o direito dos indivíduos existe mesmo contra o Estado, destacando que o principal objetivo das sociedades políticas sob tutela de um determinado governo é a preservação dos direitos naturais ao homem. Logo, o governo não pode ser arbitrário e deve ter seu poder limitado pela supremacia do interesse público.[10]

Por fim, Cesare Beccaria (*Dos delitos e das penas* – 1766) debateu a existência de limites para ação do Estado na repressão penal, demarcando os limites do *jus puniendi* existentes ainda hoje.[11]

São documentos que precedem a universalização dos direitos humanos fundamentais: a *Petition of Rights* (1628), o *Habeas Corpus Amendment Act* (1679) e o *Bill of Rights* (1688), a Declaração dos Direitos do Homem e do Cidadão (1789), sendo esse último de maior importância por ter proclamado os princípios da liberdade, igualdade, propriedade e da legalidade.

Sob esse prisma, em 10 de agosto de 1948, foi publicada a Declaração Universal dos Direitos Humanos, elaborada pela ONU e celebrada na terceira sessão ordinária de sua Assembleia Geral, realizada em Paris. A Declaração Universal dos Direitos Humanos contém 30 artigos que buscam a proteção de toda a humanidade e seu preâmbulo estabelece que:

> Considerando que o reconhecimento da dignidade inerente a todos os membros da família humana e de seus direitos iguais e inalienáveis é o fundamento da liberdade, da justiça e da paz no mundo,
> Considerando que o desprezo e o desrespeito pelos direitos humanos resultaram em atos bárbaros que ultrajaram a consciência da Humanidade e que o advento de um mundo em que os todos gozem de liberdade de palavra, de crença e da liberdade de viverem a salvo do temor e da necessidade foi proclamado como a mais alta aspiração do ser humano comum,
> Considerando ser essencial que os direitos humanos sejam protegidos pelo império da lei, para que o ser humano não seja compelido, como último recurso, à rebelião contra a tirania e a opressão,

---

[9] RAMOS, André de Carvalho. *Curso de Direitos Humanos*. 4. ed. São Paulo: Saraiva, 2017. p. 41-43.

[10] *Ibidem.*

[11] *Ibidem.*

Considerando ser essencial promover o desenvolvimento de relações amistosas entre as nações,

Considerando que os povos das Nações Unidas reafirmaram, na Carta da ONU, sua fé nos direitos humanos fundamentais, na dignidade e no valor do ser humano e na igualdade de direitos entre homens e mulheres, e que decidiram promover o progresso social e melhores condições de vida em uma liberdade mais ampla,

Considerando que os Estados-Membros se comprometeram a promover, em cooperação com as Nações Unidas, o respeito universal aos direitos e liberdades humanas fundamentais e a observância desses direitos e liberdades,

Considerando que uma compreensão comum desses direitos e liberdades é da mais alta importância para o pleno cumprimento desse compromisso,

Agora portanto (...) como o ideal comum a ser atingido por todos os povos e todas as nações, com o objetivo de que cada indivíduo e cada órgão da sociedade, tendo sempre em mente esta Declaração, se esforce, através do ensino e da educação, por promover o respeito a esses direitos e liberdades, e, pela adoção de medidas progressivas de caráter nacional e internacional, por assegurar o seu reconhecimento e a sua observância universal e efetiva, tanto entre os povos dos próprios Estados-Membros, quanto entre os povos dos territórios sob sua jurisdição.[12]

Na Declaração, os artigos se encontram divididos da seguinte forma: trata-se dos direitos e garantias individuais do 1º ao 21º artigo; dedica-se aos direitos sociais do homem do 22º ao 28º artigo; proclamam-se os deveres da pessoa para com a comunidade no artigo 29 e se estabelece no artigo 30 o princípio de interpretação da Declaração em benefício dos direitos e liberdades nela promulgados.[13]

Após essa retrospectiva histórica, resta claro que os direitos fundamentais surgem de lutas que ocorreram desde a Idade Antiga, entendimento esse sustentado por Norberto Bobbio:

> Os direitos do homem, por mais fundamentais que sejam, são direitos históricos, ou seja, nascidos em certas circunstâncias, caracterizados por lutas em defesa de novas liberdades contra velhos poderes, e nascidos de modo gradual, não todos de uma vez e nem de uma vez por todas.[14]

---

[12] ORGANIZAÇÃO DAS NAÇÕES UNIDAS (ONU). *Declaração Universal dos Direitos Humanos.* Rio, 05 ago. 2009. 17 p. Disponível em: https://nacoesunidas.org/wp-content/uploads/2018/10/DUDH.pdf. Acesso em: 04 ago. 2019.

[13] SILVA, José Afonso da. *Curso de Direito Constitucional Positivo.* 29. ed. São Paulo: Malheiros, 2007. p. 164.

[14] BOBBIO, Norberto. *A Era dos Direitos.* Rio de Janeiro: Elsevier, 1992. p. 5.

A valorização e o reconhecimento da vinculação entre a defesa da democracia e os direitos humanos ocorre no século XX, com a nova formação da sociedade internacional pós-Segunda Guerra Mundial, baseados no interesse dos Estados em manter um relacionamento pacífico na comunidade internacional.

Tais direitos existem pois a sociedade, desde os primórdios, carece de necessidades específicas e básicas, como a saúde, segurança, lazer, condições de trabalho, entre tantas outras formas de garantias sem as quais o homem não consegue ter uma vida digna, sendo, atualmente, tarefa do Estado a proclamação e efetivação dos direitos tidos como fundamentais.

À luz da Constituição Federal de 1988, os princípios que sustentam os direitos humanos fundamentais são o da Dignidade da Pessoa Humana e do Estado Democrático de Direito, ambos estabelecidos em seu art. 1º.

De fato, não se pode tratar de um direito fundamental sem relacioná-lo com a dignidade do homem, tendo em vista que o ser humano é dotado de necessidades básicas para sua sobrevivência.

Cumpre destacar que a dignidade é direito inerente a qualquer pessoa, indistintamente, entendimento esse expresso no artigo 1º da Declaração Universal da Organização das Nações Unidas: "Todos os seres humanos nascem livres e iguais em dignidade e direitos. São dotados de razão e consciência e devem agir em relação uns aos outros com espírito de fraternidade".[15]

No que se refere ao Estado Democrático de Direito, esse nada mais é do que uma limitação aos poderes estatais. O Estado deve agir em prol da sociedade e não em interesse pessoal ou momentâneo, diferentemente do que se estabelecia no período ditatorial, no qual o Estado era absoluto e possuía o poder soberano e ilimitado sobre a população. Nesse sentido, Binenbojm afirma que:

> As ideias de direitos fundamentais e democracia representam as duas maiores conquistas da moralidade política em todos os tempos. Não à toa, representando a expressão jurídico-política de valores basilares da civilização ocidental, como liberdade, igualdade e segurança, direitos fundamentais e democracia apresentam-se, simultaneamente, como

---

[15] ORGANIZAÇÃO DAS NAÇÕES UNIDAS (ONU). *Declaração Universal dos Direitos Humanos.* Rio, 05 ago. 2009. 17 p. Disponível em: https://nacoesunidas.org/wp-content/uploads/2018/10/DUDH.pdf. Acesso em: 04 ago. 2019.

fundamentos de legitimidade e elementos estruturantes do Estado democrático de direito. Assim, toda discussão sobre o que é, para que serve e qual a origem da autoridade do Estado e do direito converge, na atualidade, para as relações entre a teoria dos direitos fundamentais e a teoria democrática.[16]

Dessa forma, torna-se clara a interdependência da dignidade da pessoa humana e o Estado democrático de direito, originados pela luta social para que o Estado criasse mecanismos visando à proteção da população.

No Brasil, a Constituição Federal de 1988 apresentou em cinco capítulos os direitos fundamentais positivados, sendo eles separados em:

a- *Direitos individuais e coletivos*: são os direitos ligados ao conceito de pessoa humana e à sua personalidade, tais como a vida, a igualdade, a dignidade, a segurança, a honra, a liberdade e a propriedade. Estão previstos no artigo 5º e seus incisos;

b- *Direitos sociais*: o Estado Social de Direito deve garantir as liberdades positivas aos indivíduos. Esses direitos são referentes à educação, à saúde, ao trabalho, à previdência social, ao lazer, à segurança, à proteção à maternidade e à infância e à assistência aos desamparados. Sua finalidade é a melhoria das condições de vida dos menos favorecidos, concretizando, assim, a igualdade social. Estão elencados a partir do artigo 6º;

c- *Direitos de nacionalidade*: nacionalidade significa o vínculo jurídico político que liga um indivíduo a um certo e determinado Estado, fazendo com que esse indivíduo se torne um componente do povo, capacitando-o a exigir sua proteção e, em contrapartida, o Estado sujeita-o a cumprir deveres impostos a todos. Estão elencados nos artigos 12 e 13;

d- *Direitos políticos*: permitem ao indivíduo, por meio de direitos públicos subjetivos, exercer sua cidadania, participando de forma ativa dos negócios políticos do Estado. Estão elencados do artigo 14º ao 16º;

e- *Direitos relacionados à existência, organização e participação em partidos políticos*: garantem a autonomia e a liberdade plena dos partidos políticos como instrumentos necessários e importantes na preservação do Estado democrático de Direito. Estão elencados no artigo 17.[17]

---

[16] BINENBOJM, Gustavo. *Uma teoria do Direito Administrativo*: direitos fundamentais, democracia e constitucionalização. 2. ed. rev. e atual. Rio de Janeiro: Renovar, 2008. p. 49.

[17] SILVA, Flavia Anrtins André da. Direitos fundamentais. *DireitoNet*, 16 maio 2006. Disponível em: https://www.direitonet.com.br/artigos/exibir/2627/Direitos-Fundamentais. Acesso em: 04 ago. 2019. Adaptado pelo autor.

Importante frisar que o rol dos direitos humanos fundamentais não é taxativo e pode decorrer de tratados internacionais em que a República Federativa do Brasil seja parte ou do regime e dos princípios por ela adotados, conforme estabelece o art. 5º, §2º, da Constituição Federal de 1988.[18]

Todavia, assim como a sociedade passa por transformações constantes, no ordenamento jurídico brasileiro são admitidas a expansão e criação de novos direitos que se façam necessários e essenciais à dignidade humana, não ocorrendo possibilidade de retrocesso e supressão.

Nessa senda, são elencadas pela doutrina as seguintes características para os direitos fundamentais: universalidade, imprescritibilidade, efetividade, progressividade e aplicabilidade imediata.

A universalidade, de acordo com o art. 5º da Declaração e Programa de Ação de Viena de 1993, significa que os direitos fundamentais se aplicam a todos os seres humanos, sem distinção de gênero, raça ou etnia, credo ou nacionalidade.

Existem posicionamentos contrários à abrangência da universalidade. Entre eles, destaca-se o exarado pelo Ministro Gilmar Ferreira Mendes, quando frisa que:

> (...) não é impróprio afirmar que todas as pessoas são titulares de direitos fundamentais e que a qualidade de ser humano constitui condição suficiente para a titularidade de tantos desses direitos. Alguns direitos fundamentais específicos, porém, não se ligam a toda e qualquer pessoa. Na lista brasileira dos direitos fundamentais, há direitos de todos os homens – como o direito à vida – mas há também posições que não interessam a todos os indivíduos, referindo-se apenas a alguns – aos trabalhadores, por exemplo.[19]

Já a imprescritibilidade implica, em regra, a possibilidade de os direitos fundamentais serem pleiteados a qualquer tempo. Entretanto, no que tange à esfera patrimonial, esses direitos são atingidos pela prescrição, conforme esclarece José Afonso:

---

[18] BRASIL. *Constituição da República Federativa do Brasil de 1988*. Brasília: Senado Federal, 1988. Disponível em: http://www.planalto.gov.br/ccivil_03/constituicao/constituicao.htm. Acesso em: 04 ago. 2019.

[19] MENDES, Gilmar Ferreira; COELHO, Inocêncio Mártires; BRANCO, Paulo Gustavo Gonet. *Curso de Direito Constitucional*. 3. ed. rev. atual. São Paulo: Saraiva, 2008. p. 240.

(...) prescrição é um instituto jurídico que somente atinge coarctando, a exigibilidade dos direitos de caráter patrimonial, não a exigibilidade dos direitos personalíssimos, ainda que não individualistas, como é o caso. Se são sempre exercíveis e exercidos, não há intercorrência temporal de não exercício que fundamente a perda da exigibilidade pela prescrição.[20]

A efetividade se consubstancia na implantação eficaz dos direitos fundamentais, ou seja, não adianta somente elencar um rol de direitos, o Estado tem o dever de garantir a efetivação deles e das garantias fundamentais.

Veremos adiante que ao homem deve ser garantido ao menos o mínimo existencial.

A vedação ao retrocesso, também denominada de progressividade, significa que, depois de proclamado, um direito fundamental inerente ao homem não pode retroceder, mesmo porque, como já apontado, sua positivação ocorre pela Constituição.

J. J. Gomes Canotilho afirma que:

> (...) a ideia aqui expressa também tem sido designada como proibição de contrarrevolução social ou da evolução reacionária. Com isto quer dizer-se que os direitos sociais e econômicos (ex: direito dos trabalhadores, direito à assistência, direito à educação), uma vez obtido um determinado grau de realização, passam a constituir, simultaneamente, uma garantia institucional e um direito subjetivo. (...) O princípio da proibição do retrocesso social pode formular-se assim: o núcleo essencial dos direitos sociais já realizado e efetivado através de medidas legislativas (...) deve considerar-se constitucionalmente garantido sendo inconstitucionais quaisquer medidas estaduais que, sem a criação de outros esquemas alternativos ou compensatórios, se traduzam na prática numa "anulação" pura e simples desse núcleo essencial. A liberdade de conformação do legislador e inerente autorreversibilidade têm como limite o núcleo essencial já realizado.[21]

Dessa forma, após a concretização de um direito fundamental, que surge da luta social, não pode ocorrer a sua supressão do ordenamento jurídico.

---

[20] SILVA, José Afonso da. *Curso de Direito Constitucional Positivo*. 29. ed. São Paulo: Malheiros, 2007. p. 185.

[21] CANOTILHO, José Joaquim Gomes. *Direito constitucional e Teoria da Constituição*. 7. ed. Coimbra: Almedina, 2008. p. 338-339.

No que tange à aplicabilidade imediata, diante da sua essência e valor, os direitos e garantias fundamentais necessariamente precisam dela, conforme preceitua o artigo 5º, §1º, da Constituição Federal de 1988. Acerca do sentido e alcance desse dispositivo, Ingo Wolfgang Sarlet leciona que:

> (...) Ao artigo 5º, §1º, da Constituição de 1988 é possível atribuir, sem sombra de dúvidas, o mesmo sentido outorgado ao art. 18/1 da Constituição da República Portuguesa e ao art. 1º, inc. III, da Lei Fundamental da Alemanha, o que, em última análise, significa – de acordo com a lição de Jorge Miranda – que cada ato (qualquer ato) dos poderes públicos deve tomar os direitos fundamentais como "baliza e referencial".
> Importante, ainda, é a constatação de que o preceito em exame fundamenta uma vinculação isenta de lacunas dos órgãos e funções estatais aos direitos fundamentais, independentemente de forma jurídica mediante a qual são exercidas estas funções, razão pela qual – como assevera Gomes Canotilho – inexiste ato de entidade pública que seja livre dos direitos fundamentais.[22]

Assim sendo, toda matéria que abranger e influenciar diretamente no bem-estar do ser humano, para que seja garantido o mínimo necessário para uma vida digna, deve respeitar as características aqui elencadas, entre outras.

Em contrapartida, a concretização desses direitos, positivados como fundamentais, tem um custo para o Estado. Diante das desigualdades econômicas e financeiras de cada local, a distribuição de recursos e, principalmente, o controle na aplicação do dinheiro público em face das necessidades de cada região são questões essenciais para um bom governo.

O Instituto Brasileiro de Geografia e Estatística (IBGE) divulgou pesquisa apontando que, em 2016, o índice de brasileiros que estão sobrevivendo na miséria subiu 53%, totalizando 24,8 milhões de pessoas, o que equivale a 12,1% da população do país.[23]

Um dado alarmante e contrário a tudo que nossa Constituição de 1988 protege. Osvaldo Canela afirma que: "a miséria é incompatível

---

[22] SARLET, Ingo Wolfgang. *A eficácia dos direitos fundamentais.* 12. ed. Porto Alegre: Livraria do Advogado, 2015. p. 366.

[23] SILVEIRA, Daniel. Em 2016, 24,8 milhões de brasileiros viviam na miséria, 53% a mais que em 2014, revela IBGE. *G1,* 15 dez. 2017. Disponível em: https://g1.globo.com/economia/noticia/em-2016-248-milhoes-de-brasileiros-viviam-na-miseria-53-a-mais-que-em-2014-revela-ibge.ghtml. Acesso em: 05 ago. 2019.

com a lucidez exigida do cidadão, legítimo interveniente dos destinos do Estado, pois submete o ser humano à infame condição de mero sobrevivente, sujeito às injunções biológicas básicas".[24] Assim sendo, tal condição afronta não só a dignidade da pessoa humana, mas também o Estado democrático de direito, que tem como princípio fundamental a proteção dos indivíduos.

E por que a fiscalização da administração pública influencia diretamente em tais direitos? Ricardo Lobo afirma que:

> Os direitos fundamentais têm uma relação profunda e essencial com as finanças públicas. Dependem, para a sua integridade e defesa, da saúde e do equilíbrio da atividade financeira do Estado, ao mesmo tempo em que lhe fornecem o fundamento da legalidade e da legitimidade. Os direitos fundamentais se relacionam com os diversos aspectos das finanças públicas.[25]

Portanto, a gestão pública eficaz, ou seja, o controle das contas públicas, é condição indispensável para o atendimento dos direitos inerentes ao ser humano, bem como o equilíbrio fiscal, que possibilita a efetivação de tais direitos, fazendo do bom governo um direito tido como fundamental, uma vez que abrange todas as vertentes de Estado/sociedade – dever/necessidade.

1.2 Efetividade dos direitos fundamentais à luz do princípio da reserva do possível e do mínimo existencial

Considerando a definição de direitos fundamentais aqui apresentada, insta abordar neste momento sobre a reserva do possível e sua influência frente a tais direitos, bem como a questão do mínimo

---

[24] CANELA JUNIOR, Osvaldo. *A Efetivação dos Direitos Fundamentais através do Processo Coletivo*: o âmbito de cognição das políticas públicas pelo Poder Judiciário. Orientador: Prof. Dr. Kazuo Watanabe. 2009. 151 f. Tese (Doutorado em Direito) – Faculdade de Direito, Universidade de São Paulo, São Paulo, 2009. Disponível em: http://www.teses.usp.br/teses/disponiveis/2/2137/tde-03062011-114104/publico/Versao_simplificada_pdf.pdf. Acesso em: 05 ago. 2019. p. 36.

[25] TORRES, Ricardo Lobo. A Legitimidade Democrática e o Tribunal de Contas. *Revista de Direito Administrativo*, Rio de Janeiro, v. 194, out./dez. 1993, p. 33. Disponível em: http://bibliotecadigital.fgv.br/ojs/index.php/rda/article/view/45894/46788. Acesso em: 05 ago. 2019.

existencial que, para muitos, serve como elemento balizador da atuação da reserva do possível com relação aos direitos fundamentais.

Mas o que é a reserva do possível?

A figura do Estado social vem sofrendo, ao longo dos tempos, importantes transformações, em virtude de não mais se adequar às mudanças sofridas no contexto social atual, bem como em razão do surgimento de um modelo de gestão diferenciado, preocupado com a transparência como consequência de uma participação mais efetiva da sociedade.

Luciano C. Farias[26] chama a nossa atenção para o fato de que "o traço característico desse novo perfil da administração pública reside na redução da participação direta do Estado na execução de serviços públicos e a ampliação da sua dimensão fiscalizadora". Razão pela qual conclui que "esse modelo regulador reserva ao Estado contemporâneo funções eminentemente voltadas ao planejamento, fomento, regulação e fiscalização".

Nesse mesmo sentido, segundo J. J. Canotilho,[27] "o Estado Social assume hoje a forma moderna de Estado Regulador de atividades econômicas essenciais".

Assim, deu-se o que a doutrina entende tratar-se de uma "diminuição do tamanho da máquina estatal", visto ter transferido parte de suas competências públicas para o setor privado. No entanto, a proteção dos interesses da coletividade continua sendo um dever do Estado por determinação constitucional, de modo que a sociedade atual ainda pode exigir, por parte do Estado, uma prestação de serviços públicos de qualidade, porém, não se pode olvidar que os recursos financeiros, até mesmo do Estado, são finitos.

Isso, somado ao crescimento elevado dos direitos tidos por fundamentais acarretou uma falta de recursos por parte do Estado para suprir a todos, o que levou à necessidade de se observar um parâmetro que pudesse limitar a aplicabilidade desses direitos sem prejudicar os interesses sociais.

Por um lado, existem direitos e interesses legítimos e ilimitados dos indivíduos que compõem a sociedade; por outro lado, temos recursos

---

[26] FARIAS, Luciano Chaves de. *Mínimo existencial*: um parâmetro para o controle judicial das políticas sociais de saúde. Belo Horizonte: Fórum, 2015. p. 34-35.

[27] CANOTILHO, Jose Joaquim Gomes. *Direito Constitucional e Teoria da Constituição*. 7. ed. Coimbra: Almedina, 2008. p. 346.

públicos finitos e limitados. A esse respeito, Gustavo Amaral[28] aponta que "há um descompasso entre as necessidades e possibilidades, pois se os direitos fundamentais devem valer para todos e se as necessidades humanas são infinitas, os recursos para atendimento das demandas daí decorrentes são ontologicamente finitos".

Corroborando tal entendimento, citamos as palavras do desembargador Araken de Assis, em seu voto como relator da Apelação Cível nº 70011124955, em 03.08.2005:[29]

> (...) não há dúvida que, a partir do art. 196 da CF/88, o Estado obriga-se a prestações positivas na área da saúde. No entanto, os recursos orçamentários são escassos e hão de ser harmonizados, de resto, com outras prioridades. (...) Na verdade, trata-se do princípio da realidade, algo esquecido nos dias atuais, segundo o qual não se pode pretender o impossível.

Surgiu, aí, a ideia de importar do Direito Germânico a teoria da Reserva do Possível, também chamada de Reserva da Consistência.

Para Ana Paula de Barcellos:

> (...) a expressão reserva do possível procura identificar o fenômeno econômico da limitação dos recursos disponíveis diante das necessidades quase sempre infinitas a serem por eles supridas. No que importa ao estudo aqui empreendido, a reserva do possível significa que, para além das discussões jurídicas sobre o que se pode exigir judicialmente do Estado – e, em última análise da sociedade, já que é esta que o sustenta –, é importante lembrar que há um limite de possibilidades materiais para esses direitos.[30]

Trata-se, portanto, de uma espécie de condição da realidade, ou, como observa Thiago Lima Breus,[31] de "um elemento do mundo dos fatos que influencia a aplicação do Direito".

---

[28] AMARAL, Gustavo. *Direito, escassez e escolha*: em busca de critérios jurídicos para lidar com a escassez de recursos e as decisões trágicas. Rio de Janeiro: Renovar, 2001. p. 108

[29] RIO GRANDE DE SUL. Tribunal de Justiça. *Apelação Cível nº 70011124955*. 4ª Câmara Cível, Rel. Des. Araken de Assis, j. 03.08.2005.

[30] BARCELLOS, Ana Paula de. *A eficácia jurídica dos princípios constitucionais*: o princípio da dignidade humana. 2. ed. Rio de Janeiro: Renovar, 2008. p. 261.

[31] BREUS, Thiago Lima. *Políticas públicas no Estado constitucional*. Belo Horizonte: Fórum, 2007. p. 237.

Por sua vez, para Ingo W. Sarlet,[32] a reserva do possível abrange duas dimensões: uma fática, que está condicionada à noção de limitação de recursos materiais e, ainda, uma dimensão jurídica, que consiste no poder de disposição de que deve titularizar o destinatário das obrigações impostas pelos direitos fundamentais sociais a prestações materiais. Ou seja, a dimensão fática trata da inexistência real de recursos, enquanto a dimensão jurídica consiste na ausência de autorização orçamentária para determinadas despesas ou gastos.

Conforme a decisão proferida pela Corte Alemã, quando da criação da Reserva do Possível, ainda que o Estado possua os recursos necessários disponíveis, não é obrigado a prestar algo que não esteja dentro do que se pode considerar razoável, de modo que podemos afirmar que a figura da reserva do possível não leva em consideração, ao menos em sua origem, única e exclusivamente a existência de recursos materiais suficientes para a efetivação de um direito social, mas tão só a razoabilidade da pretensão deduzida.

Nesse sentido, percebe-se que, quando do seu surgimento, a reserva do possível não se encontrava vinculada à escassez ou não de recursos, mas apenas ao limite da razoabilidade da pretensão.

O mesmo conteúdo não se dá, em partes, no Brasil, onde a reserva do possível funciona como um elemento externo que, em decorrência da limitação orçamentária do Estado, pode limitar ou até mesmo restringir o acesso dos titulares a um direito fundamental.

Houve, no Brasil, uma espécie de mudança da essência da teoria, que passou a ser interpretada como reserva do "financeiramente" possível, visto que é considerada como limite à concretização dos direitos fundamentais apenas a existência ou não de recursos públicos disponíveis.

Essa interpretação distinta da reserva do possível em nossa legislação se dá por conta da realidade socioeconômica existente no país, razão pela qual a utilizamos como uma espécie de óbice para a efetivação de direitos fundamentais sociais devido à limitação do Estado no que tange aos recursos suficientes para implementá-los; por outro lado, também se utiliza a reserva do possível como um elemento externo que, frente à grande massa de direitos fundamentais que existem na atualidade e carecem de efetivação, protege o orçamento público de despesas acima do considerado viável.

---

[32] SARLET, Ingo Wolfgang. *Op. cit.*, 2015, p. 103.

Diante disso, cabe uma limitação que imponha a necessidade de políticas públicas adequadas para efetivar tais direitos fundamentais (e, portanto, relevantes) sem acarretar ônus desnecessários ou prejudiciais ao erário, no que tange ao raciocínio da coletividade, já que o interesse público deve preponderar com relação ao interesse privado.

Nesse sentido, importa lembrar que os direitos fundamentais, em sua maioria, são espécie de liberdades positivas, mas de caráter obrigatório, por meio do qual um Estado Social de Direito busca assegurar o necessário para a sociedade no intuito de concretizar a igualdade social. Não se trata, assim, de meras recomendações ou preceitos morais. São direitos garantidos pela Carta Magna e que, portanto, devem ser fornecidos por meio da atuação do Estado via políticas públicas que busquem condições de vida digna para os membros da coletividade.

Para garantir a eficácia da concessão de tais direitos, porém, é importante analisar com acuidade as possibilidades reais do ente público, bem como a urgência da pretensão solicitada, de modo a evitar possíveis lesões à economia pública ou ferir os direitos constitucionalmente garantidos.

A esse respeito, Ana Paula de Barcellos, em sua obra *A eficácia jurídica dos princípios constitucionais*, ensina que:

> (...) é importante lembrar que há um limite de possibilidades materiais para esses direitos. Em suma: pouco adiantará, do ponto de vista prático, a previsão normativa ou a refinada técnica hermenêutica se absolutamente não houver dinheiro para custear a despesa gerada por determinado direito subjetivo.[33]

Compete ao Estado, por meio da implementação e aplicação de políticas públicas, estabelecer prioridades e critérios com vistas a garantir os direitos fundamentais sociais, sem, contudo, acarretar prejuízos ao orçamento ou despesas acima do permitido. Em relação às "políticas públicas", entendemos que elas são "providências para que os direitos se realizem, para que as satisfações sejam atendidas, para que as determinações constitucionais e legais saiam do papel e se transformem em utilidades aos governados".[34]

---

[33] BARCELLOS, Ana Paula de. *A eficácia jurídica dos princípios constitucionais*. 2. ed. Rio de Janeiro: Renovar, 2008. p. 261.

[34] OLIVEIRA, Régis Fernandes de. *Curso de Direito Financeiro*. São Paulo: Revista dos Tribunais, 2006. p. 251.

Porém, tais políticas públicas, em decorrência da limitação financeira do Estado, encontram barreiras ou – melhor dizendo – encontram limites justamente na Reserva do Possível, cabendo ao poder público criar maneiras para compatibilizá-las, a fim de que, por meio do poder discricionário, sejam exercitadas sem o comprometimento do orçamento. O poder discricionário analisa a oportunidade e a conveniência das políticas com o intuito de escolher a medida mais conveniente para o interesse público, sem deixar de observar o disposto na Constituição Federal.

Acerca da questão, J. J. Canotilho há muito já afirmava que:

> O entendimento dos direitos sociais econômicos e culturais como direitos originários implica, como já foi salientado, uma mudança na função dos direitos fundamentais e põe como acuidade o problema de sua efetivação. Não obstante se falar aqui da efetivação dentro de uma "reserva possível", para significar a dependência dos direitos econômicos, sociais e culturais dos "recursos econômicos" a efetivação dos direitos econômicos sociais e culturais não se reduz a um simples "apelo" ao legislador. Existe uma verdadeira imposição constitucional, legitimadora, entre outras coisas, de transformações econômicas e sociais na medida em que estas forem necessárias para efetivação desses direitos.[35]

Assim sendo, quando falamos em "discricionariedade" do poder público, não se deve entender como o poder de o Estado optar por concretizar ou não um direito fundamental, mas sim compreender que, ao distribuir os recursos, seja realizada uma espécie de ponderação a respeito dos bens jurídicos tutelados que estão em jogo. Dessa forma, impende uma análise acurada acerca do caso concreto em questão, em busca da melhor decisão possível, importando ressaltar aqui que, pelas leis orçamentárias, o gestor público é autorizado (e não obrigado) a realizar as despesas fixadas e arrecadar as receitas previstas no planejamento orçamentário.

Nesse sentido, Vitor Hugo Mota de Menezes[36] argumenta que a efetividade dos direitos fundamentais sociais demanda recursos financeiros limitados e exige, ordinariamente, previsão em lei orçamentária. Assim sendo, a competência do legislador para estabelecer leis orçamentárias é um princípio que deve ser levado em consideração na apreciação de direitos definitivos a prestações fáticas positivas.

---

[35] CANOTILHO, José Joaquim Gomes. *Direito constitucional e teoria da constituição*. 3. ed. Coimbra: Almedina, 1999b. p. 436.

[36] MENEZES, Vitor Hugo Mota. *Direito à Saúde e Reserva do Possível*. Curitiba: Juruá, 2015. p. 101.

Menezes ainda acrescenta que o princípio que ampara o legislador restringe os direitos fundamentais sociais *prima facie* e, por conseguinte, frequentemente impede o reconhecimento de direitos fundamentais sociais definitivos.

No entanto, o autor chama-nos a atenção para o fato de que princípios não são, por sua própria essência, absolutos, podendo ser restringíveis por outros princípios constitucionais. Desse modo, direitos fundamentais sociais podem ter um peso maior do que o princípio da competência orçamentária, razão pela qual a competência orçamentária do legislador deve ser ponderada com os direitos fundamentais sociais, não podendo tal competência orçamentária constituir um princípio absoluto.

Vitor Hugo Mota de Menezes ainda pondera que, atuando a reserva financeira do possível e a competência orçamentária do legislador como restrições aos direitos fundamentais sociais, faz-se mister que se tomem decisões conforme o preceito da proporcionalidade, em favor do princípio com maior peso, no caso concreto.

E, para ilustrar sua argumentação, apresenta dois acórdãos de diferentes Tribunais de Justiça que, apesar de semelhantes, tiveram um desfecho diferente:

O primeiro acórdão, proferido pelo Tribunal de Justiça de Santa Catarina, determinou que o Estado, liminarmente e *inaudita altera parte*, custeasse tratamento (ainda experimental) nos Estados Unidos, no valor de, aproximadamente, R$ 163.000,00 (cento e sessenta e três mil reais) para um portador de Síndrome de Duchenne. Essa decisão foi fundamentada no art. 227, dentre outros, da Constituição da República Federativa Brasileira, que assegura à criança, com absoluta prioridade, o direito à vida e à saúde.

O segundo acórdão usado como exemplo foi proferido pelo Tribunal de Justiça de São Paulo e afastou a possibilidade de liminar em ação proposta igualmente por um portador de Síndrome de Duchenne que buscava obter o custeio do mesmo tratamento. Neste acórdão, a decisão embasou-se no princípio da independência dos poderes, fundamentando-se, também, na impossibilidade de "(...) sujeitar ao Judiciário exame das programações, planejamentos e atividades próprias do Executivo, substituindo-o na política de escolha de prioridades na área da saúde, atribuindo-lhe encargos sem o conhecimento de existência de recursos para tanto insuficientes".[37]

---

[37] *Ibidem*, p. 102.

Mas é isso que podemos vislumbrar no dia a dia? Existe esse cuidado por parte da Administração Pública?

O que podemos identificar é um total descuido por parte da efetivação de determinados direitos – ainda que fundamentais, tais como os direitos sociais – somado à insuficiência de políticas públicas e a uma falta de organização e planejamento das verbas do Estado. Tudo isso sem mencionar a corrupção (assunto a ser tratado em tópico posterior).

Ademais, importa chamar atenção para uma análise com relação a uma ponderação necessária no que tange à verificação do que pode ser alegado com relação à reserva do possível. Parcela de nossa doutrina entende que não se pode impor ao Estado a prestação de assistência social a quem, de certa forma, por ter condições de dispor de recursos suficientes para seu próprio sustento, efetivamente não faz jus a tal benefício. Sendo assim, a alegação da "reserva do possível", em um sentido mais amplo, abrangeria algo maior do que a simples ausência de recursos financeiros ou materiais, envolvendo, também, sob uma ótica da razoabilidade, a proporcionalidade da prestação que se busca.

Por outro lado, se a reserva do possível deve ser encarada com cautela, as limitações a ela vinculadas não podem ser desconsideradas, até mesmo porque, muitas vezes, a reserva do possível é alegada como uma espécie de impedimento para a intervenção judicial ou então como uma "desculpa genérica" (como bem explicam Ingo Wolfgang e Mariana Figueiredo em artigo)[38] para a omissão do Estado no que tange à efetivação dos direitos fundamentais.

Mota de Menezes[39] destaca que inúmeras decisões relacionadas a políticas majoritárias e à promoção de direitos sociais deixam de ser implementadas devido a orçamentos que não são bem programados ou que foram corroídos por decisões judiciais baseadas em casos concretos, a chamada judicialização. Afirma, ainda, que essas prerrogativas do Poder Executivo, nos três níveis de poder, com vistas à realização ou não de determinado orçamento, não sofrem, atualmente, qualquer tipo de controle, o que, na prática, causa impacto na efetivação dos direitos sociais.

---

[38] SARLET, Ingo Wolfgang; FIGUEIREDO, Mariana F. Reserva do possível, mínimo existencial e direito a saúde: algumas aproximações. *In*: SARLET, Ingo Wolfgang; TIMM, Luciano Benetti. *Direitos Fundamentais*: orçamento e "reserva do possível". 2. ed. Porto Alegre: Livraria do Advogado, 2013.

[39] MENEZES, Vitor Hugo Mota. *Op. cit.*, p. 108-109.

Assim, deveria existir, por parte da administração pública, uma análise de dupla dimensão, no sentido de proibir o excesso, mas, em contrapartida, também, a insuficiência, sopesando os atos a fim de exercer um controle necessário dos atos do poder público, de modo a observar critérios de adequação, necessidade e proporcionalidade, considerando sempre as limitações constitucionais no que tange aos direitos fundamentais ali previstos e elencados.

Ilustramos nossa argumentação com o voto proferido pelo então Ministro Celso de Mello:[40]

> (...) Não deixo de conferir, no entanto, assentadas tais premissas, significativo relevo ao tema pertinente à "reserva do possível" (STEPHEN HOLMES/CASS R. SUNSTEIN, *"The Cost of Rights"*, 1999, Norton, New York), notadamente em sede de efetivação e implementação (sempre onerosas) dos direitos de segunda geração (direitos econômicos, sociais e culturais), cujo adimplemento, pelo Poder Público, impõe e exige, deste, prestações estatais positivas concretizadoras de tais prerrogativas individuais e/ou coletivas. É que a realização dos direitos econômicos, sociais e culturais – além de caracterizar-se pela gradualidade de seu processo de concretização – depende, em grande medida, de um inescapável vínculo financeiro subordinado às possibilidades orçamentárias do Estado, de tal modo que, comprovada, objetivamente, a incapacidade econômico-financeira da pessoa estatal, desta não se poderá razoavelmente exigir, considerada a limitação material referida, a imediata efetivação do comando fundado no texto da Carta Política. Não se mostrará lícito, no entanto, ao Poder Público, em tal hipótese, mediante a indevida manipulação de sua atividade financeira e/ou político-administrativa, criar obstáculo artificial que revele o ilegítimo, arbitrário e censurável propósito de fraudar, de frustrar e de inviabilizar o estabelecimento e a preservação, em favor da pessoa e dos cidadãos, de condições materiais mínimas de existência.
> Cumpre advertir, desse modo, que a cláusula da "reserva do possível" ressalvada a ocorrência de justo motivo objetivamente aferível – não pode ser invocada, pelo Estado, com a finalidade de exonerar-se do cumprimento de suas obrigações constitucionais, notadamente quando, dessa conduta governamental negativa, puder resultar nulificação ou, até mesmo, aniquilação de direitos constitucionais impregnados de um sentido de essencial fundamentalidade (...).

---

[40] BRASIL. Supremo Tribunal Federal. ADPF nº 45. Rel. Min. Celso de Mello. Julg. 29.04.2004, *DJU* 04.05.2004. Disponível em: http://stf.jus.br/portal/jurisprudencia/listarJurisprudencia. asp?s1=%28ADPF+45%29&base=baseRepercussao&url=http://tinyurl.com/zhun8ef. Acesso em: 01 jun. 2018.

O voto acima chama a nossa atenção pelos seguintes fatos: em primeiro lugar, por reconhecer expressamente a dependência das possibilidades orçamentárias, na realização dos direitos fundamentais; em segundo, por demonstrar claramente que a reserva do possível não pode ser invocada pelo Estado em busca de se eximir de suas obrigações no que tange ao atendimento e aplicabilidade de tais direitos, de modo que não pode ser considerada como uma espécie de manto protetivo ou escudo, por parte do poder público, na gestão dos recursos frente à necessidade de observância dos direitos, ditos por fundamentais. Por fim, o voto nos chama a atenção para o fato de que não se pode falar em reserva do possível quando estiverem em jogo condições mínimas necessárias para a garantia de viver com dignidade, previstas em nossa lei maior (o que alguns doutrinadores chamam de direitos fundamentais de essencial fundamentalidade), já que asseguram o mínimo necessário para uma vida digna.

Nesse sentido, cumpre destacar que, embora se possa compreender a reserva do possível como uma limitação orçamentária, fundamentada nos princípios da razoabilidade e da proporcionalidade, a ser analisada na efetivação dos direitos fundamentais, ao mesmo tempo, a aplicação dela também se encontra intimamente vinculada ao chamado mínimo existencial. Portanto, passamos a tratar sobre a questão para complementar o raciocínio e estabelecer um delineamento necessário entre a eficácia dos direitos fundamentais, a observância (essencial) da reserva do possível como elemento limitador e, ainda, a relação dos direitos fundamentais com o chamado mínimo existencial. Posto isso, é preciso compreender, então, o que vem a ser o mínimo existencial.

Luciano Chaves de Farias[41] esclarece que a ideia da garantia de um mínimo existencial remonta às mais antigas e remotas eras e que é atribuída a Agostinho, segundo o qual "sem um mínimo de bem-estar material não se pode sequer servir a Deus", dando a entender que era necessário preservar um conjunto de condições mínimas para a vida com dignidade. No entanto, o autor chama a atenção para o fato de que, apenas com a queda do Estado absolutista e o surgimento do Estado de direito, acentuou-se a reflexão sobre o mínimo existencial no que tange aos direitos humanos e fundamentais da pessoa humana.

---

[41] FARIAS, Luciano Chaves de. *Mínimo existencial*: um parâmetro para o controle judicial das políticas sociais de saúde. Belo Horizonte: Fórum, 2015. p. 112.

Tal terminologia (mínimo existencial) se consagrou na Alemanha, sendo usada, atualmente, em larga escala pelo direito pátrio. Porém, a doutrina e jurisprudência americanas optaram pela expressão *direitos constitucionais mínimos* e, posteriormente, passaram a usar a expressão *proteção mínima (minimum protection)*.[42]

É perceptível que a maior parte dos direitos fundamentais requer uma prestação positiva por parte do Estado, o que, por consequência, gera gastos e, diante de uma escassez de recursos, acaba por se deparar com restrições para sua efetivação. No entanto, como já mencionado, tendo em vista o princípio basilar que garante a dignidade da pessoa humana, não compete ao Estado a decisão de implementar ou não o que se pode considerar como o mínimo de cada direito fundamental previsto no texto constitucional.

Assim sendo, independentemente de questões financeiras, necessário é, em primeiro lugar, garantir vida digna à população, concedendo, ainda que minimamente, os seus direitos fundamentais. E é essa parcela mínima dos direitos fundamentais que a doutrina convencionou chamar *mínimo existencial*.

Nesse ponto, importa destacar que, para Heinrich Scholler,[43] a garantia de uma existência digna abrange mais do que uma garantia de mera sobrevivência física, devendo englobar a fruição dos direitos fundamentais e, sempre que possível, o pleno desenvolvimento da personalidade.

O mínimo existencial, portanto, consiste em uma espécie de padrão mínimo de efetivação dos direitos fundamentais, necessário para a observância e garantia da dignidade da pessoa humana e, como tal, não pode ser objeto de intervenção por parte do Estado. Pelo contrário, obriga este a uma prestação positiva a fim de assegurá-lo.[44]

---

[42] TORRES, Ricardo Lobo. *O direito ao mínimo existencial*. Rio de Janeiro: Renovar, 2009. p. 35.

[43] SCHOLLER, Heinrich. Die Störung Des Urlaubsgenusses Eines "Empfindsamen Menschen" Durch Einen Behinderten: Bemerkungen Zum Frankfurter Behinderten-Urteil. *JuristenZeitung*, Tuebingen, v. 35, n. 25, p. 672-677, out. 1980. Disponível em: https://www.jstor.org/stable/20814862. Acesso em: 05 ago. 2019.

[44] Exemplificando tal situação, Farias (2015, p. 74) aduz acerca da questão do ensino fundamental e do ensino superior, afirmando que ambos consistem em direitos fundamentais sociais, todavia, só parece razoável exigir do Estado a disponibilização de vagas para os cidadãos no ensino infantil e fundamental (mínimo existencial). Na demanda por vagas em universidades públicas, entende o autor que se pode exigir do poder público a ampliação da rede, mas não que sejam disponibilizadas irrestritiva e ilimitadamente vagas para todos, visto que, aí sim, esbarraria na reserva do possível.

Araken de Assis[45] explica que o mínimo existencial consiste em uma espécie de desdobramento do princípio da dignidade da pessoa humana, razão pela qual deverá ser sopesado quando da análise da aplicabilidade da teoria da reserva do possível, balizando e traçando, assim, limites para a aplicação desta.

Ao falar do mínimo existencial, portanto, não podemos confundir com mínimo vital ou um mínimo de sobrevivência. O mínimo existencial requer algo mais do que a mera sobrevivência, requer a sobrevivência de forma digna, ou seja, uma vida com uma certa e considerável qualidade.

Acerca da questão, Ingo Wolfgang,[46] em artigo já mencionado, aduz que:

> Tal interpretação do conteúdo do mínimo existencial (conjunto de garantias materiais para uma vida condigna) é a que tem – a despeito de divergências sobre a extensão do conteúdo da garantia – prevalecido não apenas na Alemanha, mas também na doutrina e na jurisprudência constitucional comparada, notadamente no plano europeu, como dá conta, em caráter ilustrativo, a recente contribuição do Tribunal Constitucional de Portugal na matéria, ao reconhecer tanto um direito negativo quanto um direito positivo a um mínimo de sobrevivência condigna, como algo que o Estado não apenas não pode subtrair ao indivíduo, mas também como algo que o Estado deve positivamente assegurar, mediante prestações de natureza material.

Todavia, necessária se faz uma análise cautelosa, em cada caso concreto, de modo a inferir as necessidades dos sujeitos envolvidos, bem como de seu núcleo familiar, a fim de atestar o que se compreende como mínimo existencial. Mesmo porque, por não se encontrar previsto, expressamente, no texto constitucional (apesar de seu reconhecimento inquestionável), falta uma precisão terminológica que auxilie na identificação prática do mínimo constitucional.

Em obra denominada *Mínimo existencial: um parâmetro para o controle judicial das políticas sociais de saúde*, Luciano Chaves de Farias exemplifica tal dificuldade da seguinte maneira:

> (…) de acordo com a pesquisa de Torres (2009, p. 8), a Constituição do Japão, no seu art. 25, declara *que todos terão direito à manutenção de padrão*

---

[45] ASSIS, Araken de. *Aspectos polêmicos e atuais dos limites da jurisdição e do direito à saúde*. São Paulo: Notadez, 2007. p. 178.

[46] SARLET, Ingo Wolfgang. *Op. cit.*, 2015, p. 23.

mínimo de subsistência cultural e de saúde. Na Alemanha, o art. 105 do texto constitucional afirma que o *mínimo existencial é imune a impostos.* Essa Constituição de Bonn, como é conhecida a Carta Constitucional alemã, ao encerrar o catálogo dos direitos fundamentais, declara-os, no art. 19, §2º, susceptíveis de restrições pelo legislador ordinário, com a exceção do seu *conteúdo essencial.* O Tribunal Constitucional alemão entendeu, em que pese a não congregação explícita de direitos sociais, que é possível extrair da Lei Fundamental de Bonn o direito a um mínimo vital existencial, quer vinculado ao princípio da dignidade da pessoa humana, quer vinculado ao princípio da igualdade material, quer vinculado ao Estado Social (SCHWARZ, 2010, p. 8). Ainda abordando a Carta de Bonn, Ricardo Lobo Torres (2009, p. 37) registra que a Corte Constitucional da Alemanha, interpretando o seu texto constitucional, passou a definir o mínimo existencial como aquilo o que é *necessário à existência digna.*
Influenciada por essa ideia de resguardar expressamente um núcleo dos direitos fundamentais, a Constituição portuguesa (no seu art. 18, §3º) estabelece que as leis infraconstitucionais não podem restringir a extensão e o alcance do conteúdo essencial dos direitos constitucionais. Nessa senda, a Corte Constitucional colombiana deduziu do texto constitucional o direito a um "mínimo vital", integrado por aqueles bens e serviços necessários a uma vida digna, sobretudo em situações de urgência, estendendo o alcance deste mínimo à definição de direitos como à saúde, à moradia e à seguridade social (Grifos do original).[47]

Nesse sentido, concluímos este tópico inter-relacionando os dois assuntos com a efetivação dos direitos fundamentais. Se, por um lado, a reserva do possível estabelece uma limitação para o cumprimento dos direitos fundamentais, com base (ao menos no direito brasileiro) na disponibilidade financeira; por outro lado, a Carta Magna (que não pode deixar de ser observada) determina o cumprimento de um mínimo existencial necessário para assegurar uma vida digna a todos os indivíduos que compõem a sociedade.

Assim, a reserva do possível não pode ser utilizada como desculpa ou escudo para a inaplicabilidade ou para inobservância de direitos fundamentais. Não é essa a sua finalidade, já que ela não foi criada para funcionar como uma espécie de óbice para a efetivação dos direitos fundamentais da sociedade. Seu uso irresponsável e aleatório é prejudicial e não recomendável.

---

[47] FARIAS, Luciano Chaves de. *Mínimo existencial*: um parâmetro para o controle judicial das políticas sociais de saúde. Belo Horizonte: Fórum, 2015. p. 113.

Impende, para o uso da reserva do possível, comprovar, em primeiro lugar que, de fato, não há recursos financeiros disponíveis para a aplicabilidade de tal direito ou para a efetivação de políticas públicas que o satisfaçam; em segundo lugar, que, apesar da defasagem financeira, está sendo observado e garantido um mínimo desses direitos, de modo a resguardar a dignidade do indivíduo que compõe aquela coletividade. Isso porque é dever do Estado concretizar os direitos postulados na Constituição da República e os princípios a ela ligados, a fim de garantir à pessoa humana uma vida digna ou, ao menos, um mínimo de dignidade, dignidade essa que pressupõe, também, responsabilidade e ética no planejamento e na aplicabilidade dos recursos públicos.

Corroborando nosso entendimento, segundo Ingo Wolfgang e Mariana Figueiredo,[48]

> Com efeito, argumenta-se que as prestações necessárias à efetivação dos direitos fundamentais dependem sempre da disponibilidade financeira e da capacidade jurídica de quem tenha o dever de assegurá-las. Por conta de tal objeção, sustenta-se que os direitos a prestações e o mínimo existencial encontram-se condicionados pela assim designada "reserva do possível" e pela relação que esta guarda, entre outros aspectos, com as competências constitucionais, o princípio da separação dos Poderes, a reserva de lei orçamentária, o princípio federativo.

Dando sequência ao raciocínio, de acordo com Jorge Reis Novais:

> A reserva do possível (antes de atuar como barreira intransponível à efetivação dos direitos fundamentais, importa acrescentar!) deve viger como um mandado de otimização dos direitos fundamentais, impondo ao Estado o dever fundamental de, tanto quanto possível, promover as condições ótimas de efetivação da prestação estatal em causa, preservando, além disso, os níveis de realização já atingidos, o que, por sua vez, aponta para a necessidade do reconhecimento de uma proibição do retrocesso, ainda mais naquilo que se está a preservar do mínimo existencial.[49]

---

[48] SARLET, Ingo Wolfgang; FIGUEIREDO, Mariana F. Reserva do possível, mínimo existencial e direito a saúde: algumas aproximações. *In*: SARLET, Ingo Wolfgang; TIMM, Luciano Benetti. *Direitos Fundamentais*: orçamento e "reserva do possível". 2. ed. Porto Alegre: Livraria do Advogado, 2013. p. 27.

[49] NOVAIS, Jorge Reis. *Os princípios constitucionais estruturantes da república portuguesa*. Coimbra: Coimbra Ed., 2004. p. 295.

Portanto, o mínimo existencial, como se pode depreender, convive com a reserva do possível no que concerne à observância dos direitos fundamentais da coletividade. Em contrapartida, a reserva do possível só pode ser invocada se realizado um juízo de proporcionalidade no intuito de observar e garantir o mínimo existencial com relação aos direitos fundamentais do cidadão.

Dessa forma, faz-se mister que o gestor público atue sempre em consonância com o disposto no art. 3º da Constituição da República Brasileira, artigo este que, ao lado da garantia do mínimo existencial, deve funcionar como elemento balizador da reserva do possível.

Há, ainda, quem entenda que, em nome da efetividade dos direitos fundamentais, deve-se buscar um maior enrijecimento do orçamento. Todavia, por outro lado (e compartilhamos deste entendimento), há quem aponte a necessidade de se respeitar o princípio da flexibilidade como integrante necessário da lei orçamentária. Nesse sentido, segundo José Afonso da Silva: "A flexibilidade é um princípio fundamental do planejamento. Ora, se o orçamento-programa constitui uma etapa deste, é compreensível que se tenha a ele comunicado a regra".[50]

As leis orçamentárias são atos normativos – lei em sentido material, planejamento em sentido formal – de iniciativa do Poder Executivo, instrumentalização do acordo político entre o Poder Executivo e o Poder Legislativo, para o direcionamento das atividades governamentais. Essas atividades serão realizadas se as receitas previstas forem arrecadadas e, por outro lado, as despesas fixadas forem executadas. Desse modo, sempre haverá incertezas já que nem sempre as metas estimadas serão alcançadas.

Porém, importa salientar que a flexibilidade busca cumprir a programação, em seu aspecto essencial, não podendo ser usada para acobertar desrespeito ao princípio da legalidade e do controle parlamentar, em matéria financeira, de maneira a transformar a lei orçamentária em uma peça ficta, entregando um verdadeiro *cheque em branco*" nas mãos do gestor público para que ele, *"discricionariamente"* escolha, mediante mero arbítrio da oportunidade e conveniência, a aplicação dos recursos desonerados do orçamento original.

---

[50] SILVA, José Afonso da. *Orçamento-Programa no Brasil*. São Paulo: Revista dos Tribunais, 1973. p. 55.

Juarez Freitas,[51] invocando o princípio da sindicabilidade ampla dos atos, contratos, procedimentos administrativos e políticas públicas, explica que as espécies de controle não devem funcionar como um fim em si mesmas, tampouco devem ter a ilusão de tudo controlar isoladamente, mas "devem agir sistematicamente, contendo impulsos destrutivos e favorecendo medidas de cooperação e planejamento, indispensáveis para garantia integral do direito à boa administração".

Assim, percebe-se do exposto que não existe uma discricionariedade absoluta dos atos administrativos e que eles, ainda que previamente autorizados por leis orçamentárias, devem ser sindicados pelos controles, principalmente quando mitigarem direitos fundamentais.

Ilustrando o raciocínio acima, não seria possível oposição da reserva do possível a um grupo de crianças sem vaga em uma escola sob a alegação de que o montante dos recursos públicos foi destinado à publicidade. Da mesma forma, não é razoável invocar direito absoluto de escolha discricionária do gestor por conta de este exercer representação popular, especialmente em casos de anulação de dotações orçamentárias destinadas à efetivação de direitos sociais fundamentais.

Impera, portanto, a necessidade de uma planificação responsável e condizente com a realidade orçamentária, que sopese a qualidade dos gastos por meio de critérios de licitude, a fim de desenvolver políticas públicas com real capacidade de produzir resultados positivos, isto é, ações públicas que funcionem de fato.

No caso do exemplo supramencionado, se a finalidade é garantir escola para crianças é preciso, primeiramente, responder a alguns questionamentos básicos, tais como: quanto custa alfabetizar um aluno? Quantos alunos eu tenho? Quais são os recursos necessários para tanto?

A análise da qualidade dos gastos, com uma séria mensuração de custos, serve como óbice para ações que, sob a nomenclatura errônea de "políticas públicas", não possuam qualquer efetividade prática, pelo contrário, só tragam danos à sociedade, tal como ocorreu em diversos Estados com as obras da Copa do Mundo no Brasil e, mais especificamente, com as obras do VLT e da Arena Pantanal no Estado de Mato Grosso.

No caso do VLT (veículo leve sobre trilhos), foi orçado, em 2012, o valor de R$ 1,4 bilhões, referente a um trecho de 22 km. Duas linhas de

---

[51] FREITAS, Juarez. *O controle dos atos administrativos e os princípios fundamentais*. 5. ed. São Paulo: Malheiros, 2013.

crédito foram aprovadas, sendo R$ 423,7 milhões pela Caixa Econômica Federal e R$ 727,9 milhões pelo BNDS. Após o vencimento do prazo de 14 meses de carência, as parcelas e os juros desses empréstimos começaram a ser pagos, o que se deu a partir do mês de janeiro de 2014. Assim, atualmente, já foram pagos R$ 759,9 milhões – em relação a esse valor, cabe destacar que R$ 112,7 milhões são referentes apenas a juros e demais encargos financeiros.

Com a Arena Pantanal (estádio de futebol multiuso) não foi diferente: o custo foi de R$ 700 milhões, sendo R$ 392 milhões provenientes de linha de crédito do BNDS. Desse valor, R$ 279 milhões já foram devidamente pagos, sendo R$ 113,6 milhões de juros relativos à operação.

Se formos analisar o valor necessário para construção de escolas (algo por volta de R$ 162,8 milhões), hospitais (R$ 40,2 milhões), presídios e delegacias (R$ 25,7 milhões), teríamos um total de R$ 227 milhões em investimentos no período. Desse modo, não se faz necessária uma observação muito acurada para constatar que somente o valor dispendido com o pagamento de juros nas operações do VLT e da Arena Pantanal já ultrapassa o valor dos demais investimentos em aparelhos públicos, relacionados com os direitos fundamentais referentes à educação, à saúde e à segurança.[52]

Perceptível, portanto, que uma análise prévia e cautelosa da viabilidade dos gastos, ou seja, uma planificação responsável, ainda que seja demorada, gera maior qualidade e eficácia dos resultados produzidos pelas políticas públicas.

Em países como a China, por exemplo, para a construção de uma obra pública, são analisados, na fase de planejamento, projetos que primam pela qualidade técnica, mensuração cuidadosa dos custos financeiros do projeto, definição precisa do processo de execução, evolução e pagamento dos serviços executados etc. Os chineses entendem que a demora em uma construção gera custos. Por essa razão, investem muito tempo no planejamento do empreendimento com objetivo de se evitar os desperdícios e as obras inacabadas, já que quanto maior a demora, maiores serão os gastos dispendidos.

---

[52] Dados disponíveis em: http://miracidadao.mt.gov.br:8080/pentaho/api/repos/%3Apublic%3Aproducao%3Acidadao%3AMIRA_Cidadao.wcdf/generatedContent?parametro=Destaques&exatidao=2#. Acesso em: 05 ago. 2019.

Concluindo o presente tópico, citamos o posicionamento de Adircélio de Moraes Ferreira Júnior em sua dissertação:

> O princípio da justiça financeira pode ser extraído de diversos outros princípios dispersos na Constituição Federal (CRFB/88), devendo ser interpretado como um dos muitos compromissos constitucionais do Estado brasileiro. Esse princípio informa todo o ordenamento jurídico nacional, preconiza uma justa distribuição da riqueza produzida pelo País e deve nortear toda a atuação estatal.
>
> (...)
>
> Mas qualquer que seja essa concepção, é possível afirmar que, no que tange às contas públicas, o Estado age na sociedade por meio da tributação e do gasto, vazando renda do fluxo circular do produto nacional quando arrecada tributos e injetando-a de volta quando devolve aqueles recursos anteriormente arrecadados, através dos serviços prestados (renda real) e do gasto público (renda nominal, que corresponde à contrapartida monetária da renda real). Dessa forma, é importante que, de um lado, esse vazamento de renda se dê do modo menos traumático possível para a sociedade, enquanto que, de outro, o retorno desses recursos ocorra da maneira mais benéfica para a coletividade. Para isso, tanto a elaboração quanto a execução orçamentária estatal devem ser pautadas pelo princípio da justiça financeira, o qual deve nortear todo esse processo, que vai desde a previsão da arrecadação da receita até a realização da despesa pública. Além disso, é importante ter em mente que esse princípio guarda estreita relação com o direito fundamental à boa administração e governança públicas, que impõe a eficiência e a eficácia da atuação estatal, levada a efeito por meio de suas políticas públicas, tanto de tributação quanto do gasto, de forma que a deficiência na universalidade e na qualidade dessa atuação constitui violação àquelas diretrizes, caracterizando, assim, uma injustiça que deve ser combatida.[53]

1.3 Os direitos fundamentais e a corrupção

Tendo em vista a clara e expressiva ligação entre os direitos fundamentais, a dignidade da pessoa humana e o Estado democrático de direito – elementos indissociáveis –, é dever do Estado proporcionar ao homem uma vida com qualidade mínima. Posto isso, concluímos

---

[53] FERREIRA JÚNIOR, Adircélio de Moraes. *O bom controle público e as cortes de contas como Tribunais da boa governança*. Orientador: Prof. Dr. Luis Carlos Cancellier de Olivo. 2015. 257 f. Dissertação (Mestrado em Direito) – Centro de Ciências Jurídicas, Universidade Federal de Santa Catarina, Florianópolis, 2015. Disponível em: shorturl.at/blDR7. Acesso em: 05 ago. 2019.

que aquilo que trouxer prejuízo à administração pública acarreta dano direto aos direitos básicos inerentes à pessoa humana.

Jacoby Fernandes fornece expressiva ligação da democracia com o controle, afirmando que:

> O controle, como uma função do Estado, exige, como o regime democrático, um grau de desenvolvimento da sociedade e dos agentes de administração para alcançar seu escopo, evoluindo de modo permanente, como num ciclo de realimentação permanente: democracia – controle – democracia.[54]

Todavia, no atual cenário, existem brechas no controle da gestão pública.

No Brasil, em pesquisa realizada pela Confederação Nacional da Indústria,[55] a cada R$ 1,00 desviado, o dano causado à sociedade equivale a R$ 3,00. De igual maneira, a Federação das Indústrias do Estado de São Paulo concluiu que, a cada ano, no Brasil, devido a condutas corruptas e suas consequências, perde-se até 2,3% do PIB, o que equivale a R$ 100 bilhões.[56]

Assim sendo, na contramão do desenvolvimento social do país, a corrupção cresce como fator principal para a miséria e o regresso econômico. Nesse sentido, José Moura afirma que a prática se origina na:

> indiferença e no desprezo de muitos com respeito à pobreza e à miséria, pois pobreza e miséria, hoje, não constituem fatalidades, mas violência contra o ser humano e, portanto, violações dos direitos fundamentais.[57]

Dessa forma, se torna expressivo que o mau uso do dinheiro público influencia na queda trágica da prestação de serviços essenciais para sociedade, como saúde, educação e segurança, já classificados como direitos e garantias fundamentais inerentes ao homem e de fornecimento obrigatório pelo do Estado.

---

[54] FERNANDES, Jorge Ulisses Jacoby. A ação do controle. *Jus.com.br*, jul. 1999. Disponível em: https://jus.com.br/artigos/336/a-acao-do-controle. Acesso em: 05 ago. 2019.

[55] SEIXAS, Beatriz. Saiba qual o preço da corrupção no Brasil. *GazetaOnline*, 29 maio 2017. Disponível em: https://www.gazetaonline.com.br/noticias/economia/2017/05/saiba-qual-e-o-preco-da-corrupcao-no-brasil-1014059906.html. Acesso em: 05 ago. 2019.

[56] RIBEIRO, Ivete Marla. O custo Brasil da corrupção. *Estadão*, 20 set. 2016. Disponível em: http://politica.estadao.com.br/blogs/fausto-macedo/o-custo-brasil-da-corrupcao/. Acesso em: 05 ago. 2019.

[57] MOURA, José Fernando Ehlers de. *Ensaio sobra a Corrupção*. Porto Alegre: AGE, 2012. p. 81.

Entretanto, vale lembrar que a corrupção de agentes públicos e privados não é algo exclusivo do Brasil, uma vez que há muito se tem ciência da crise ética e moral existente no mundo.

Desde a Declaração de Direitos do Homem e do Cidadão,[58] de 1789, reconhecia-se que "a ignorância, o esquecimento ou o desprezo dos direitos do homem são as únicas causas das desgraças públicas e da corrupção dos Governos".

Nesse sentido, no ano de 2003, a Organização das Nações Unidas (ONU), após debates e um exaustivo processo de construção de estímulos, com natureza global a um efetivo combate à corrupção, em Assembleia Geral realizada no dia 31 de outubro, editou a Convenção das Nações Unidas Contra a Corrupção,[59] ratificada pelo Brasil em 09 de dezembro daquele mesmo ano e inserida no âmbito jurídico pátrio com a promulgação do Decreto nº 5.687/2006.

Em consonância com o discorrido anteriormente, a ONU demonstrou que a corrupção tem influência direta sobre o estado de miséria em que vivem as populações de várias regiões do mundo[60] e elencou quatro elementos fundamentais com vistas ao combate de tal prática: 1) prevenção; 2) criminalização de atos de corrupção; 3) cooperação internacional e 4) recuperação de ativos.[61]

Assim, de acordo com o artigo 20 da mencionada Convenção, ficou imposto que os Estados signatários adotassem providências de cunho legislativo e, ainda, de outras instâncias jurídico-administrativas, que se fizessem necessárias à efetiva responsabilização de agentes públicos que denotarem elevação patrimonial injustificada e incompatível com os seus rendimentos declarados.

Além do exposto, o Brasil também é signatário da Convenção da Organização para a Cooperação e Desenvolvimento Económico (OCDE), que versa sobre o Combate à Corrupção de Funcionários

---

[58] BRASIL. Ministério Público Federal. *Declaração dos Direitos do Homem e do Cidadão de 1789.* Procuradoria Federal dos Direitos do Cidadão, [s.d.]. Disponível em: http://pfdc.pgr.mpf. mp.br/atuacao-e-conteudos-de-apoio/legislacao/direitos-humanos/declar_dir_homem_ cidadao.pdf. Acesso em: 05 ago. 2019.

[59] BRASIL. Controladoria-Geral da União. *Convenção das Nações Unidas contra a Corrupção.* Brasília, 2008. p. 37. Disponível em: http://5ccr.pgr.mpf.mp.br/publicacoes/publicacoes-diversas/ConvONUcorrup_port.pdf. Acesso em: 05 ago. 2019.

[60] ORGANIZAÇÃO MUNDIAL DAS NAÇÕES UNIDAS (ONU). Disponível em: https:// nacoesunidas.org/. Acesso em: 05 ago. 2019.

[61] BRASIL. Ministério da Transparência. Controladoria-Geral da União. *Convenção da ONU.* [s.d.]. Disponível em: http://www.cgu.gov.br/sobre/perguntas-frequentes/articulacao-internacional/convencao-da-onu. Acesso em: 05 ago. 2019.

Públicos Estrangeiros em Transações Comerciais Internacionais,[62] e da Convenção da Organização dos Estados Americanos (OEA),[63] que promove uma associação Interamericana contra a Corrupção.

De certo modo, podemos afirmar que essas convenções ratificadas pelo Brasil acabam por integrar e gerar a base de um sistema nacional de proteção e combate à corrupção e à improbidade administrativa, buscando produzir, na prática, vedação a uma eventual incidência de retrocesso na legislação brasileira criada com enfoque nesses dois temas.

Assim como ocorre aos direitos fundamentais, no que tange ao enfoque sob a ótica do combate à corrupção, a adoção do princípio do não retrocesso merece destaque, uma vez que impede, em tese, a ocorrência de um, por assim dizer, "atraso" na luta até então encampada.

O princípio supracitado proíbe que o legislador, por meio de emenda constitucional ou por alteração no plano legislativo, retire determinados conteúdos da Constituição ou venha a abolir normas que regulamentem dispositivos constitucionais, sobretudo aqueles que versam sobre matéria de direitos sociais, mesmo com efeitos para o futuro.

Nesse sentido, com base na adoção de medidas de combate à corrupção no Brasil e no mundo, no ano de 2016, os excelentíssimos professores Michael Freitas Mohallem e Carlos Emmanuel Joppert Ragazzo, em conjunto com o Ministério da Justiça brasileiro e a Fundação Getúlio Vargas, coordenaram trabalho de pesquisa intitulado *Diagnóstico Institucional: primeiros passos para um plano nacional anticorrupção.*[64]

A pesquisa traçou uma descrição histórica e institucional acerca do combate à corrupção no Reino Unido e no Brasil, abordando de que maneira as práticas adotadas naquele país, de certa forma, assemelham-se às medidas de combate brasileiras e em que aspectos

---

[62] BRASIL. Controladoria-Geral da União. *Convenção da OCDE sobre o Combate da Corrupção de Funcionários Públicos Estrangeiros em Transações Comerciais Internacionais.* Cartilha. 1. Convenções Internacionais 1.1 Convenção da OCDE contra suborno de funcionários públicos estrangeiros em transações comerciais internacionais. Brasília, 2007. p. 09. Disponível em: http://www.abgf.gov.br/media/Download/CGU.OCDE.pdf. Acesso em: 11 maio 2017.

[63] BRASIL. Controladoria-Geral da União. *Convenção Interamericana Contra a Corrupção.* Brasília, 2007. p. 22. Disponível em: http://www.cgu.gov.br/assuntos/articulacao-internacional/convencao-da-oea/documentos-relevantes/arquivos/cartilha-oea. Acesso em: 11 maio 2017.

[64] MOHALLEM, Michael Freitas; RAGAZZO, Carlos Emmanuel Joppert (Coords.). *Diagnóstico institucional*: primeiros passos para um plano nacional anticorrupção. Rio de Janeiro: Escola de Direito do Rio de Janeiro da Fundação Getúlio Vargas, 2017. Disponível em: https://bibliotecadigital.fgv.br/dspace/handle/10438/18167. Acesso em: 05 ago. 2019.

elas podem contribuir com o desenvolvimento do trabalho realizado pelos órgãos de controle da gestão pública em nosso país.

O trabalho apontou que as principais diferenças e similaridades entre o modelo adotado no Reino Unido e o trabalho desenvolvido no Brasil residem em três pontos: a) ausência de um órgão específico e de atuação exclusiva no combate à corrupção; b) estabelecimento de uma estratégia nacional de combate à corrupção e c) criação de um cargo específico de gestão das atividades/planos a serem efetivamente desenvolvidos contra a corrupção.

A principal distinção da Estratégia Nacional de Combate à Corrupção e Lavagem de Dinheiro (ENCCLA)[65] e o *UK Anti-Corruption Plan* é que, no Reino Unido, a estratégia de combate à corrupção possui orçamento e estrutura própria destinada exclusivamente para o desenvolvimento de suas atividades.

No Brasil, apesar de a ENCCLA[66] estabelecer a necessidade de realização de determinadas atividades, essas têm de ser desenvolvidas com recursos dos órgãos diretamente responsáveis pela sua execução. Conforme os dados do trabalho coordenado por Mohallem e Ragazzo, tal fato coloca em cheque a segurança institucional da ENCCLA, que se torna passiva de possíveis influências de cunho político em suas atividades.[67]

Outras duas vertentes a serem destacadas no trabalho de diagnóstico institucional realizado por Mohallem e Ragazzo se referem à evolução da criação legislativa e do nível de transparência da administração pública no Reino Unido e no Brasil.

No Brasil, apesar de contarmos com um excelente conjunto de leis, constatou-se que o processo de discussão é muito lento em relação ao sistema britânico. Segundo os autores, dois dos fatores que vêm sendo determinantes para o sucesso do Reino Unido no combate

---

[65] A Estratégia Nacional de Combate à Corrupção e à Lavagem de Dinheiro (ENCCLA), criada em 2003, é a principal rede de articulação para o arranjo e discussões em conjunto com uma diversidade de órgãos dos Poderes Executivo, Legislativo e Judiciário das esferas federal e estadual e, em alguns casos, municipal, bem como do Ministério Público de diferentes esferas, para a formulação de políticas públicas voltadas ao combate àqueles crimes. Mais informações sobre a ENCCLA podem ser encontradas em: http://enccla.camara.leg.br/quem-somos. Acesso em: 05 ago. 2019.

[66] Em 2017, as principais ações e resultados da ENCCLA foram voltados para: capacitação e treinamento; prevenção/detecção/punição; avanço e aperfeiçoamento das normas. Os detalhes sobre essas ações e resultados encontram-se em: http://enccla.camara.leg.br/resultados/principais-resultados. Acesso em: 05 ago. 2019.

[67] MOHALLEM, Michael Freitas; RAGAZZO, Carlos Emmanuel Joppert. *Op. cit.*

à corrupção são: 1) o rápido processamento de criação, discussão e validação legislativa, colocando em vigor novas leis, cada vez mais severas, em relação ao combate e punição da corrupção naquele país; 2) o alto nível de transparência das atividades desenvolvidas no âmbito do *UK Anti-Corruption Plan* e das demais atividades governamentais, fator que colabora com o crescimento da conscientização e mobilização da sociedade inglesa em torno do combate e prevenção à corrupção.

Contudo, em relação ao contexto histórico do combate à corrupção do nosso país, é nítido o distanciamento cultural e político de boa parcela de nosso povo em comparação ao do Reino Unido.

Dessa forma, em que pese a diferença de agilidade entre os processos de discussão e implantação de novas leis, veremos adiante que a legislação brasileira conta com um bom arcabouço em vigência, faltando apenas uma maior integração e desburocratização na relação entre os órgãos/instituições envolvidos no combate à corrupção, bem como uma maior efetividade na cobrança e aplicação do princípio da publicidade. Tais fatores, porém, podem ser modificados a partir da implementação de um sistema de Governança Colaborativa.

Podemos afirmar que, dentre todas as constituições brasileiras, a de 1988 é a que reúne o maior número de regras em torno da defesa e garantia da probidade administrativa. Passando pela legitimidade do cidadão para propor ação popular contra atentado à moralidade administrativa (art. 5º, LXXIII), até a previsão de exercício do Controle Externo da União, exercido "pelo Congresso Nacional e Tribunal de Contas (arts. 70 e 71)", a CF/88 possui vários pontos de relevo que se constituem em verdadeiros pilares do ordenamento jurídico infraconstitucional destinado ao combate à improbidade e à corrupção.[68]

A criação desse corpo de leis visa à luta contra a corrupção, que se mostra fundamental contra a desigualdade social, demonstrada pela pobreza no país, situação que é desprezada com o desvio de dinheiro público, constituindo grave violência aos direitos fundamentais do ser humano. Nesse sentido, Moura afirma que "a submissão à miséria, com a insatisfação das necessidades elementares de sobrevivência, além de violência perversa, constitui negação total da liberdade humana e, portanto, da ética".[69]

---

[68] LEITE, Glauco Costa. *Corrupção política*: mecanismos de combate e fatores estruturantes no sistema jurídico brasileiro. Belo Horizonte: Del Rey, 2016. p. 69.

[69] MOURA, J. F. E. de. *Ensaio sobre a corrupção*. Porto Alegre: AGE, 2012. p. 82.

Na mesma linha, os ensaístas Lucas Carlini e Daniel Lage, autores do artigo "Capitalismo e Corrupção", destacam que:

> Não devemos confundir corrupção, isto é, mecanismos ilícitos de favorecimento das empresas na sua relação com o Estado, com atos que os trabalhadores realizam para tentar burlar regras as quais os prejudicam (não pagar impostos ou não pagar passagem no ônibus, por exemplo). A primeira movimenta bilhões, os outros são apenas tentativas individuais e inócuas de atentar uma ordem que não lhe favorece. Aliás, tais atitudes, longe de resolverem o problema, muitas vezes podem prejudicar outros trabalhadores.
>
> Isto posto, devemos entender que – parafraseando Pedro Henrique Pedreira Campos (2015) – as irregularidades envolvendo empresários e Estado não são um desvio anômalo, mas sim mecanismos de que dispõem os capitalistas na acumulação de capital. Esses mecanismos podem servir tanto para "elevar as margens de lucro, neutralizar a concorrência", quanto para repartir a mais-valia entre os agentes (públicos e privados) que auxiliaram nas condições para extraí-la (23.12.2015 – O VALOR).[70]

Os acontecimentos recentes na operação Lava Jato, deflagrada pela Polícia Federal, apontam para a necessidade da implementação de programas eficientes para o combate à corrupção, pois se faz evidente que envolvimento em casos assim não causa prejuízo somente para o setor público, prova disso é que o *Foreign Corrupt Practices Act* (órgão de controle que pune as empresas listadas nas bolsas dos EUA que tenham participado em esquemas de corrupção no exterior) aplicou multa significativa aos responsáveis, gerando consequências sérias para as grandes empresas:

1. Siemens (Germany): $800 million in 2008.
2. Alstom (France): $772 million in 2014.
3. KBR / Halliburton (USA): $579 million in 2009.
4. Teva Pharmaceutical (Israel): $519 million in 2016.
5. Odebrecht / Braskem (Brazil): $419.8 million in 2016.
6. Och-Ziff (USA): $412 million in 2016.
7. BAE (UK): $400: million in 2010.
8. Total SA (France): $398 million in 2013.
9. VimpelCom (Holland): $397.6 million in 2016.
10. Alcoa (U.S.): $384 million in 2014.[71]

---

[70] CARLINI, Lucas; LAGE, Daniel. Capitalismo e corrupção. *Passapalavra*, 06 jul. 2017. Disponível em: http://passapalavra.info/2017/07/113314. Acesso em: 05 ago. 2019.

[71] A ÉTICA nos negócios ou compliance? O que virá primeiro no futuro! São José dos Campos: Conselho Regional de Administração, 23 out. 2017. p. 34. Disponível em https://pt.slideshare.

Da mesma maneira, as investigações da Lava Jato causaram à *Rolls Royce* o prejuízo de US$ 26 milhões (valor pago ao Brasil), devendo pagar, também, US$ 169,9 milhões ao Departamento de Estado dos EUA e 97,3 milhões de libras (US$ 603,5 milhões) à autoridade contra fraudes e corrupção do Reino Unido.

Diante do exposto, percebe-se que o controle da corrupção demanda da sociedade e de seus representantes um esforço prolongado. Isso passa pelo entendimento de como se deu o desenvolvimento histórico da economia do país e qual o nível de capitalismo hoje praticado pelos agentes econômicos. Garantir que os recursos públicos cheguem ao destino adequado é um relevante pressuposto do desenvolvimento sustentável.

1.4 A norma jurídica e a sua eficácia social

O ser humano é naturalmente sociável e, para que a paz e o bem-estar coletivo sejam preservados, impende que normas sejam estabelecidas buscando regulamentar e nortear os relacionamentos intersubjetivos de maneira não a evitar, mas minimizar os conflitos sociais no dia a dia.

Atualmente, porém, muito se tem questionado acerca de questões pertinentes à finalidade do direito, seu norte, sua tutela e, mais do que isso, tem-se buscado saber para que servem as regras jurídicas e quais são as formas de torná-las mais eficazes.

A discussão, agora, gira em torno da Função Social. Questiona-se a função social das normas e até mesmo a função social do Direito, isso porque há um interesse cada vez mais crescente – que não é de hoje – em se compreender, no intuito de procurar garantir, o alcance das normas, sua aplicabilidade e, consequentemente, a sua eficácia prática.

O homem não nasceu para viver sozinho, ele busca, desde os primórdios, interação, relacionamentos que o auxiliem na consecução de seus fins e lhe possibilitem a convivência.

Na lição de Kant:

> Eu entendo aqui por antagonismo a insociável sociabilidade dos homens, ou seja, a tendência dos mesmos a entrar em sociedade que está ligada a

---

net/crasp/tica-nos-negcios-ou-compliance-o-que-vir-primeiro-no-futuro. Acesso em: 05 ago. 2019.

uma oposição geral que ameaça constantemente dissolver essa sociedade. Esta disposição é evidente na natureza humana.[72]

Por sua vez, a palavra "sociedade" expressa o seguinte conceito:

Proveniente do latim *societas*. "No sentido geral e fundamental: 1º campo de relações intersubjetivas, ou seja, das relações humanas de comunicação, portanto também: 2º a totalidade dos indivíduos entre os quais ocorrem essas relações; 3º um grupo de indivíduos entre os quais essas relações ocorrem em alguma forma condicionada ou determinada".[73]

Nesse sentido, faz-se necessário reconhecer que o estabelecimento de regras que possam definir onde terminam os direitos de um e começam os direitos do outro, a fim de, ao menos, minimizar que possíveis conflitos se instaurem. Daí a necessidade de normas que estabeleçam os direitos e as obrigações decorrentes dessas relações sociais.

Mas o que são normas? De acordo com Nicola Abbagnano:

A norma distingue-se da máxima porque, ao contrário desta não é apenas uma regra de conduta, mas pode ser regra ou critério de qualquer operação ou atividade. Distingue-se da lei porque pode ser isenta de caráter coercitivo; por exemplo, uma norma de costume torna-se lei quando se torna coercitiva em virtude de uma sanção pública.[74]

Por sua vez, segundo Hans Kelsen, a norma é a expressão da ideia de que algo deve acontecer, em especial de que um indivíduo deve comportar-se de determinada maneira.[75] Mais recentemente, José Afonso da Silva definiu normas como:

(...) preceitos que tutelam situações subjetivas de vantagem ou de vínculo, ou seja, reconhecem, por um lado, a pessoas ou a entidades a faculdade de realizar certos interesses por ato próprio ou exigindo ação ou abstenção de outrem, e, por outro lado, vinculam pessoas ou

---

[72] KANT, Immanuel. *Ideia de uma história universal de um ponto de vista cosmopolita*. Ed. bilíngue alemão/português. Tradução de Rodrigo Naves e Ricardo R. Terra. São Paulo: Brasiliense, 1986. p. 11.

[73] ABBAGNANO, Nicola. *Dicionário de Filosofia*. 6. ed.; 2. reimp.. São Paulo: Martins Fontes, 2012. p. 1080.

[74] *Op. cit.*, p. 837.

[75] KELSEN, Hans. *Teoria pura do direito*. Tradução de João Baptista Machado. 6. ed. São Paulo: Martins Fontes, 1998. p. 9.

entidades à obrigação de submeter-se às exigências de realizar uma prestação, ação ou abstenção em favor de outrem.[76]

Sabemos que toda norma devidamente positivada se expressa por meio de regras ou de princípios, os quais entendemos como "diretrizes gerais de um ordenamento jurídico (ou de parte dele)" e com um campo de incidência muito maior do que o das regras, tendo em vista que, entre princípios, não há conflito – quando muito, há uma colisão, que se resolve com o sopesamento, ou seja, uma análise axiológica a respeito da força, peso e relevância no caso concreto.

Em contrapartida, as regras disciplinam uma situação determinada, de modo que sua incidência está condicionada à ocorrência de fato da situação em tese. Muitas vezes, deparamo-nos com um conflito de regras, em que a aplicação de uma delas afasta, necessariamente, a outra, sendo necessário o uso da hermenêutica jurídica para solucionar o impasse e aplicar a regra mais adequada para o caso concreto.

Dessa forma, percebemos que o termo "norma" é gênero do qual podemos extrair duas espécies normativas: os princípios e as regras. No que concerne a essas diferenças, podemos dizer que, enquanto as regras não precisam ser objeto de ponderação (e tampouco podem), tendo em vista que ou elas existem, ou não existem, os princípios necessitam e, até mesmo, devem ser ponderados – o que não causará a exclusão de um deles do ordenamento jurídico (como ocorre com as regras), mas tão somente naquele caso concreto haverá a prevalência de um em virtude de uma reflexão axiológica de sopesamento.

Celso Antônio Bandeira de Mello assegura que, por se tratar de mandamento nuclear de um sistema – e, como tal, do verdadeiro alicerce deste, irradiando sobre diferentes normas –, a violação ou o descumprimento de um princípio é mais relevante do que a transgressão de uma regra, tendo em vista que "a desatenção ao princípio implica ofensa não apenas a um específico mandamento obrigatório, mas a todo o sistema de comandos".[77]

Nesse sentido, o professor J. J. Canotilho assevera que "princípios são normas jurídicas impositivas de otimização, compatíveis com vários graus de concretização, consoante os condicionamentos fácticos

---

[76] SILVA, José Afonso da. *Curso de Direito Constitucional Positivo.* 29. ed. São Paulo: Malheiros: 2007. p. 91.

[77] MELLO, Celso Antônio Bandeira de. *Curso de Direito Administrativo.* 19. ed. Malheiros: São Paulo, 2005.

e jurídicos". Para ele, a diferença basilar entre princípios e regras se encontra no fato de que essas últimas são "normas que prescrevem imperativamente uma exigência (impõem, permitem ou proíbem) que é ou não cumprida".[78]

Alexandre Aboud expressa a opinião de que os princípios orientam e implementam o direito por caminhos abstratos, que dão rumo a todo um sistema normativo e, como tais, constituem normas juridicamente privilegiadas, dotadas, inclusive, de predominância sobre outras normas, como as regras, em virtude de serem formadoras do arcabouço jurídico.[79]

As regras, mais estáticas, podem, ou não, ser cumpridas, enquanto os princípios, mais dinâmicos, comportam-se em uma dimensão de peso, na qual o raciocínio do aplicador consiste em tomar o peso relativo de cada um, respectivamente, aplicando ao caso concreto. Logo, são mandatos de otimização que podem ser cumpridos em diferentes graus. Já para Ricardo Guastini:

> De acordo com uma primeira perspectiva, os princípios são padrões abertos. O antecedente (a suposição factual) de uma norma é "fechado" quando a norma enumera exaustivamente os fatos em presença dos quais a consequência legal que ela mesma tem é predita. O antecedente de uma norma é "aberto" quando a norma não enumera exaustivamente os fatos na presença dos quais a consequência correspondente é produzida. De acordo com uma segunda perspectiva, os princípios são normas impossíveis.
>
> Uma norma não é inviável quando não admite exceções ou, pelo contrário, não admite outras exceções se não estiverem expressamente estabelecidas pela norma própria ou por outras normas da portaria. Uma norma é inviável quando admite exceções implícitas, não estabelecidas pela norma em questão nem por qualquer outra norma da portaria e, portanto, indeterminada (tradução nossa).[80]

Tem-se, portanto, que a principal diferença entre regras e princípios é qualitativa. A par de tais distinções, para a convivência harmônica em sociedade, é imperioso o estabelecimento de normas de conduta – seja por meio de regras, seja por meio de princípios – a

---

[78] CANOTILHO, J. J. Gomes. *Direito Constitucional e Teoria da Constituição*. 7. ed. Coimbra: Almedina, 2008. p. 1147.

[79] ABOUD, Alexandre. Princípio da Supremacia do interesse público sobre o privado: destruição, reconstrução ou assimilação? *Revista Jurídica Consulex*, ano XXII, n. 267, 2008. p. 63.

[80] GUASTINI, Riccardo. *Interpretación, Estado y Constitución*. Lima: Ara, 2010.

fim de orientar o comportamento humano e minimizar os conflitos de interesses que possam surgir.

Uma das acepções da palavra "Direito", a expressão "ordem jurídica" designa um sistema de normas, que regulam a conduta do ser humano na sociedade em que se encontra inserido – de maneira diferente do que se dá com as demais normas de conduta, tidas como "ordens sociais"–, e contém o elemento da coação, exigindo, desse modo, que determinado comportamento seja observado, sob pena de sanção.

Para alguns doutrinadores, a expressão "ordem jurídica" é, muitas vezes, de forma até indiscriminada, utilizada como sinônimo de ordenamento jurídico. No entanto, há quem diferencie as duas expressões, explicando que ordem jurídica está mais ligada ao aspecto social do Direito, ou seja, que deve utilizada quando se discute o Direito sob uma perspectiva externa – uma perspectiva do poder ou do Estado –, enquanto ordenamento diz respeito ao aspecto jurídico, sendo utilizado para se referir a discussões do caráter interno do Direito, sua organização e sua estrutura normativa.

Já de acordo com Max Weber, a palavra "ordem" é conceituada como sendo o que orienta a ação por meio de máximas. Ainda segundo Weber, enquanto tais máximas aparecerem como obrigações, norteando comportamentos, podemos afirmar que a ordem se encontra vigente.[81]

Se formos buscar o sentido da palavra "ordem" nos dicionários,[82] encontraremos: "disposição organizada e ordenada das coisas, seguindo uma categoria"; "regras, leis, estruturas que constituem uma sociedade; ação de comandar". Considerando o segundo significado apresentado, entendemos, aqui, *ordem* como leis, de caráter social, dotadas de coercibilidade e que têm como fim organizar a sociedade, definindo direitos e obrigações, com o objetivo de regulamentar devidamente os relacionamentos intersubjetivos e/ou intersociais.

No que tange ao ordenamento jurídico, toda norma, em seu contexto jurídico, integra um ordenamento no sentido de que integra um sistema – de modo que deve observar e se enquadrar a essa ordem, não podendo contradizê-la, pois um ordenamento necessita de coesão e coerência.

---

[81] WEBER, Max. *Economia e sociedade*: fundamentos de Sociologia Compreensiva. Brasília: UnB, 1999.

[82] AURÉLIO. *Minidicionário da língua portuguesa*. 4. ed. Rio de Janeiro: Positivo, 2002.

Bobbio, a esse respeito, afirmava que a especificidade do direito reside não na norma jurídica, considerada isoladamente, mas no ordenamento jurídico como um todo. Ele entendia que as normas jurídicas, propriamente falando, nunca existem isoladamente, mas sempre em um contexto de normas com relações particulares entre si, sendo justamente esse "contexto de normas" o que a doutrina denomina ordenamento.[83]

Desse modo, analisar a eficácia de uma norma requer a análise todo o ordenamento no qual ela se encontra inserida, a fim de se alcançar uma conclusão mais próxima da realidade, garantindo a ordem jurídica. Em relação a isso, Bobbio acrescenta que um ordenamento jurídico é inconcebível sem o exercício da força e que ele nada mais é do que "um conjunto de regras para organizar a sociedade mediante a força (força como instrumento) e que a força é um instrumento necessário do poder. Isso não significa que também é o seu fundamento. A força é necessária para exercer o poder, não para justificá-lo".[84]

Percebe-se, portanto, que um ordenamento jurídico não tem eficácia sem o uso da força, no sentido instrumental. Seguindo o raciocínio de Norberto Bobbio, é essa violência em potencial que possibilita, ou reforça, a eficácia de uma norma jurídica, de modo que podemos afirmar, então, que há uma relação direta entre força e eficácia. No entanto, o autor entende que um ordenamento só existe e é válido se for eficaz, além de considerar que uma norma isoladamente pode até ser válida, sem qualquer eficácia, já que é o ordenamento é que precisa ser eficaz.

Já Miguel Reale,[85] em sua Teoria da Tridimensionalidade do Direito, defendia que a norma jurídica surge da valoração de um fato. Assim, temos um fato praticado, em virtude do qual se emitem juízos de valor e, como consequência, surgem as normas.

A esse respeito, segundo Marcos Bernardes de Mello, "entre o fato (real), ou seja, o fato em si mesmo, e o suporte fático há o elemento valorativo, que os qualifica diferentemente".[86] Isso porque, de acordo com o autor, os atos puramente naturais somente interessam ao direito enquanto puderem ser relacionados a alguém. Os simples eventos da

---

[83] BOBBIO, Norberto. *Teoria do Ordenamento Jurídico*. 2. ed. Saraiva: São Paulo, 2014. p. 19.

[84] *Ibidem*, p. 19.

[85] REALE, Miguel. *Lições preliminares de Direito*. 26. ed. São Paulo: Saraiva, 2002.

[86] MELLO, Marcos Bernardes de. *Teoria do fato jurídico*: plano da existência. 15. ed. São Paulo: Saraiva, 2008. p. 68-69.

natureza não compõem o suporte fático criador da norma porque, para a criação de uma norma jurídica, são necessários fatos, de certa forma, úteis à vida humana em suas relações dentro da sociedade na qual está inserida.

Nesse sentido, podemos dizer que os elementos que constituem a existência da norma podem ser identificados como: declaração de vontade humana, agente, objeto idôneo e forma. Além de, é claro, o fato da natureza que busca regulamentação, sem o qual não haveria necessidade de norma.

Faltando quaisquer desses elementos ditos formadores, não podemos afirmar que a norma será existente, mas sim que apenas possui mera aparência de norma.

Ainda em relação à validade de uma norma jurídica, para Robert Alexy, ela está condicionada à observância dos seguintes requisitos:

a) promulgação por órgão competente;
b) conformação legal (no sentido de estar em conformidade com o previsto em lei);
c) não violação de direito superior (ou seja, que seja estabelecida em conformidade com o ordenamento jurídico).[87]

Por sua vez, Tércio Sampaio Ferraz Junior entende que a validade da norma jurídica deve ser finalística (e não condicionante), ou seja, segundo seu entendimento, a norma válida é a que cumpre seus fins sociais. Dessa forma, para Tércio Ferraz, a eficácia é uma consequência direta e natural da norma válida, de modo que, inter-relaciona, em seu conceito, o direito com a moral.[88]

Assim sendo, para grande parte da doutrina brasileira, uma norma só pode ser considerada válida após existir para o mundo jurídico-social, ou seja, após ser reconhecida, como tal, perante a comunidade social. Uma vez existente, a norma está apta a passar pelo crivo da validade e válida é a norma apta a produzir efeitos e cumprir o seu papel social.

Portanto, o que torna a norma eficaz é o respeito que gera na sociedade, independentemente de tal respeito surgir naturalmente

---

[87] ALEXY, Robert. *Conceito e validade do Direito*. 2. reimp. São Paulo: WMF Martins Fontes, 2011. p. 104.

[88] FERRAZ JUNIOR, Tércio Sampaio. A validade das normas jurídicas. *Sequência*, n. 28, p. 73-87, jun. 1994. Disponível em: https://periodicos.ufsc.br/index.php/sequencia/article/view/15875/14364. Acesso em: 05 ago. 2019.

(por ocasião do bom senso e do reconhecimento do que é justo, por meio de um raciocino ético ou uma valoração de ordem moral) ou ser imposto por meio do estabelecimento do medo das consequências que o descumprimento irá acarretar. Não importa a causa. Importa que o respeito pela norma possibilite que ela alcance o resultado almejado, ou seja, que se faça eficaz.

Reale observa que "a vigência se refere à norma; a eficácia se reporta ao fato, e o fundamento expressa sempre a exigência de um valor".[89] Isto é, o autor, em sua Teoria Tridimensional, explica que o Direito é composto por uma conjugação harmônica de três aspectos basilares, quais sejam: o aspecto fático (refere-se ao fato social); o aspecto axiológico (no sentido dos valores almejados pela sociedade, tais como a justiça) e o aspecto normativo (referente à normatização, ou seja, o ordenamento jurídico). Da conjugação decorrente da comunicação constante entre os dois primeiros aspectos, surge o terceiro, fato que o autor chamou de "dialética de complementaridade".

Percebe-se, portanto, que a Teoria de Miguel Reale surgiu no momento em que se reconheceu o diálogo, ou seja, a dialética complementar entre os fatos e a valoração a eles atribuída, determinando a necessidade de uma norma que os regule. Isto é, reconheceu-se que Fato, Valor e Norma se "dialetizam", não de forma excludente, mas de maneira complementar.

Nesse sentido, Tércio Ferraz[90] chama a atenção para o fato de que é importante ressaltar que a eficácia social de uma norma não pode ser simplesmente confundida com a sua observância. Embora a observância seja um importante critério para se reconhecer a eficácia de uma norma jurídica, tal eficácia não pode se resumir a isso. Ainda de acordo com o autor mencionado, existem normas que nunca foram obedecidas e, não obstante, podem ser consideradas dotadas de eficácia social.[91]

Isto é, segundo o autor, existem normas que são criadas como uma forma de atender um clamor social. Todavia, se devidamente aplicadas, tais normas poderão produzir um tumulto social maior, de modo que a eficácia social delas reside justamente no fato de não serem

---

[89] REALE, Miguel. *Op. cit.*, p. 116.

[90] FERRAZ JUNIOR, Tércio Sampaio. A validade das normas jurídicas. *Sequência*, n. 28, p. 73-87, jun. 1994. Disponível em: https://periodicos.ufsc.br/index.php/sequencia/article/view/15875/14364. Acesso em: 05 ago. 2019.

[91] *Ibidem*, p. 85.

devidamente obedecidas. Para Ferraz, essas normas produzem uma espécie de "satisfação ideológica". Nesse sentido:

> É o caso da norma constitucional sobre o salário mínimo que prevê para ele um valor suficiente para atender as necessidades vitais do trabalhador e de sua família com moradia, educação, saúde, lazer, vestuário, higiene, transporte e previdência social (Constituição de 1988, art. 7, IV); nas condições brasileiras atuais, a lei salarial não atende ao valor exigido pela Constituição que, se atendido, certamente levaria a um tumulto nas relações econômico-sociais; mas a norma constitucional produz, não obstante, um efeito ideológico simbólico: a Constituição GARANTE o salário mínimo![92]

Vê-se, portanto, que a eficácia de uma norma jurídica é questão complexa e que exige análise acurada, pois a análise da eficácia depende de outros elementos. Como vimos, em determinadas situações, a simples entrada em vigor da norma, por ir ao encontro do clamor social, já é o suficiente para garantir sua eficácia mínima, ao passo que em outros casos, faz-se necessária a obediência à norma, ou seja, seu cumprimento concreto por parte da sociedade.

Dessa maneira, não é errado afirmar que a eficácia da norma é dotada de um conceito plurivalente, já que possui vários sentidos e, dentre eles, podemos destacar o sentido social e o sentido técnico. Ainda de acordo com Ferraz:

> A ideia da eficácia social é a ideia da efetiva obediência, da aplicação efetiva do texto normativo; a ideia da eficácia técnica nos remete à possibilidade da aplicação, à possibilidade de se tornar efetivo o mandamento. (...) Além do mais, eu lembraria que há situações, talvez mais no sentido da eficácia social, em que, especificamente, as constituições são eficazes, não obstante não exista qualquer efetividade e talvez nem possa haver efetividade para elas. Eu me refiro àquelas normas cujo sucesso social – vamos dizer assim – está justamente em elas não serem efetivadas. Uma norma tem sucesso, ela é num terceiro sentido eficaz, exatamente porque ela não se aplica; ela satisfaz, p. ex, certas exigências ideológicas num momento político da nação, mas, se essas exigências ideológicas forem transformadas em comportamento efetivo isso criaria mais problemas. Nós temos o exemplo nas nossas Constituições, parece-me típico caso, com a participação dos trabalhadores no núcleo das empresas. Isso foi posto e na hora que tornasse, pelo menos no

---

[92] *Ibidem*, p. 86.

passado, efetivo, provavelmente nós teríamos grandes problemas. A "eficácia" desta norma esteve justamente na medida em que ela nunca se tornou efetiva.[93]

Logo, entende-se que a eficácia de uma norma pode ser analisada sob o aspecto social, sob o aspecto técnico e, ainda, sob o aspecto, digamos, teleológico ou finalístico.

Neste momento, porém, interessa-nos o seu sentido social, ou seja, interessa-nos analisar se a norma, uma vez existente, vigente e válida, está produzindo os efeitos sociais almejados. Para tanto, cumpre-nos refletir brevemente acerca da função social do Direito.

Tema um tanto quanto recorrente nos dias atuais, muito se tem discutido acerca da função social. Fala-se da função social da propriedade, da função social dos contratos e da função social da empresa. Todavia, ainda existe uma carência de análises sobre a função social do Direito.

A ideia da função social do Direito se deu com a origem da sociedade politicamente organizada, que definiu as primeiras normas visando a direcionar os relacionamentos sociais da época. Essas normas, assim como as existentes atualmente, tinham um objetivo, uma finalidade, uma razão específica de ser.

Entende-se, portanto, que a função social do Direito é a finalidade, o objetivo, o fim comum que a norma jurídica deve observar. Trata-se do conteúdo, do núcleo da norma jurídica sem a qual a função social do Direito perde sua razão de ser. Isso porque a norma jurídica é criada para que se percorra o caminho desejado por quem a criou, a fim de atingir o objetivo para o qual foi ela foi pensada. Essa é a razão de ser de toda norma!

Se a norma não atinge seu objetivo, perde sua finalidade e o Direito, desse modo, não cumpre a sua função perante a sociedade.

Quando determinada norma cumpre os efeitos esperados (para os quais ela foi criada), pode-se afirmar que ela cumpriu sua função normativa, solucionando os conflitos e apaziguando os relacionamentos sociais. Logo, ela foi eficaz em sua acepção formal.

Assim, por meio da função social do direito o legislador busca dar uma interpretação mais humanitária paras as relações jurídicas, uma valoração axiológica para os fatos, em um contexto não individualizado,

---

[93] *Ibidem,* p. 87.

mas social, em um verdadeiro processo de humanização das normas jurídicas.

Alcançar os fins sociais do Direito nada mais é do que tornar efetivos os direitos que possibilitam à pessoa – seja física, seja jurídica – obter do Estado as condições necessárias para se desenvolver e relacionar com o próximo em um ambiente propício de paz, justiça e bem-estar social.

Todavia, mais do que a eficácia formal da norma jurídica, cumpre buscar o alcance de sua eficácia material, visando ao cumprimento efetivo e concreto das normas jurídicas.

As normas do Direito são regras de conduta que buscam disciplinar o comportamento do indivíduo no grupo; são, portanto, normas ditadas pelas próprias necessidades e conveniências sociais, mas que não consistem em regras imutáveis: pelo contrário, são variáveis e permanecem em constante mudança, como o são os grupos onde se originam.

Nesse sentido, cabe destacar a análise da função social do Direito realizada por Francisco José Carvalho, segundo a qual a função social do direito é o fim comum que a norma jurídica deve atender dentro de um ambiente que viabilize a paz social.[94]

Por meio da função social do direito, o legislador objetiva humanizar as relações jurídicas, adotando novos valores a que o mundo – em especial, o mundo ocidental – aderiu com a evolução dos processos humanos e dos anseios das camadas sociais de alcançar melhores dias. Com isso, busca-se o fim dos valores individualistas que presidiram os séculos XVII ao XIX e parte do século XX, sendo vedada ao homem, nesse processo de humanização, a obtenção vantagens em descompasso com os comandos normativos.

Diante do exposto, percebe-se que a função da norma nada mais é que traçar um caminho, direcionar comportamentos, servir de parâmetro para o bom convívio e bom relacionamento entre os indivíduos que naturalmente convivem em uma sociedade.

Trata-se de um instrumento imprescindível, necessário e premente, a fim de garantir ou, ao menos, minimizar os conflitos sociais.

Seja por meio de uma de suas subespécies – as regras –, seja por meio dos princípios, a norma só conseguirá cumprir o papel para o qual foi criada se estiver vigente e for válida. Desse modo, para a eficácia social

---

[94] CARVALHO, Francisco José. *Teoria da Função Social do Direito*. 2. ed. Curitiba: Juruá, 2013.

de uma norma impende, em um primeiro momento, a observância aos dispositivos legais concernentes à sua vigência e validade. Ato contínuo, sendo válida e vigente, podemos passar a analisar a sua eficácia.

A observância de uma norma, nos termos de Bobbio, requer certo uso de força ou de uma espécie de estímulo para seu cumprimento (ou desestímulo quanto ao seu descumprimento), sendo essa força nada mais do que uma sanção em caso de transgressão.

Porém, sem uma fiscalização atenta, séria e criteriosa, de nada adianta a criação de normas ou o estabelecimento de pesadas sanções.

É a fiscalização que garante, ao final, a eficácia de uma norma e a aplicação das sanções decorrentes de seu descumprimento. Sem uma fiscalização séria e competente, a norma, inclusive suas sanções, pode cair no descrédito e, dessa forma, tornar-se obsoleta e completamente ineficaz. E aí, voltamos à estaca zero.

Enquanto não existir uma sociedade com a educação necessária para o cumprimento das normas pela simples consciência e reconhecimento de que é a atitude correta ou enquanto não existirem homens que fazem o certo pelo simples fato de saber que "é o certo", precisaremos de normas dotadas de força coercitiva suficiente e de uma séria e competente fiscalização de seu cumprimento, a fim de resguardar e garantir a eficácia delas, permitindo que tais normas cumpram o seu papel social, alcançando o objetivo para o qual foram criadas.

O mundo da educação de que falamos é uma utopia, mas entendemos que uma utopia é o que nos faz caminhar, é o que nos estimula a buscar. Nesta caminhada, almejamos uma sociedade na qual a educação possa imperar e a eficácia da norma seja algo natural e espontâneo, aspiramos a uma sociedade em que seja possível vivenciar o pensamento do grande mestre Rui Barbosa, para o qual "a força do direito deve superar o direito da força".

1.5 Contribuição da iniciativa privada no combate à corrupção

Preliminarmente, de maneira sucinta, podemos conceituar o capitalismo como o sistema econômico no qual o maior objetivo é a obtenção de lucro e enriquecimento dos proprietários, acionistas e investidores das empresas privadas, gerando, com isso, a detenção do poder econômico nas mãos de pequena parcela da população.

Max Weber discorre que o espírito do capitalismo é, em outras palavras, o ganhar mais e mais dinheiro, combinado com o afastamento estrito de todo prazer espontâneo de viver e, acima de tudo, completamente isento de qualquer mistura eudemonista, para não dizer hedonista; é pensado tão puramente como um fim em si mesmo, que do ponto de vista da felicidade ou da utilidade para o indivíduo parece algo transcendental e completamente irracional. Segundo o autor citado, o homem é dominado pela geração de dinheiro, pela aquisição como propósito final da vida. A aquisição econômica não mais está subordinada ao homem como um meio para a satisfação de suas necessidades materiais. Essa inversão daquilo que chamamos de relação natural, tão irracional de um ponto de vista ingênuo, é evidentemente um princípio guia do capitalismo, tanto quanto soa estranho para todas as pessoas que não estão sob a influência capitalista. A economia capitalista moderna é um imenso cosmos no qual o indivíduo nasce, e que se lhe afigura, ao menos como indivíduo, como uma ordem de coisas inalterável, na qual ele tem de viver. *Ela força o indivíduo, a medida que este esteja envolvido no sistema de relações de mercado, a se conformar às regras de comportamento capitalistas.* O fabricante que se opuser por longo tempo a essas normas será inevitavelmente eliminado do cenário econômico, tanto quanto um trabalhador que não possa ou não queira se adaptar às regras, que será jogado na rua, sem emprego. No seu entendimento, portanto, o capitalismo atual, que veio para dominar a vida econômica, educa e seleciona os sujeitos de quem precisa, *mediante o processo de sobrevivência econômica do mais apto.*[95] Acresço que, de igual forma, sua evolução se mostrou ainda mais individualista, não permitindo que a sociedade tivesse tempo de reagir às mudanças econômicas, vejamos:

> Os capitalistas de desastre, no entanto, não têm nenhum interesse em consertar o que existiu um dia. No Iraque, no Sri Lanka e em Nova Orleans, o processo enganosamente chamado de *"reconstrução"* começou concluindo a obra do desastre original, ao eliminar o que restou da esfera pública e das comunidades ali enraizadas – e depois tratou de substituí-las rapidamente por um tipo de Nova Jerusalém corporativa,

---

[95] WEBER, Max. *A ética protestante e o espírito do capitalismo.* Tradução de José Marcos Mariani de Macedo; revisão técnica, edição de texto, apresentação, glossário, correspondência vocabular e índice remissivo de António Flávio Pierucci. São Paulo: Companhia das Letras, 2004.

tudo antes que as vítimas da guerra ou do desastre natural pudessem se reagrupar e reivindicar os direitos sobre o que era seu. (Grifo nosso).[96]

Portanto, torna-se expressiva a ocorrência analógica de uma seleção natural darwiniana no âmbito empresarial, ou seja, os organismos mais adaptados ao meio têm maior probabilidade de sobrevivência.

Sob esse prisma, as grandes empresas têm mais chances no mercado financeiro, visto que acumulam mais capital e possuem maior corpo de trabalho. Por outro lado, as pequenas empresas dificilmente resistem à concorrência e à disputa econômica.

Dessa forma, por agirem exclusivamente por interesse próprio, é fato que as instituições privadas buscam uma melhoria constante para, entre outras coisas, ampliar sua rentabilidade, seus lucros, sua eficiência.

A Administração Pública, por sua vez, deve agir em benefício de toda a sociedade, à luz do princípio da supremacia do interesse público, buscando atingir sempre maior vantagem para população em seus atos, cabendo ao Estado acompanhar os avanços tecnológicos conquistados pelas grandes corporativas, beneficiando-se do conhecimento adquirido pelas empresas em prol da sociedade.

Ainda que os avanços não ocorram na mesma velocidade, vemos que, atualmente, ferramentas desenvolvidas pelo setor privado, como a governança corporativa, o *compliance* e o *big data* são peças que somam para uma gestão pública eficiente e um bom governo.

1.5.1 A governança corporativa no setor público

A governança corporativa cuida da estrutura institucional e política das corporações. Ela é fruto da evolução do capitalismo, do agigantamento do poder das corporações, do processo de dispersão do controle acionário, do divórcio entre a propriedade e a gestão e do necessário início de transição para um capitalismo sustentável. A integridade das corporações, instituições financeiras e mercados é especialmente importante para a saúde econômica e estabilidade dos Estados Nacionais.

Em síntese, o crescimento empresarial em esfera mundial foi proporcionado pela constituição de grandes empresas na forma de sociedades anônimas abertas, pela abertura do capital de empresas

---

[96] KLEIN, Naomi. *A doutrina do choque*: a ascensão do capitalismo de desastre. Rio de Janeiro: Nova Fronteira, 2008. p. 16-18.

fechadas, pelo aumento do número de investidores nos mercados de capitais, pelos processos sucessórios, bem como pelas fusões, incorporações etc.

Segundo Rosseti e Andrade, isso pode ser demonstrado pelo fato de que apenas 123 países superam em PNB (Produto Nacional Bruto) as receitas totais das 500 maiores empresas mundiais e somente 31 países em todo mundo, em 2013, apresentavam PNB superior à média das receitas operacionais das 5 maiores companhias globais (US$ 446,6 bilhões).[97]

No que tange à separação entre a propriedade e a gestão, percebe-se que ela provocou mudanças relevantes nas companhias, decorrentes dos conflitos de interesses que se desenvolveram no interior das corporações, minimizados pela difusão e adoção de boas práticas de governança corporativa. Rosseti e Andrade afirmam que:

> Os conflitos de agência que resultam de interesses não perfeitamente simétricos dos acionistas e dos gestores manifestam-se quando se dá a separação entre a propriedade e a gestão, com a outorga da direção das corporações a executivos contratados. Os outorgantes são as grandes massas de acionistas que investem seus recursos na aquisição de ações das empresas ou que as recebem em processos sucessórios. Os outorgados são os gestores contratados para a direção executiva das companhias. O interesse dos outorgantes é o máximo retorno total de seus investimentos; os dos outorgados podem ser outros e até conflitantes com os dos acionistas, como a busca de status, altas remunerações, preferência por crescimento em detrimento de retornos, além de diversas formas de benefícios auto concedidos. Para que os interesses dessas partes não choquem, duas premissas devem ser atendidas: uma, referente aos termos de contratos entre esses agentes; outra, referente ao comportamento deles. Ocorre, porém, que os conflitos dificilmente são eliminados. E por duas razões. A primeira, sintetizada no axioma de Klein, segundo o qual não existe contrato completo; a segunda sintetizada no axioma de Jensen-Meckling, que se fundamenta na inexistência do agente perfeito. (...)
> Além dos conflitos entre acionistas e gestores podem também ocorrer conflitos entre acionistas majoritários e minoritários. O gestor oportunista se revela pela dispersão da propriedade e pela separação entre a propriedade e a gestão.

---

[97] ROSSETI, José Paschoal; ANDRADE, Adriana. *Governança corporativa*: fundamentos, desenvolvimento e tendências. 7. ed. São Paulo: Atlas, 2014. p. 102.

A governança corporativa surgiu para cuidar desses conflitos e de outros desalinhamentos nas companhias. (...)

Outras razões fundamentais também levaram ao despertar da governança corporativa. (...) Entre as externas, destacam-se: a) as mudanças no macroambiente, como desfronterirização de mercados reais e financeiros, desengajamento do Estado-empresário e ascensão de novos *players* globais; b) as mudanças no ambiente de negócios, como a reestruturações setoriais; e c) as revisões nas instituições do mercado de capitais, junto com posturas mais ativas dos investidores institucionais. Entre as internas, destacam-se: a) as mudanças societárias; b) os realinhamentos estratégicos; e c) os reordenamentos organizacionais, que vão da profissionalização à implantação de controles preventivos contra ganância e fraudes.

Derivadas do impacto desses fatores, a assimilação e a prática de boas práticas de governança corporativa tornaram-se um dos movimentos mais importantes do sistema capitalista, do mundo corporativo e da ciência da administração nesta última virada do século (...).[98]

Em breve análise da evolução histórica, verifica-se que a construção da base da governança corporativa mundial deu-se face à situação econômica e financeira de cada país, alinhada ao interesse das grandes empresas atuantes na região, diversidades que influenciam diretamente na forma de gestão, visto que não há um modelo único e universal de governança corporativa. Entre os principais modelos, encontram-se os:

1) *Outsider System* (Estados Unidos e Reino Unido): acionistas pulverizados e tipicamente fora do comando diário das operações da companhia; estrutura de propriedade dispersa nas grandes empresas; papel importante do mercado de ações no crescimento e financiamento das empresas; ativismo e grande porte dos investidores institucionais; mercado com possibilidade real de aquisições hostis do controle; foco na maximização do retorno para os acionistas (orientado para o acionista);[99]

2) *Insider System* (Europa Continental e Japão): acionistas com grande força no controle das operações diárias, diretamente ou por meio de pessoas escaladas por eles; estrutura de propriedade mais concentrada; papel importante do mercado de dívida títulos no crescimento e financiamento das empresas; frequente o controle familiar nas grandes companhias, bem como a presença do Estado como acionista relevante;

---

[98] *Ibidem*, p. 103 e p. 104.

[99] INSTITUTO BRASILEIRO DE GOVERNANÇA CORPORATIVA (IBGC). *Principais modelos*. [s.d.]. Disponível em: https://siteatg.ibgc.org.br/governanca/origens-da-governanca/principais-modelos. Acesso em: 06 ago. 2019.

presença de grandes grupos/conglomerados empresariais, muitas vezes altamente diversificados; baixo ativismo e menor porte dos investidores institucionais; reconhecimento mais explícito e sistemático de outros *stakeholders* não financeiros, principalmente funcionários (orientado para as partes interessadas).[100]

3) *Modelo latino-americano*: fortemente influenciado pela concentração patrimonial; grandes grupos privados familiares; baixa expressão do mercado de capitais; tradição jurídica do Código Civil Francês, com baixo *enforcement*; predominância da alavancagem financeira.[101]

No Brasil, a governança corporativa ganhou enfoque com a criação do Instituto Brasileiro de Governança Corporativa (IBGC), em 1999, criado a partir de uma ampliação na atuação dos conselhos administrativos, órgãos de orientação e controle de empresas, provocando uma mudança na estrutura da instituição, e visando aos estudos para seara da propriedade, auditoria independente e conselho fiscal, tornando-se referência na aplicação prática da governança corporativa no país.

Segundo Rossetti e Andrade, as características de governança corporativa predominantes nas empresas brasileiras são, principalmente: a alta fonte de concentração de propriedade acionária; a sobreposição propriedade-gestão; os conflitos de agência entre majoritários e minoritários; a fraca proteção legal a minoritários e a baixa eficácia dos Conselhos de Administração.[102]

À luz da construção histórica, atualmente, os princípios fundamentais consolidados que norteiam os Códigos para Governança Corporativa são:

1 – *Transparência (disclosure):* Consiste no desejo de disponibilizar para as partes interessadas as informações que sejam de seu interesse e não apenas aquelas impostas por disposições de leis ou regulamentos. Não deve se restringir ao desempenho econômico-financeiro, contemplando também os demais fatores (inclusive intangíveis) que norteiam a ação gerencial e que conduzem à preservação e à otimização do valor da organização.

2 – *Equidade (equality):* Caracteriza-se pelo tratamento justo e isonômico de todos os sócios e demais partes interessadas (*stakeholders*) levando em consideração seus direitos, deveres, necessidades, interesses e expectativas.

---

[100] *Ibidem.*

[101] ROSSETI, José Paschoal; ANDRADE, Adriana. *Op. cit.*, p. 393.

[102] *Ibidem*, p. 524.

3 – *Prestação de Contas (accountability):* Os agentes de governança devem prestar contas de sua atuação de modo claro, conciso, compreensível e tempestivo, assumindo integralmente as consequências de seus atos e omissões e atuando com diligência e responsabilidade no âmbito de seus papéis.

4 – *Responsabilidade Corporativa:* Os agentes de governança devem zelar pela viabilidade econômico-financeira das organizações, bem como reduzir as externalidades negativas de seus negócios e suas operações de forma que os efeitos de uma transação que incide sobre terceiros que não consentiram ou dela não participaram, deixando de estar completamente refletidos nos preços (sendo, portanto, externalidades negativas) levando em consideração, no seu modelo de negócios, os diversos capitais (financeiro, manufaturado, intelectual, humano, social). Dito de outra forma, devem aumentar as externalidades positivas, levando em consideração, no seu modelo de negócios, bem como os diversos capitais a curto, médio e longo prazos.[103]

Desse modo, todos regulamentos e normas formulados para organização administrativa da empresa devem alinhar o objetivo das partes interessadas, prezando pela transparência, equidade, prestação de contas e responsabilidade corporativa de seus agentes.

Nessa esteira, cabe destacar as Premissas do Código[104] supracitado:

1. Evolução do Ambiente de Negócios
Nesse novo ambiente, a ética torna-se cada vez mais indispensável. Honestidade, integridade, responsabilidade, independência, visão de longo prazo e preocupação genuína com os impactos causados por suas atividades são fundamentais para o sucesso duradouro das organizações.

2. Tomada de Decisão
Na tomada de decisão, deve-se levar em conta simultaneamente o grau de exposição ao risco, que deve ser definido pela organização, e a prudência necessária, evitando-se os extremos tanto de um quanto de outro.
As principais decisões devem ser adequadamente fundamentadas, registradas e passíveis de verificação pelas devidas partes interessadas.

---

[103] BLOK, Marcela. *Compliance e Governança Corporativa.* Rio de Janeiro: Freitas Bastos, 2017. p. 192-193.

[104] INSTITUTO BRASILEIRO DE GOVERNANÇA CORPORATIVA (IBGC). *Código das Melhores Práticas de Governança Corporativa.* São Paulo: IBGC, 2015. 108 p. p. 15-19. Disponível em: https://conhecimento.ibgc.org.br/Paginas/Publicacao.aspx?PubId=21138. Acesso em: 06 ago. 2019.

3. Uso do Código

O Código não tem o intuito de ser um modelo rígido de boas práticas de governança, mas sim uma referência de consulta visando a uma reflexão e aplicação em cada caso, sempre levando em conta o arcabouço regulatório (compulsório e facultativo) a que a organização está submetida.

4. Estrutura do Código

1. Sócios; 2. Conselho de administração; 3. Diretoria; 4. Órgãos de fiscalização e controle; e 5. Conduta e conflito de interesses.

Assim sendo, o bom governo – seja ele público, seja ele privado – pressupõe controle dos conflitos de interesses e dos custos de agência. No moderno mundo corporativo, Rossetti e Andrade afirmam que isso decorre "do financiamento das companhias via emissões e ofertas públicas de ações, quanto a que decorre do inexorável processo de partilha da propriedade pela sucessão dos acionistas fundadores, geração após geração",[105] portanto, não pode estar em estado de inércia, tendo em vista que seu desenvolvimento amplia a transparência nos atos e, com isso, garante de probidade e diminui os riscos na gestão.

No âmbito da Administração Pública, o conflito de agência também está claramente presente no processo de gestão, conforme afirmam Rossetti e Andrade:

> Neste caso, no lugar dos acionistas, colocam-se os contribuintes, como agentes principais e outorgantes do modelo de governança pública. Afinal são os cidadãos contribuintes que canalizam recursos para o Estado, capitalizando-o, para que ele possa produzir bens e serviços de interesse público. A expectativa é que os administradores do setor público cuidem da eficaz alocação destes recursos e, consequentemente, ao máximo retorno total dos tributos pagos, expressos pelos dividendos, sociais proporcionados por bens e serviços de interesse difuso. Ocorre, porém, como no caso das corporações, que as decisões dos gestores públicos podem conflitar com os interesses dos contribuintes, até que porque, enquanto agente alocador de recursos, o governo tende a ser menos perfeito que os agentes privados, seja pela alta dispersão dos contribuintes e pela consequente dificuldade de controle presencial e direito da administração pública, seja porque também é outorgada a representantes a participação nos processos decisórios envolvendo a destinação de suas próprias provisões.[106]

---

[105] ROSSETI, José Paschoal; ANDRADE, Adriana. *Op. cit.*, p. 568.
[106] *Ibidem*, p. 569 e p. 560.

Nesse sentido, a autora Sandra Guerra afirma que, culturalmente, "a consciência de que fazer as coisas bem governadas gera valor e vai na contramão de uma visão antiga que se tinha sobre negócios: a de que algumas práticas não tão republicanas às vezes trazem lucros mais rapidamente".[107] No mundo corporativo, esse entendimento cultural tem sido confrontado após sérios conflitos de agência, por meio de instrumentos e ferramentas da governança corporativa, que, observadas as devidas particularidades, devem também ser adotados pelo setor público com objetivo de efetivar o direito fundamental ao bom governo.

Nessa senda, as grandes corporações que detêm o maior poder econômico são auditadas contabilmente pelas *big four*, definido como: "nomenclatura utilizada para se referir às quatro maiores empresas contábeis especializadas em auditoria e consultoria do mundo. Fazem parte deste seleto grupo as empresas EY, PwC, Deloitte e KPMG".[108]

Em suas rotinas de auditoria independente, as *big four* avaliam efetivamente a atuação administrativa e as boas práticas da governança corporativa das empresas e, dependendo dos achados, atualmente, podem vir a se abster de emitir parecer conclusivo sobre as demonstrações financeiras de companhias que não se adequaram às regras de integridade, sob o risco de responsabilidade solidária.

Evidenciando que, no mundo corporativo "investidores de empresas dizem que chegariam a deixar de investir, ou ao menos repensar o investimento em uma empresa, caso ela contratasse um escritório de auditoria não pertencente ao grupo denominado de *big four*".[109]

Dessa forma, pode-se dizer que, para o setor privado, as *big four* são o que o Tribunal de Contas é para sociedade, ou seja, elas atuam como observadoras externas e independentes do processo de gestão.

---

[107] OS DESAFIOS da governança corporativa no Brasil. *Estadão*, Economia & Negócios, 16 out. 2014. Disponível em: http://economia.estadao.com.br/blogs/descomplicador/os-desafios-da-governanca-corporativa-no-brasil/. Acesso em: 06 ago. 2019.

[108] BIG FOUR. *Conhecimento geral*, 30 jun. 2016. Disponível em: https://www.conhecimentogeral.inf.br/big_four/. Acesso em: 06 ago. 2019.

[109] SALZANO NETO, Rubem. *Auditoria de Sistemas de Informação e sua inserção nas melhores práticas para a Gestão de TI*. Orientadora: Ana Carolina Brandão Salgado. 2012. 56 f. Monografia (Bacharelado em Ciência da Computação) – Centro de Informática, Universidade Federal de Pernambuco, Recife, 2012. Disponível em: http://www.cin.ufpe.br/~tg/2012-1/rsn3.docx. Acesso em: 06 ago. 2019.

1.5.2 *Compliance* e programas de integridade

A palavra *compliance* tem origem americana e vem do verbo *"to comply"*, que traduzindo para português, significa "cumprir; obedecer; concordar". Nesse sentido, o mecanismo é um sistema que visa ao cumprimento das normas regulamentadoras de determinado setor ou instituição e se trata de um "ato de cumprir, de estar em conformidade e executar regulamentos interno e externos, impostos às atividades da instituição, buscando mitigar o risco atrelado à reputação e ao regulatório/legal".[110]

No setor privado, a instituição do *compliance* proporcionou o fomento da aplicação das normas regulamentadoras do bom governo corporativo, pois o seu não atendimento começou a ser constatado e penalizado, estabelecendo a responsabilidade dos agentes.

Nota-se que não basta somente a criação de normas, mas sua real execução, bem como um setor capaz de fiscalizar tal cumprimento, de forma independente, pois a subordinação reduz a autonomia e legitimidade dos responsáveis.

Luis Roberto Antonik aduz que os aspectos fundamentais da implantação do *compliance* são:

- Regulamentação: regras claras, factíveis e disseminadas, acordadas por todos na sociedade.
- Educação: formação e capacitação sobre conceitos de integridade e ética para engajar os envolvidos.
- Cooperação: integração e colaboração entre diferentes países e instâncias regulamentares e de investigação.
- Transparência: ferramentas de divulgação, monitoramento e acompanhamento de informações públicas.
- Independência: liberdade para investigação e julgamento de casos de corrupção.[111]

Assim, faz-se notável que o programa ultrapassa o engessamento dos ditames legais e regulamentares, não se limitando a nenhum deles,

---

[110] MANZI, Vanessa Alessi. *Compliance no Brasil*. São Paulo: Saint Paul, 2008. p. 15.

[111] ANTONIK, Luis Roberto. *Compliance, ética, responsabilidade social e empresarial*: uma visão prática. Rio de Janeiro: Alta Books, 2016. p. 47-48.

e sim solidificando as condutas em conformidade com os princípios de integridade e ética.

Portanto, o *compliance* é uma unidade com objetivo de controlar a execução fiel das normas e regulamentos no âmbito institucional e corporativo, constatando e apontando atos fora dos padrões de probidade e moralidade, bem como proporcionando o cumprimento das boas práticas governamentais e o combate à corrupção pública ou privada.

O primeiro marco no ordenamento jurídico brasileiro para o sistema de *compliance* é a Lei Anticorrupção (nº 12.846, de 1º agosto de 2013),[112] a qual estabelece a responsabilização objetiva das pessoas jurídicas por atos praticados em desconformidade com as normas e princípios constitucionais da moralidade, publicidade, eficiência, contra a administração pública nacional ou estrangeira.

A lei estabelece que as empresas, assim como os gestores, ajam buscando evitar os riscos de responsabilização administrativa, civil e principalmente penal:

> o cumprimento dos marcos regulatórios torna-se importante não apenas para evitar responsabilidades na seara administrativa, mas também para proteção da imputação criminal. A observância das normas de cuidado – através de um sistema de *compliance* estruturado – é o instrumento que assegura a proteção da empresa e de seus dirigentes da prática de delitos e da colaboração com agentes criminosos, minimizando os riscos de responsabilidade penal e de desgastes perante a opinião pública.[113]

Nessa senda, em 2014, é criado o Instituto Compliance Brasil, visando a "propiciar a difusão de informações adequadas, didáticas e de fácil acesso a todos os setores da sociedade, com fluidez e capilaridade, atendendo ao princípio de multidisciplinaridade inerente à matéria".[114]

No mesmo sentido, foi publicada a Instrução Normativa nº 01/2016, desenvolvida em conjunto entre o Ministério do Planejamento, Orçamento e Gestão e a Controladoria-Geral da União, com o fim de

---

[112] BRASIL. *Lei nº 12.846*, de 01 de agosto de 2013. Dispõe sobre a responsabilização administrativa e civil de pessoas jurídicas pela prática de atos contra a administração pública, nacional ou estrangeira, e dá outras providências. Brasília, 2013. Disponível em: http://www.planalto. gov.br/ccivil_03/_ato2011-2014/2013/lei/l12846.htm. Acesso em: 06 ago. 2019.

[113] MANZI, Vanessa Alessi. *Compliance no Brasil. Op. cit.*, p. 19.

[114] INSTITUTO COMPLIANCE BRASIL. *Breve história.* Disponível em: http://compliancebrasil. org/instituto/. Acesso em: 06 ago. 2019.

estabelecer diretrizes sobre as práticas relacionadas à gestão de riscos aos controles internos e à governança, incentivando a implantação do *compliance*, colocando-o como setor de supervisão, ou seja, como reforço na análise do controle interno:

> Art. 6º Além dos controles internos da gestão, os órgãos e entidades do Poder Executivo federal podem estabelecer instâncias de segunda linha (ou camada) de defesa, para supervisão e monitoramento desses controles internos. Assim, comitês, diretorias ou assessorias específicas para tratar de riscos, controles internos, integridade e *compliance*, por exemplo, podem se constituir em instâncias de supervisão de controles internos.[115]

O mecanismo se encontra previsto, também, na Lei das Estatais (Lei nº 13.303, de 30 de junho de 2016), que dispõe sobre o estatuto jurídico da empresa pública, da sociedade de economia mista e de suas subsidiárias. A Lei buscou ampliar a autonomia desse setor ao estabelecer que em seu artigo 9º, §4º:

> §4º O estatuto social deverá prever, ainda, a possibilidade de que a área de *compliance se reporte diretamente ao Conselho de Administração* em situações em que se suspeite do envolvimento do diretor-presidente em irregularidades ou quando este se furtar à obrigação de adotar medidas necessárias em relação à situação a ele relatada. (Grifo nosso).[116]

No que tange ao Programa de Integridade, é uma ferramenta de *compliance* específica para prevenção, detecção e remediação de atos lesivos, tais como a ocorrência de suborno, fraudes nos processos de licitações e execução de contratos com o setor público.

O Decreto Federal nº 8.420/2015, que regulamenta a Lei nº 12.846/213, definiu no seu art. 41 o que é Programa de Integridade:

---

[115] BRASIL. Ministério do Planejamento, Orçamento e Gestão. Controladoria-Geral da União. *Instrução Normativa Conjunta MP/CGU nº 01/2016*. Dispõe sobre controles internos, gestão de riscos e governança no âmbito do Poder Executivo federal. Brasília, 2016. Disponível em: http://www.cgu.gov.br/sobre/legislacao/arquivos/instrucoes-normativas/in_cgu_mpog_01_2016.pdf. Acesso em: 06 ago. 2019.

[116] BRASIL. *Lei nº 13.303*, de 30 de junho de 2016. Dispõe sobre o estatuto jurídico da empresa pública, da sociedade de economia mista e de suas subsidiárias, no âmbito da União, dos Estados, do Distrito Federal e dos Municípios. Brasília, 2016. Disponível em: http://www.planalto.gov.br/ccivil_03/_ato2015-2018/2016/lei/l13303.htm. Acesso em: 06 ago. 2019.

Programa de integridade consiste, no âmbito de uma pessoa jurídica, no conjunto de mecanismos e procedimentos internos de integridade, auditoria e incentivo à denúncia de irregularidades e na aplicação efetiva de códigos de ética e de conduta, políticas e diretrizes com objetivo de detectar e sanar desvios, fraudes, irregularidades e atos ilícitos praticados contra a administração pública, nacional ou estrangeira.[117]

Posteriormente, a Controladoria-Geral da União lançou um guia, de caráter orientativo, que explica o Programa de Integridade presente na Lei Anticorrupção (Lei nº 12.846/2013). Esse manual elenca exemplos práticos de conduta de combate à corrupção, como suborno de agentes públicos nacionais ou estrangeiros, fraude em processos licitatórios, embaraço às atividades de investigação ou fiscalização de órgãos, entidades ou agentes públicos.[118]

O documento ainda apresenta os cinco pilares de um programa de integridade: 1) comprometimento e apoio da alta direção; 2) definição de instância responsável; 3) análise de perfil e riscos; 4) estruturação das regras e instrumentos; e 5) estratégias de monitoramento contínuo.[119]

Nesse sentido, a título de exemplo, o Estado de Mato Grosso instituiu, por meio da Lei Estadual nº 10.691/2018, de 05 de março de 2018, o Programa de Integridade Pública "para todos os órgãos e entidades da Administração Pública, Autárquica e Fundacional do Poder Executivo Estadual, fomentado e fiscalizado pelo Gabinete de Transparência e Combate à Corrupção".[120] Observa-se que os dispositivos no corpo da norma encontram-se em consonância com as boas práticas da governança pública.

---

[117] BRASIL. *Decreto nº 8.420*, de 18 de março de 2015. Regulamenta a Lei nº 12.846, de 1º de agosto de 2013, que dispõe sobre a responsabilização administrativa de pessoas jurídicas pela prática de atos contra a administração pública, nacional ou estrangeira e dá outras providências. Brasília, 2015. Disponível em: http://www.planalto.gov.br/ccivil_03/_ato2015-2018/2015/decreto/D8420.htm. Acesso em: 06 ago. 2019.

[118] BRASIL. Controladoria-Geral da União. *Programa de Integridade*: diretrizes para empresas privadas. Brasília, 2015. 27 p. Disponível em: http://www.cgu.gov.br/Publicacoes/etica-e-integridade/arquivos/programa-de-integridade-diretrizes-para-empresas-privadas.pdf. Acesso em: 06 ago. 2019.

[119] *Ibidem*.

[120] MATO GROSSO. Assembleia Legislativa. Secretaria de Serviços Legislativos. *Lei nº 10.191*, de 05 de março de 2018. Institui o Programa de Integridade Pública do Governo do Estado de Mato Grosso para todos os órgãos e entidades da Administração Pública, Autárquica e Fundacional do Poder Executivo Estadual, fomentado e fiscalizado pelo Gabinete de Transparência e Combate à Corrupção. Cuiabá, 2018. Disponível em: https://www.al.mt.gov.br/storage/webdisco/leis/lei-10691-2018.pdf. Acesso em: 06 ago. 2019.

No entanto, por estar em desenvolvimento, a ferramenta ainda é considerada flexível no Brasil, sendo, portanto, uma *soft law*. Em tradução literal, *soft law* significa uma "norma branda", ao passo que *hard law* significa "lei dura". No direito internacional, a doutrina diverge no real significado e aplicação dos instrumentos jurídicos.

Apesar de a lei não estabelecer o dever de implementar programas de *compliance*, limitando-se a dizer que eles serão utilizados (considerados) como atenuantes em casos na aplicação de sanções, esse mecanismo se encontra cada vez mais incentivado no Estado.

No Brasil e no exterior, as grandes corporações já exigem que todos os fornecedores (*stakeholders*) façam adesão formal a códigos de condutas que contenham regras claras explicitando que o fornecedor não pode pagar nem aceitar subornos, combinar ou aceitar comissões, assim como não pode agir de forma a infringir, ou levar os seus parceiros de negócios a infringirem, qualquer lei ou regulamentação antissuborno vigente, incluindo a *U.S. Foreign Corrupt Practices Act* (lei norte-americana, já mencionada, relativa a práticas corruptas no estrangeiro) e a *UK Bribery Act* (lei britânica relativa ao suborno).

Ainda que os meios jurídicos referentes à instituição do *compliance* não o estabeleçam como uma obrigatoriedade, sua instituição possibilita a ampliação da constatação de atos impróprios e ilícitos na administração, tanto na pública quanto na privada.

Reagindo ao cenário internacional, o governo federal brasileiro, por meio do Decreto nº 9.203/2017, instituiu a aplicação da política de integridade aos órgãos do Poder Executivo.

Tal normativa estabeleceu, entre outras coisas, o prazo de seis meses para o órgão de controle interno criar procedimentos necessários à estruturação, à execução e ao monitoramento dos órgãos e entidades, buscando a prevenção, detecção, punição e remediação de fraudes e atos de corrupção.[121]

Em suma, o monitoramento é um dos pontos primordiais no mecanismo de *compliance* e na política de integridade junto à alta administração dos órgãos e entidades, assim como o são as auditorias internas governamentais, visto que contribuem na melhoria das operações das organizacionais por meio de avaliação sistemática dos processos de gerenciamento de riscos.

---

[121] BRASIL. *Decreto nº 9.203*, de 22 de novembro de 2017. Dispõe sobre a política de governança da administração pública federal direta, autárquica e fundacional. Brasília, 2017. Disponível em: http://www.planalto.gov.br/ccivil_03/_ato2015-2018/2017/decreto/D9203.htm. Acesso em: 06 ago. 2019.

1.5.3 Detecção de fraudes utilizando o *big data*

O *big data* é uma ferramenta voltada exclusivamente para o aprimoramento no controle de dados na rede, de forma a gerir, filtrar e aproveitar eficientemente todas as informações produzidas e circuladas diariamente, possibilitando, assim, a constatação de fraudes na gestão pública.

Com os avanços tecnológicos, o mundo vive na era da informação, veloz e instantânea, na qual determinado assunto ou conteúdo, na maioria dos países, pode ser acessado em qualquer parte, por qualquer pessoa, necessitando apenas de uma rede.

Nesse sentido, Manuel Castells, em ensaio sobre a sociedade em rede, discorre que: "As novas tecnologias da informação estão integrando o mundo em redes globais de instrumentalidade. A comunicação mediada por computadores gera uma gama enorme de comunidades virtuais".[122]

Ainda de acordo com o autor, até mesmo o mercado financeiro se transformou para acompanhar os avanços da tecnologia, originando o que Castells chama de economia informacional, a qual:

> é organizada em torno de centros de controle e comando capazes de coordenar, inovar e gerenciar as atividades interligadas das redes de empresas. Serviços avançados, inclusive finanças, seguros, bens imobiliários, consultorias, serviços de assessoria jurídica, propaganda, projetos, *marketing*, relações públicas, segurança, coleta de informações e gerenciamento de sistemas de informações, bem como P&D e inovação científica, estão no cerne de todos os processos econômicos, seja na indústria, agricultura, energia, seja em serviços de diferentes tipos.[123]

Assim sendo, quem possui informações e as administra, acaba potencializando a eficiência na função que exerce e ampliando o conhecimento na sua área de atuação.

Por esse motivo, o *big data* surgiu nas empresas para possibilitar que essas, filtrando as informações que são lançadas na rede a cada segundo, armazenadas em seus bancos de dados, delineassem o perfil dos seus clientes para melhor compreensão do seu público-alvo.

---

[122] CASTELLS, Manuel. *A Era da Informação*: economia, sociedade e cultura. 6. ed. São Paulo: Paz e Terra, 2013. v. 1. p. 57.
[123] *Ibidem*, p. 469.

Todavia, tal ferramenta evoluiu para diversos campos de atuação na esfera da Tecnologia da Informação, tornando-se a solução diante do grande volume de dados e servindo como direcionamento para os controladores do programa.

Apesar de ser abrangente o conceito para a ferramenta *big data*, a melhor definição encontrada foi feita pelo *McKinsey Global Institute*:

> *Big data* refere-se a conjuntos de dados cujo tamanho ultrapassa a capacidade típica de ferramentas de *software* de banco de dados para capturar, armazenar, gerenciar e analisar. Essa definição é intencionalmente subjetiva e incorpora uma definição em movimento de quão grande um conjunto de dados precisa ser para ser considerado *big data* – ou seja, não definimos *big data* em termos de ser maior que um determinado número de *terabytes* (milhares de gigabytes). Assumimos que, conforme a tecnologia avança ao longo do tempo, o tamanho dos conjuntos de dados que se qualificam como *big data* também aumentará. Observe também que a definição pode variar por setor, dependendo de quais tipos de ferramentas de *software* estão disponíveis e quais tamanhos de conjuntos de dados são comuns em um determinado setor. Com essas ressalvas, o *big data* em muitos setores hoje varia de algumas dezenas de *terabytes* a vários *petabytes* (milhares de *terabytes*). (tradução nossa)[124]

Complemento a definição acima apresentada, para Taurion:

> *Big Data* não é apenas um produto de *software* ou *hardware*, mas um conjunto de tecnologias, processos e práticas que permitem às empresas analisarem dados a que antes não tinham acesso e tomar decisões ou mesmo gerenciar atividades de forma muita mais eficiente. Desta forma, *big data* nada mais é que o termo adotado pelo mercado para descrever problemas no gerenciamento e processamento de informações extremas, as quais excedem a capacidade das tecnologias de informações tradicionais ao longo de uma ou várias dimensões.[125]

Pesquisadores do tema elencaram, ainda, cinco fatores que descrevem a ferramenta: são eles os "5 Vs":[126] volume, velocidade,

---

[124] MCKINSEY GLOBAL INSTITUTE. *Big Data:* The next frontier for innovation, competition, and productivity. McKinsey Global Institute, May 2011. Disponível em: https://www.mckinsey.com/~/media/McKinsey/Business%20Functions/McKinsey%20Digital/Our%20Insights/Big%20data%20The%20next%20frontier%20for%20innovation/MGI_big_data_exec_summary.ashx>. Acesso em: 06 ago. 2019.

[125] TAURION, Cesar. *Big Data*. Rio de Janeiro: Brasport, 2013. p. 30.

[126] ALECRIM, Emerson. O que é o Big Data? *InfoWester*, 13 jan. 2015. Disponível em: https://www.infowester.com/big-data.php. Acesso em: 06 ago. 2019.

variedade, veracidade e valor. Vejamos de maneira sintética cada um deles:

- *Volume:* trata-se da quantidade de dados com expressivo tamanho e de crescimento exponencial. Por estarem nessas condições, esses dados quase sempre são subutilizados.

- *Velocidade:* refere-se ao tratamento dos dados (obtenção, gravação, atualização etc), que deve ser feito em tempo hábil (preferencialmente, em tempo real). O tamanho do banco de dados não pode se tornar um fator limitante.

- *Variedade:* existem diversas informações circulando instantaneamente na rede, sendo imprescindível que essa variedade de informações seja tratada de forma conjunta, como parte de um todo. Caso contrário, se não for associado a outros, um determinado dado pode se tornar inútil.

- *Veracidade:* trata-se da verificação e confirmação se os dados são confiáveis, sendo necessário que existam processos que garantam a consistência dos dados coletados. Tal ponto é crucial, uma vez que não podem ocorrer erros pela falta de interpretação fidedigna do que está sendo analisado nos bancos de dados.

- *Valor:* toda informação tratada e disponibilizada assume a condição de "patrimônio".

Portanto, simplificadamente, a proposta de solução tecnológica por meio do *big data* é a de oferecer a possibilidade de uma abordagem ampla no tratamento de informações originadas de vários órgãos de natureza técnica/administrativa, entidades sociais, empresas privadas e até mesmo das redes sociais, a fim de fornecer à Administração Pública informações que contribuam para uma fiscalização exata e eficiente.

Dessa forma, a velocidade e o volume de informações que são geradas diariamente por meio dos mais variados tipos de atos, de gestão e governo, impõem que o sistema de controle esteja apto a identificá-las, selecioná-las e analisá-las em tempo real, apontando e relatando possíveis irregularidades antes mesmo que elas se concretizem.

É cediço que as informações, quando somente armazenadas em bancos de dados, não permitam uma utilização adequada com vistas à elaboração de um trabalho pormenorizado, capaz de conceber um controle real e eficaz da gestão pública.

Portanto, o Estado, responsável pela Administração Pública, em respeito ao princípio da eficiência, deve se adequar à modernização tecnológica e suportar a velocidade dos dados necessários de forma a utilizá-los para exercer sua função de controle.

A aplicação da ferramenta *big data* na seara pública poderá proporcionar transparência na gestão de recursos, bens, assim como em todos os atos estatais, possibilitando a ocorrência da fiscalização de modo concomitante.

A utilização do *big data* possibilitaria, ainda, o refinamento e cruzamento desses dados entre si, o que oportunizaria, a partir de fatores correlacionados, planejamento, execução e acompanhamento eficazes.

Entretanto, é importante ressaltar que o direito individual do cidadão à privacidade fica mitigado pelos benefícios advindos da utilização do *big data* quando a ferramenta se utiliza de informações postadas em páginas pessoais nas redes sociais, referentes a fatos ocorridos que digam respeito à manutenção e conservação do patrimônio público como um todo.

Tal afirmação decorre da necessidade de máxima observância à transparência pública, que deve ser perseguida e efetivada pelo poder público de um modo geral.

Neste ponto, a importância do acesso e disponibilização dessas informações, ao Estado e à própria coletividade, oportunizam a elaboração e a consequente efetivação de ações que garantam uma eficiente aplicação dos recursos financeiros empregados na Administração Pública.

Sendo assim, o desenvolvimento dessa tecnologia de *big data*, objetivando a busca por fraudes no campo de atuação do Controle Externo e Interno, fomenta a transparência do acesso à informação, preconizado pela Constituição Federal de 1988, bem como contribui com o Controle Social, abrindo caminho para o bom governo, no âmbito das instituições públicas.

1.6 Rede de Controle: troca inter e intragovernamental de informações

Mas, a fim de concretizar uma utilização eficiente em prol da sociedade, após filtrar toda a informação armazenada em seu banco de dados, o que o Estado pode fazer com elas?

No Brasil, após longos desafios da população face aos atos administrativos obscuros e ocultos na gestão dos recursos públicos, a própria Constituição Federal veda o cerceamento ou restrição ao acesso à informação. São poucas as exceções expressas em lei, sendo elas em prol do bem maior, como a segurança do Estado ou da sociedade. Todavia, todo conhecimento deve ser transmitido e facilmente alcançado por qualquer um que tenha interesse.

O acesso à informação é garantia fundamental elencada no art. 5º, inciso XXXIII, da Constituição Federal de 1988, que estabelece:

> XXXIII – todos têm direito a receber dos órgãos públicos informações de seu interesse particular, ou de interesse coletivo ou geral, que serão prestadas no prazo da lei, sob pena de responsabilidade, ressalvadas aquelas cujo sigilo seja imprescindível à segurança da sociedade e do Estado.

No mesmo sentido, o art. 37, §3º, inciso II, estabelece:

> §3º A lei disciplinará as formas de participação do usuário na administração pública direta e indireta, regulando especialmente:
> II – o acesso dos usuários a registros administrativos e a informações sobre atos de governo, observado o disposto no art. 5º, X e XXXIII.

Pelo exposto, extrai-se dos dispositivos legais que todo ente público deve agir com transparência e facilitar de todas as formas o amplo acesso às informações necessárias, independentemente de solicitação, como preconiza a Carta Magna.

A Lei nº 12.527/2011 surgiu como marco regulamentador do acesso à informação, transformando-a de uma norma-princípio, que aparece de forma genérica e abstrata na Constituição, para uma norma-regra, com delimitações casuísticas. Em seu art. 3º, a lei preceitua as seguintes diretrizes:

> I – observância da publicidade como preceito geral e do sigilo como exceção;
> II – divulgação de informações de interesse público, independentemente de solicitações;
> III – utilização de meios de comunicação viabilizados pela tecnologia da informação;
> IV – fomento ao desenvolvimento da cultura de transparência na administração pública;
> V – desenvolvimento do controle social da administração pública.

O Estado, na forma de todos os seus agentes e organismos, é possuidor do mesmo direito fundamental de acesso à informação, que deveria ser estabelecido de forma harmônica entre todos aqueles que o compõem, concorrendo, assim, voluntariamente para que ocorra uma troca inter e intragovernamental de dados, por meio de uma rede organizada e instantânea, com o fim de aperfeiçoar e utilizar de maneira eficiente as informações.

Tal compartilhamento possibilita de forma imediata e autêntica a propagação da informação coletada, agindo de maneira célere e colaborando com o funcionamento da administração pública, que precisa evoluir conforme a sociedade, mantendo-se conectada à tecnologia e empregando-a em seu favor.

Nesse sentido, veremos que a Rede de Controle deverá agir em benefício da sociedade, compartilhando entre si os dados e conhecimento adquirido, pois é semeando que se colherá um avanço real do controle externo e interno na Administração Pública.

Entretanto, como todo avanço, a Rede de Controle passará por um complexo processo de evolução com parâmetros instáveis, pois os entes deverão ser capacitados para desempenhar satisfatoriamente o acesso instantâneo das informações e dados compartilhados.

Dessa forma, para que seja possível a troca de informações, deverá ser implementada nas instituições parceiras uma Plataforma de Gestão, com acesso não somente governamental, mas também social, organizada de modo que os integrantes articulem as informações movimentadas na Rede, como é feito, por exemplo, com o Conselho Nacional de Política Cultural.

A consolidação da governança colaborativa se dará com uma ampla conexão entre a Rede de Instituições e a sociedade, proporcionando o movimento dos dados armazenados no sistema e instituindo um modo de interligá-las.

Em relação à governança pública, os professores Humberto Falcão Martins e Caio Marini afirmam que esta é um sistema de gestão apto a produzir resultados favoráveis na condução das atividades do Estado. Vejamos:

> Governança pública é um processo de geração de valor público a partir de determinadas capacidades e qualidades institucionais; da colaboração entre agentes públicos e privados na coprodução de serviços, políticas e bens públicos e da melhoria do desempenho. Dessa forma, nenhum desses elementos pode ser pensado de forma isolada. Governança pública

é capacidade de governo; é governar em rede de forma colaborativa; é governar orientado para resultados; todos estes elementos juntos para gerar valor público sustentável. Fortalecer a capacidade de governo e governar em rede não faz sentido se não estiverem a serviço de resultados e da geração de valor público, que, por sua vez, não ocorrem de forma fortuita, mas demandam o desenvolvimento de capacidades e relacionamentos interinstitucionais.[127]

Atualmente, diante da cobrança da sociedade por eficiência na gestão pública, a transparência se impõe como fundamental e de suma essencialidade. Sendo assim, as instituições deverão estar conectadas, sem, contudo, deixar que isso afete suas respectivas autonomias, receio que se torna um desafio para a implementação do compartilhamento de informações, impossibilitando a potencialização das atividades inerentes à gestão pública como um todo.

A utilização da Rede de Controle eleva o armazenamento paralisado das informações e transcende o conhecimento das instituições conectadas entre si. Essa reciprocidade entre as instituições colaborativas viabiliza maior eficiência da administração pública.

Portanto, a união de instituições/órgãos públicos em torno da implantação das Redes de Controle da Gestão Pública representa um marco fundamental no trabalho de prevenção e combate à corrupção e à improbidade administrativa.

Essa integração operacional contribui de forma efetiva para a concretização do Estado Democrático de Direito, uma vez que tem o condão de assegurar à sociedade a correta aplicação dos recursos públicos, mediante o estabelecimento de uma cultura de governança eficiente, moralmente proba e ética, por parte de todos os agentes públicos/privados envolvidos.

Desse modo, resta claro que o principal foco da Rede de Controle é fazer com que as informações armazenadas nos órgãos de fiscalização e controle do Estado sejam aproveitadas efetivamente e não fiquem estagnadas, perdendo a amplitude do alcance que, em movimento, elas poderiam ter.

Sendo assim, em que pese a lição em tela, é correto afirmar que a partir da implantação da Rede de Controle da Gestão Pública nos Estados

---

[127] MARTINS, Humberto Falcão; MARINI, Caio. Governança Pública Contemporânea: uma tentativa de dissecação conceitual. *Revista do TCU*, n. 130, p. 42-53, maio/ago. 2014. Disponível em: http://revista.tcu.gov.br/ojs/index.php/RTCU/article/download/40/35. Acesso em: 06 ago. 2019.

brasileiros, iniciou-se um processo de Gestão Colaborativa voltada para a cooperação, bem como para prevenção e combate à corrupção. Tal prática administrativa confere legitimidade e força ao exercício de uma Governança Pública plena, com amplo domínio das respectivas competências institucionais por parte de todos os órgãos/instituições públicas envolvidos no trabalho conjunto, resultando, assim, no aumento da eficiência da atuação dos órgãos de controle e na maximização dos resultados, como preceitua o princípio constitucional da eficiência.

CAPÍTULO 2

DOS TRIBUNAIS DE CONTAS E DO MINISTÉRIO PÚBLICO DE CONTAS COMO ÓRGÃOS DE CONTROLE

Preliminarmente, destaca-se que, desde a promulgação da Declaração de Direitos do Homem e do Cidadão, em 1789, é direito da sociedade o acesso às contas públicas, conforme estabelecido no artigo 15: "A sociedade tem o direito de pedir contas a todo agente público pela sua administração".[128]

Porém, no que concerne à origem dos órgãos de controle, esta remonta ao surgimento dos Estados. Assim sendo, desde épocas mais remotas, já temos notícias de controles exercidos por órgãos públicos em busca de fiscalizar as atividades estatais. No entanto, foi na Grécia antiga e em Roma que as atividades fiscalizadoras do Estado sofreram uma espécie de institucionalização.

De acordo com o ilustre doutrinador J. J. Canotilho,[129] "o Estado que está sujeito ao direito; atua através do direito; positiva normas jurídicas informadas pela ideia de direito", de modo que o controle, por parte da Administração Pública, baseia-se especificamente em normas, buscando a defesa da própria administração, bem como o direito dos administrados.

Etimologicamente, a palavra "controle" deriva do latim *roulum*, e se refere ao rol de contribuintes por meio do qual se verificava a

---

[128] DECLARAÇÃO de direitos do homem e do cidadão – 1789. *Biblioteca virtual de Direitos Humanos*, Universidade de São Paulo, [s.d.]. Disponível em: http://www.direitoshumanos. usp.br/index.php/Documentos-anteriores-à-criação-da-Sociedade-das-Nações-até-1919/ declaracao-de-direitos-do-homem-e-do-cidadao-1789.html. Acesso em: 07 ago. 2019.

[129] CANOTILHO, José Joaquim Gomes. *Estado de Direito*. Lisboa: Gradiva, 1999. p. 18.

operação do arrecadador. No direito brasileiro, a palavra "controle" foi utilizada, pela primeira vez, por Seabra Fagundes, em sua obra *O controle dos atos administrativos pelo Poder Judiciário.*[130] Mas o que significa "controle" atualmente?

Hely Lopes Meirelles[131] traz, como definição: "(...) a faculdade de vigilância, orientação e correção que um Poder, órgão ou autoridade exerce sobre a conduta funcional de outro". Por sua vez, para Marcos Nóbrega:[132]

> Pode-se definir controle com uma série de regras administrativas e jurídicas que permitem a fiscalização da atividade administrativa e financeira, representando vetores interpretativos para a aplicação da legislação e a ação da administração e dos seus servidores.

Contudo, chama-nos a atenção o autor supramencionado para o fato de que a questão referente ao controle é, atualmente, um dos pontos sensíveis para se ter um Estado ágil e transparente, razão pela qual tal tema tem se tornado frequente e cada vez mais contundente em diversos países. Essa frequência se dá pela importância da questão, tendo em vista que, além de criar mecanismos que possam melhorar a aplicação de recursos, reconhece-se, ainda, a importância de melhorar os instrumentos de controle, buscando incentivar o seu exercício por parte da sociedade por meio de participação cada vez mais efetiva.

Dessa feita, com vistas a garantir transparência e confiabilidade cada vez maiores no que se refere aos atos praticados pela Administração Pública, é que são criados e efetivados os mecanismos de controle, possibilitando aos cidadãos o acesso a informações que lhe permitam se certificar a respeito da justa e correta aplicabilidade dos recursos públicos, surgindo, aí, as chamadas Instituições Superiores de Controle (*Superior Audit Institutions* – SAI).

No que diz respeito às Instituições Superiores de Controle, estas podem variar conforme o tipo adotado:

O primeiro tipo é o modelo Napoleônico, também conhecido por Judicial, que possui origem francesa e influenciou sobremaneira os

---

[130] SEABRA FAGUNDES, Miguel. *O controle dos atos administrativos pelo Poder Judiciário.* 4. ed. Rio de Janeiro: Forense, 1967.

[131] MEIRELLES, Hely Lopes. *Direito Administrativo Brasileiro.* 25. ed. São Paulo: Malheiros, 2000. p. 632.

[132] NÓBREGA, Marcos. *Os Tribunais de Contas e o controle dos programas sociais.* Belo Horizonte: Fórum, 2011. p. 57.

páises latinos, sendo o modelo dos Tribunais de Contas mais centrados na legalidade do que na eficiência e com um poder punitivo razoável.

Brasil, Portugal, França, Itália, Espanha e os países africanos de língua francesa e portuguesa são exemplos de países que adotam este modelo de SAI.

Ao lado dos modelos napoleônicos, temos os monocráticos, que são as Instituições de Westminster. Este é o modelo padrão adotado pelos países anglo-saxônicos. Aqui, as instituições são formadas por um corpo técnico especializado, comandado por um Auditor-Geral que, por sua vez, possui mandato fixo. Este modelo é mais focado no desempenho e na eficiência, sendo bastante frágil com relação ao *enforcement* (ou execução). Os Estados Unidos, o Canadá, a Austrália, a Índia, a Colômbia, o Chile, o México e o Peru são exemplos de países que adotam o modelo de Westminster.

Existe, ainda, uma espécie de Westminster peculiar aos países asiáticos. O modelo desses países é formatado como o de Westminster, porém possui caráter colegiado, não dependendo apenas de uma pessoa.

No que tange à natureza administrativa das decisões proferidas por essas instituições de controle, não se pode falar de uma uniformidade, haja vista que, em alguns países, tais decisões são dotadas de natureza administrativa, como é o caso do Brasil, onde se permite a reapreciação dessas decisões pelo Judiciário. Contudo, em outros países, tais decisões possuem natureza de sentença judicial, sendo dotadas, em decorrência disso, de maior executividade (*enforcement*).

Aqui no Brasil, por determinação constitucional, o controle externo é exercido pelo Poder Legislativo e pelos Tribunais de Contas (que auxiliam o Legislativo nessa missão). Entretanto, isso gerou uma celeuma devido ao fato de que essa previsão constitucional de auxílio leva alguns a entenderem que os Tribunais de Contas pertencem ao Legislativo, o que não parece ser correto, conforme falaremos em tópico oportuno.

2.1 Formas ou Espécies de Controle

Pelo exposto, torna-se perceptível que, apesar de possuírem o mesmo fim, não se pode afirmar que existe apenas uma espécie de controle. Pelo contrário, no que tange às formas ou espécies previstas na legislação brasileira, diversas são as classificações doutrinárias apresentadas. Aqui, no entanto, citamos as mais comuns:

No que concerne à rigidez, o controle de *gestão* dos atos administrativos surge em meio ao grande apego ao rigor e formalismo da Administração Pública (decorrente, até mesmo, do princípio da legalidade) como um novo modelo, em que se percebe uma espécie de diluição das responsabilidades com foco nos resultados.

Esta última espécie de controle é definida por Odete Medauar da seguinte forma:

> O controle de gestão incide sobre a atividade total ou parcial do controlado, sobretudo nos aspectos dos resultados, no aspecto da eficiência: implica acompanhamento simultâneo da atuação, com medidas corretivas a cada passo, impedindo a dispersão ou mau uso dos recursos humanos e materiais alocados.[133]

Neste aspecto, analisa-se o conteúdo do qual se reveste o controle. Aqui no Brasil, temos os chamados controles de *legalidade* e controle de *mérito*. No que concerne ao controle de *legalidade* ou de *legitimidade*, estes buscam verificar a conformação do ato praticado, ou do procedimento administrativo realizado, com as normas jurídicas que o regem; por sua vez, o controle de *mérito* busca verificar a eficiência, a oportunidade, a conveniência e o resultado do ato controlado.

O controle de *legalidade* pode se realizar tanto por parte dos órgãos administrativos, quanto por parte dos órgãos do Legislativo ou Judiciário e sua finalidade consiste, basicamente, em anular ou extinguir atos que se encontrem em desconformidade com a ordem jurídica ou a legislação (no sentido amplo da palavra). Neste sentido, manifesta-se Hely Lopes Meirelles,[134] segundo o qual considera-se como normas legais "desde as disposições constitucionais quanto as instruções normativas do órgão emissor do ato e os editais compatíveis com as leis e regulamentos superiores".

Oportuno, ainda, ressaltar que, enquanto o poder executivo realiza o controle de legalidade mediante provocação, o poder Legislativo só poderá exercitá-lo nos casos expressamente previstos na Constituição Federal. O Judiciário, por sua vez, realiza o controle de legalidade apenas mediante provocação dos interessados e conforme o devido processo legal.

---

[133] MEDAUAR, Odete. *Direito Administrativo Moderno*. 21. ed. Belo Horizonte: Fórum, 2018. p. 383.

[134] MEIRELLES, Hely Lopes. *Op. cit.*, p. 666 e p. 667.

No que concerne ao controle de *mérito*, trata-se do controle que busca verificar o núcleo da decisão proferida, em atenção às questões de conveniência e oportunidade. Essa espécie de controle se dá por meio de aprovação ou revogação das condutas praticadas pela administração pública no que tange ao seu poder discricionário.

Em relação a isso, Marçal Justen Filho[135] informa que não se admite que o juízo de conveniência e oportunidade, inerente à atividade administrativa, seja revisado pelo órgão de fiscalização. No entanto, atualmente, o entendimento é no sentido de cabimento do controle externo da discricionariedade da administração pública, contudo, de forma mitigada.

Por fim, em relação à origem ou posição estrutural do órgão controlador, o controle pode ser *interno* ou *externo*.

Quando exercido pelo próprio órgão responsável pela atividade que está sendo controlada e dentro de sua própria estrutura, temos o controle *interno*, que nada mais é do que a fiscalização e verificação exercida por cada um dos poderes estatais sobre seus próprios órgãos e atos administrativos.

Por sua vez, quando temos um controle que se realiza por órgão estranho à administração responsável pelo ato controlado – como se dá, por exemplo, com o controle exercido pelo Tribunal de Contas, com relação aos atos praticados pelo governo –, temos o controle *externo*.

No controle *interno*, como já mencionado, o órgão controlador faz parte da própria administração controlada. Podemos citar, como exemplo para este tipo de controle, aquele feito pelas Corregedorias e Controladorias-Gerais. O sistema de controle *interno* tem suas bases legais na própria Constituição Federal (art. 74) e na Lei nº 4.320/64 (arts. 75 a 80) e abrange os aspectos contábil, financeiro, orçamentário, operacional e patrimonial, podendo ser efetuado de ofício ou mediante provocação dos interessados.

O controle *interno* tem como finalidade auxiliar o poder público a alcançar seus objetivos de governo, visando a mitigar qualquer espécie de malversação do patrimônio público, desvio ou desperdício daquilo que pertence à sociedade.

---

[135] JUSTEN FILHO, Marçal. *Curso de Direito Administrativo*. 8. ed. rev. ampl. e atual. Belo Horizonte: Fórum, 2012. p. 1134.

Maria Sylvia Di Pietro acerca do controle *interno* ensina que

> O controle sobre os próprios atos pode ser exercido *ex officio*, quando a autoridade competente constatar a ilegalidade de seu próprio ato ou de ato de seus subordinados; e pode ser provocado pelos administrados por meio dos recursos administrativos.[136]

Por sua vez, Marcos Nóbrega assim define controle *interno*:

> Pode também ser entendido como um conjunto de normas, princípios, métodos e procedimentos, coordenados entre si, que busca realizar a avaliação da gestão pública e dos programas de governo, bem como comprovar a legalidade, eficácia e economicidade da gestão orçamentária, financeira, patrimonial e operacional dos órgãos e entidades públicas.[137]

Sem sombra de dúvidas, o controle *interno* é fundamental para o combate à corrupção. Nesse sentido, Licurgo Mourão, Diogo Ferreira e Sílvia Piancastelli[138] afirmam que a inexistência do controle interno, ou seu funcionamento de modo, apenas, informal, consiste em uma das razões para a resiliência da corrupção em nosso país.

Além do seu caráter fiscalizatório, o controle interno possui um importante papel pedagógico, tendo em vista seu propósito de orientar os órgãos do governo no cumprimento de suas obrigações institucionais.

Duas são as espécies de controle interno existentes no mundo: o descentralizado (no qual cada ministério é dotado de toda responsabilidade no tocante à execução e controle do próprio orçamento, como se dá no Reino Unido) e o centralizado (no qual o Ministério da Fazenda é quem inspeciona e supervisiona diretamente as despesas e gastos, nomeando representantes para os órgãos de controle interno, de modo que cada ministério possui o seu próprio órgão de controle interno, tal como se dá em países como a Espanha, França e Portugal).

No Brasil, o controle interno assume características de centralizado, visto ser exercido, no âmbito federal, pelo hoje chamado Ministério da Transparência e Controladoria-Geral da União, cujo papel é defender o patrimônio público por meio de uma gestão transparente

---

[136] DI PIETRO, Maria Sylvia Zanella. *Direito Administrativo*. 30. ed. Rio de Janeiro: Forense, 2017. p. 973.

[137] NÓBREGA, Marcos. *Op. cit.*, p. 58.

[138] MOURÃO, Licurgo; FERREIRA, Diogo Ribeiro; PIANCASTELLI, Sílvia Motta. *Controle democrático da Administração Pública*. Belo Horizonte: Fórum, 2017. p. 39.

de controle interno, auditoria pública, correição, prevenção e combate à corrupção. As competências desse Ministério são estabelecidas pelo artigo 66 da Lei nº 13.502, de 01 de novembro de 2017, e sua estrutura básica é composta de acordo com o previsto no art. 68 da mesma lei:

> Art. 68. Integram a estrutura básica do Ministério da Transparência e Controladoria-Geral da União:
> I – o Conselho de Transparência Pública e Combate à Corrupção;
> II – a Comissão de Coordenação de Controle Interno;
> III – a Corregedoria-Geral da União;
> IV – a Ouvidoria-Geral da União; e
> V – duas Secretarias, sendo uma a Secretaria Federal de Controle Interno.
> Parágrafo único. O Conselho de Transparência Pública e Combate à Corrupção, a que se refere o inciso I do caput deste artigo, será presidido pelo Ministro de Estado da Transparência e Controladoria-Geral da União e composto, paritariamente, por representantes da sociedade civil organizada e representantes do governo federal.[139]

Marcos Nóbrega explica que o controle interno age com foco em duas ações básicas:

> a) Atuar como *controller*, no sentido de auxiliar o administrador para a tomada de decisões, certificando a regularidade das contas, relatórios e movimentações financeiras;
> b) Em um segundo momento, atua em caráter de punibilidade e combate a corrupção, leniência, ineficiência e desvio de recursos.[140]

Por meio de um eficaz controle *interno*, portanto, é possível prevenir, detectar e corrigir irregularidades no planejamento e na administração do patrimônio público. Assim, considerando sua importância, o *controle* interno não deve se restringir a uma simples contadoria com fins de certificar a confiabilidade dos lançamentos contábeis. É preciso eficiência e técnica no exercício dessa espécie de controle. Desse modo, ressaltamos a importância do controle por parte da sociedade, com um nível de cobrança mais elevado, bem como da observância da

---

[139] BRASIL. *Lei nº 13.502*, de 1º de novembro de 2017. Estabelece a organização básica dos órgãos da Presidência da República e dos Ministérios; altera a Lei nº 13.334, de 13 de setembro de 2016; e revoga a Lei nº 10.683, de 28 de maio de 2003, e a Medida Provisória nº 768, de 2 de fevereiro de 2017. Brasília, 2017. Disponível em: https://abmes.org.br/arquivos/legislacoes/Lei-13502-2017-11-01.pdf. Acesso em: 07 ago. 2019.

[140] NÓBREGA, Marcos. *Op. cit.*, p. 60.

accountability, controles que poderão contribuir para a obtenção de um controle *interno* mais efetivo.

Dessa forma, é preciso salientar que um controle *interno* frágil demandará necessariamente um maior esforço por parte do controle *externo*.

O controle *externo* abrange os aspectos contábil, financeiro, orçamentário, operacional e patrimonial e tem sua fundamentação legal nos artigos 70 e 71 da Constituição da República e nos artigos 81 e 82 da Lei nº 4.320/64, encontrando, ainda, respaldo na teoria da divisão, da autonomia e da independência dos poderes, pois, já dizia Montesquieu,[141] "o princípio do governo freia o monarca; mas, numa república na qual um cidadão consegue um poder exorbitante, o abuso deste poder é maior, porque as leis, que não previram isso, nada fizeram para freá-lo".

Trata-se, aqui, do controle efetuado pelo Poder Legislativo, um controle político, que advém da própria Carta Magna e é baseado nos princípios que norteiam o federalismo. Em nosso modelo de Estado Federal, é tradição adotar o princípio da teoria dos freios e contrapesos (*check and balance*), proveniente do constitucionalismo norte-americano. Nesse princípio, os três poderes da República, independentes e harmônicos entre si, poderão e deverão exercer um controle sobre o outro. Com esse sistema, mantém-se a harmonia entre os poderes e, ao mesmo tempo, vedam-se excessos que possam vir a ser praticados por quaisquer desses poderes.

Seguindo o raciocínio, com relação ao controle *externo*, sua atividade não é absoluta, como nos chamam a atenção Licurgo Mourão, Diogo Ferreira e Sílvia M. Piancastelli.[142] Por esse motivo, não é possível que haja controle *externo* no âmbito da discricionariedade administrativa, o que é compreensível, tendo em vista que, se fosse possível exercer o controle externo sob o aspecto da conveniência e oportunidade, poderíamos nos deparar com situações em que o órgão controlador passaria a tomar as decisões pelo órgão controlado, em clara violação ao disposto no art. 2º da nossa Carta Magna.

O controle *externo* baseia-se na legitimidade e apenas excepcionalmente na legalidade dos atos praticados, de modo que sua função basilar consiste em garantir que a administração pública aja em busca de

---

[141] MONTESQUIEU. *O Espírito das Leis*. Tradução de Cristina Murachco. 2. ed.; 2 reimp. São Paulo: Martins Fontes, 2000. p. 24.

[142] MOURÃO, Licurgo; FERREIRA, Diogo Ribeiro, PIANCASTELLI, Sílvia Motta. *Op. cit.*, p. 34.

priorizar os interesses da coletividade. Dessa forma, esse tipo de controle atua, majoritariamente, na fiscalização dos atos administrativos e apenas excepcionalmente na anulação de atos e punição dos responsáveis.

Como se dá com o controle interno, o controle *externo* pode ser exercido de ofício ou mediante provocação dos interessados.

Acerca disso, Diógenes Gasparini[143] afirma que o controle externo, obviamente, não exclui o controle interno, de modo que ambos coexistem, na busca de somar esforços para garantir uma aplicabilidade justa dos recursos financeiros do Estado e a correta observância dos direitos fundamentais do cidadão na sociedade em que se encontra inserido.

Assim sendo, os controles externo e interno devem trabalhar em conjunto, de forma harmônica e coesa, razão pela qual encontramos previsão legal, indicando que, sendo encontradas irregularidades, no controle interno, tais irregularidades deverão ser informadas ao órgão do controle externo para que este possa tomar as medidas que entender cabíveis.

Por esse motivo, alguns doutrinadores destacam a importância de um controle interno cauteloso, sério, ágil e, consequentemente, eficiente.

À guisa de conclusão, faz-se necessário abrir um pequeno parêntese aqui, a fim de comentar acerca do que alguns doutrinadores chamam de *"controle externo popular"* – o que se realiza pela sociedade (administrados) com relação aos atos praticados pela Administração Pública –, também conhecido por *"controle social"*. Em suma, trata-se de mecanismos que possibilitam a análise da regularidade dos atos exercidos pelo poder público no intuito de impedir a prática de atos ilegítimos, que possam causar lesão tanto ao indivíduo quanto à coletividade. Este assunto, no entanto, será melhor explicitado em tópico oportuno.

2.1.1   O controle financeiro e o orçamentário

No que diz respeito ao controle financeiro, a Constituição da República Federativa do Brasil[144] estabelece, em seu art. 70, as orientações necessárias para o seu exercício que, importa desde já salientar, é muito mais amplo do que abrange a definição de "financeiro":

---

[143]   GASPARINI, Diógenes. *Direito Administrativo*. 13. ed. rev. e atual. São Paulo: Saraiva, 2008. p. 965.

[144]   BRASIL. Constituição (1988). *Constituição da República Federativa do Brasil*. Brasília, DF: Senado Federal: Centro Gráfico, 1988.

Art. 70. A fiscalização contábil, financeira, orçamentária, operacional e patrimonial da União e das entidades da administração direta e indireta, quanto à legalidade, legitimidade, economicidade, aplicação das subvenções e renúncia de receitas, será exercida pelo Congresso Nacional, mediante controle externo, e pelo sistema de controle interno de cada Poder.

Parágrafo único. Prestará contas qualquer pessoa física ou jurídica, pública ou privada, que utilize, arrecade, guarde, gerencie ou administre dinheiros, bens e valores públicos ou pelos quais a União responda, ou que, em nome desta, assuma obrigações de natureza pecuniária.

Importante reiterar aqui que, no Brasil, o controle externo é exercido amplamente, conforme se extrai do disposto no art. 70, parágrafo único, da CF/88. Além disso, vale destacar que ele não é exercido com relação às funções que são tidas por típicas dos poderes Judiciário e Legislativo, do mesmo modo que também não se exerce com relação ao mérito dos atos administrativos, a fim de analisar suas conveniências e oportunidades. Seu leque abrange os aspectos contábil, financeiro, orçamentário, operacional e patrimonial.

No que tange ao orçamento público, por sua vez, trata-se de instrumento cuja origem histórica remonta da percepção da necessidade de se estabelecer um limite para a arrecadação de impostos. Procurava-se estabelecer um equilíbrio entre as receitas e despesas públicas e, para tanto, formulou-se um princípio cuja proposta fosse a busca, constante e permanente, de um controle de restrição financeira dos governos que, por sua vez, passou a ser o principal fundamento para a existência de orçamentos públicos que são desde então aprovados na forma da lei.

E, pelos motivos acima expostos, o orçamento público passou à condição de meio efetivo de controle das ações pretendidas pelo governo, condição esta que permitiu, por meio de um coordenado processo de planejamento, acrescer a ele a finalidade de instrumento de integração de políticas públicas.

A revolução orçamentária, que restou encerrada com a atribuição da função acima disposta, teve como escopo atribuir ao orçamento público um poder disciplinar ilimitado da ação do Estado, de tal maneira que, à época, alguns doutrinadores chegaram a se manifestar no sentido de ser prescindível a participação do Poder Legislativo nas decisões do Executivo.[145]

---

[145] BURKHEAD, Jesse. *Orçamento Público*. Rio de Janeiro: Ed. FGV, 1971. p. 38.

Porém, atualmente, o controle financeiro e orçamentário é distribuído em duas agências distintas. Enquanto uma delas controla o desempenho da execução do orçamento, estando, normalmente, vinculada aos órgãos de planejamento, a outra realiza o controle de caixa, sendo vinculada aos órgãos da Fazenda.

Contudo, a crítica em relação a esse modo de divisão e controle reside precipuamente no fato de que ele facilita a ideia de que a disponibilidade no caixa se torne uma espécie de limitação principal da execução do orçamento (ou "fator condicionante", como alguns doutrinadores preferem afirmar). Além disso, para a crítica, essa forma de divisão reforça a ideia de que a gestão do orçamento reside tão só na decisão de liberar os recursos do Tesouro Nacional.

Por esse motivo, a doutrina defende a ideia de descentralização do controle orçamentário, de modo que o que é, então, considerado como novo papel dos órgãos de controle no que tange ao controle financeiro e orçamentário reside em uma mudança cultural, com vistas a promover uma aproximação mútua de propósitos entre o equilíbrio de caixa e a continuidade das atividades, as quais, por sua vez, deverão ser intermediadas por indicadores de efetividade.

O entendimento é de que as decisões a serem tomadas a respeito da condução da política fiscal e do equilíbrio do caixa deverão se certificar a respeito da especificidade de cada política pública em andamento, bem como dos compromissos assumidos por cada órgão Com isso, as decisões não seriam mais tomadas com base exclusivamente em quantidades monetárias, ensejando a aproximação entre gastos que, por sua vez, estão a serviço de propósitos diferenciados.

É preciso também observar outros critérios, não apenas os de restrição.

Nesse aspecto, a Lei nº 4.320 de 1964 traça algumas normas gerais de direito financeiro e controle dos orçamentos e balanços da União, dos Estados, dos Municípios e do Distrito Federal.

De acordo com o que se estabelece na mencionada lei, a fiscalização financeira deve realizar uma análise a respeito das contas públicas, a fim de exercer um controle acerca da arrecadação das receitas e da realização das despesas e considerando os aspectos da legalidade e da regularidade de suas operações.

Assim sendo, ela possibilita a realização de uma avaliação sobre a legalidade, a legitimidade e a economicidade para verificar se as despesas estão sendo realizadas mediante a observância das limitações legais e de acordo com as normas aplicáveis ao fato.

A fiscalização financeira ainda tem por objeto o controle do fluxo de caixa – compreendido como o curso que, no tempo, traça o confronto entre recursos de recebimentos e desembolsos por pagamento – e as diversas repercussões que tal fluxo pode trazer. Trata-se de uma forma de conhecer a liquidez e a capacidade de dispor de dinheiro para fazer frente às necessidades financeiras que possam surgir.

Para J. R. Caldas Furtado,[146] a fiscalização financeira compreende:

a) a análise do preparo e concretização da programação financeira e do cronograma de execução mensal de desembolso (LRF, art. 8º);

b) a verificação do cumprimento das metas fiscais, bem como a obediência às regras fixadas pela lei de diretrizes orçamentárias, quanto à limitação de movimentação financeira (contingenciamento de despesas), na hipótese de a execução orçamentária sinalizar para o não cumprimento do disposto no Anexo de Metas Fiscais (LRF, art. 9º);

c) o exame do controle dos Restos a Pagar, dos precatórios, das obrigações vencidas e vincendas no decorrer da execução orçamentária, dos valores arrecadados e a arrecadar;

d) a análise da projeção dos riscos fiscais (LRF, art. 4º, §3º);

e) a pesquisa sobre o cumprimento das normas referentes à aplicação mínima de recursos na educação (CF, art. 212; ADCT, art. 60; Lei do Fundeb) e na saúde (CF, art. 198; ADCT, art. 77);

f) a verificação da observância aos limites das despesas com pessoal (LRF, arts. 18, 19 e 20) e do controle da despesa total com o pessoal (LRF, 21, 22 e 23).

Cabe destacar que esse tipo de fiscalização possibilita a apuração de erros e fraudes no manuseio do dinheiro público e consegue demonstrar, de forma eficiente, a real situação financeira da Administração.

Por sua vez, o controle orçamentário encontra-se mais ligado à ideia de planejamento. Esse controle abrange desde a criação das leis orçamentárias (Plano Plurianual – PPA, Lei de Diretrizes Orçamentárias – LDO e Lei Orçamentária Anual – LOA) – fazendo um verdadeiro percurso pelas alterações decorrentes destas leis, principalmente com relação às que autorizam créditos adicionais e estorno de verbas (por meio de, por exemplo, transferências de dotações orçamentárias) – até

---

[146] FURTADO, José de Ribamar Caldas. *Direito Financeiro*. Belo Horizonte: Fórum, 2014. p. 544.

chegar à execução do orçamento devidamente aprovado por meio da LOA.

No que diz respeito a esse tipo de controle, a Lei nº 4.320 de 1964 determina expressamente que o controle da execução do orçamento deverá compreender a legalidade dos atos praticados pelos gestores, a fidelidade funcional dos agentes públicos e, ainda, o cumprimento do programa de trabalho previsto para o exercício financeiro. Ademais, esta lei, logo em seu primeiro inciso deixa claro que essa espécie de controle abrange todos os atos da Administração que tratem da receita ou da despesa, sem qualquer exceção.

A finalidade do controle orçamentário é proceder a um acompanhamento desta execução a fim de verificar se os planos de governo estão sendo, devidamente, cumpridos, em busca de se evitar que os recursos financeiros possam ser utilizados com desvio de finalidade, o que aconteceria caso recursos, reservados para determinados projetos ou atividades, sejam aplicados em outras despesas, sem a devida autorização na lei orçamentária.

Portanto, pelo exercício da fiscalização orçamentária os órgãos de controle buscam verificar a legalidade dos atos provenientes da arrecadação da receita ou da realização da despesa, conforme lei orçamentária, em busca de atestar o cumprimento ou não do programa de governo.

Segundo Caldas Furtado, no que tange à fiscalização orçamentária, merecem destaque:

> a) a análise do sistema orçamentário para verificar se ele funciona como instrumento de planejamento;
> b) a mensuração do nível de concretização das previsões de receita;
> c) o exame da relação entre as despesas fixadas e incorridas no período;
> d) a verificação das alterações orçamentarias (créditos adicionais e estorno de verbas).[147]

O mesmo autor ainda nos chama a atenção para o fato de que a fiscalização orçamentária pode detectar em qualquer parte do país a realização de despesas sem prévia autorização em lei, o que é tido como irregularidade grave, com severas sanções legais previstas.

A respeito da realidade do ineficiente sistema de planejamento orçamentário brasileiro e do nocivo desconhecimento das disciplinas

---

[147] FURTADO, J. R. Caldas. *Op. cit.*, p. 545.

de finanças públicas por grande parte dos operadores do direito, da opinião pública e da sociedade em geral, importa ressaltar a ponderação realizada por Edilberto Carlos Pontes Lima:[148]

> Pouquíssimas pessoas sabem quanto o governo federal gastou em 2016 em educação. Da mesma forma, quase todos ignoram quanto está reservado para a saúde em 2017 ou quanto de incentivo fiscal foi concedido nos últimos cinco anos. O orçamento público é um grande desconhecido. Embora sua relevância seja ressaltada pela Constituição Federal, os valores envolvidos, a forma de elaboração, aprovação e execução são quase um mistério para a maior parte da população.
>
> (...)
>
> A importância do orçamento público é inquestionável. Não se realiza nenhuma política pública sem uma prévia autorização orçamentária. Não se amplia ou reduz os investimentos em saneamento, em infraestrutura, em escolas, enfim, em qualquer área de atuação do governo, sem que se passe pelo orçamento público. Com o teto de gastos em vigência, tanto na esfera federal quando em vários Estados da federação, a questão adquiriu proeminência extra, porquanto o crescimento da despesa em determinada atividade poderá implicar a redução em outra atividade.

O autor ainda destaca o fato de que as peças orçamentárias são, frequentemente, denominadas "peças de ficção", tendo em vista que:

> A não obrigatoriedade de execução integral e a prévia autorização de reprogramação de boa parte das dotações ao Poder Executivo pelo Poder Legislativo contribuem para seu descrédito. E isso ocorre sem maiores questionamentos, exatamente pela falta de formação em finanças públicas, particularmente em direito financeiro, por boa parte dos que poderiam zelar para que ele fosse conduzido com mais rigor.
>
> (...)
>
> O orçamento público só será realmente levado a sério quando houver uma significativa parcela da população interessada em compreendê-lo, em estudá-lo, em exigir dos governos e do parlamento o máximo de transparência na sua elaboração e execução. Sem isso, ele continuará a ser o que tem sido na maior parte dos casos: uma mera formalidade, sem maior relevância para o debate público sobre a destinação dos recursos dos contribuintes.[149]

---

[148] LIMA, Edilberto Carlos Pontes. O orçamento público e o direito financeiro e a carta de fortaleza. *Atricon*, 04 jul. 2017. Disponível em: http://www.atricon.org.br/artigos/o-orcamento-publico-o-direito-financeiro-e-a-carta-de-fortaleza/. Acesso em: 07 ago. 2019.

[149] LIMA, Edilberto Carlos Pontes. *Ibidem*.

CAPÍTULO 2
DOS TRIBUNAIS DE CONTAS E DO MINISTÉRIO PÚBLICO DE CONTAS COMO ÓRGÃOS DE CONTROLE | 101

Para Lima, a prévia autorização para reprogramação de boa parte das dotações concedidas pelo Poder Legislativo ao Poder Executivo se consubstancia em um verdadeiro cheque em branco para o gestor operar da maneira que bem entender, distorcendo e tornando inócuo o ficto planejamento orçamentário.

2.2 Os órgãos técnicos de controle

O Controle é inerente à configuração do Estado Moderno. Diversos são os órgãos, competências e instrumentos que exercem a atividade de controle (controle interno, controle externo, controle social e controle jurisdicional) prevista em nossa Ordem Constitucional. Dentre eles, destacamos o Tribunal de Contas e o Ministério Público de Contas.

2.2.1 Os Tribunais de Contas no Brasil

Em se tratando de controle da administração pública, principalmente no que diz respeito ao controle externo, impende falar, via de consequência, do Tribunal de Contas, mesmo porque, a Lei Maior assim determina a respeito: "Art. 71. O controle externo, a cargo do Congresso Nacional, será exercido com o auxílio do Tribunal de Contas da União, ao qual compete (...)".[150]

A titularidade do controle externo, no Brasil, portanto, é claramente do Congresso Nacional, e, por um raciocínio lógico, mas simétrico, das Assembleias Legislativas nos Estados e das Câmaras Municipais, nos municípios, devendo ser, todos esses, auxiliados pelos Tribunais de Contas.

Neste ponto, é importante iniciar nossa explanação esclarecendo que os Tribunais de Contas não se encontram subordinados ao Poder Legislativo, razão pela qual também não são prepostos do mesmo. Além disso, apesar da nomenclatura "Tribunais", eles não integram a estrutura do Poder Judiciário, consoante o disposto em nossa Constituição da República de 1988. Mesmo porque, pelo princípio da jurisdição, temos, no direito brasileiro, uma jurisdição una, exercida por apenas um Poder Judiciário, diferentemente do que ocorre em outros países, como na

---

[150] BRASIL. *Constituição da República Federativa do Brasil de 1988*. Brasília: Senado Federal, 1988. Disponível em: http://www.planalto.gov.br/ccivil_03/constituicao/constituicao.htm. Acesso em: 04 ago. 2019.

França, onde há um contencioso administrativo e onde as denominadas Cortes de Contas possuem jurisdição plena.

Os Tribunais de Contas do Brasil são órgãos autônomos e independentes, que não possuem personalidade jurídica própria, mas têm capacidade judiciária que permite a eles atuar judicialmente, tanto no polo ativo, quanto no polo passivo. Apesar de receberem o nome "Tribunal", de serem compostos por Ministros e Ministros Substitutos e de julgarem contas, os Tribunais de Contas, como já mencionado, não integram o Poder Judiciário. Tais tribunais são administrativos de natureza Constitucional e possuem competências e atribuições próprias, autônomas e independentes, não integrando a estrutura de quaisquer dos Poderes. Todavia, os Tribunais de Contas têm uma forte relação com o Poder Legislativo, ao qual auxiliam no cumprimento da missão Constitucional de fiscalização.

Nesse sentido, é importante ressaltar o posicionamento defendido pelo professor Ives Gandra da Silva Martins, segundo o qual os Tribunais de Contas fariam parte do Poder Judiciário.

Na concepção defendida pelo professor, o Poder Judiciário deveria ser constituído a partir do que ele denomina uma "tríplice função judicante", em que a primeira delas consistiria na função da administração da justiça em duplo grau de jurisdição, e os recursos ao STF só seriam admitidos para uniformização do direito, sem qualquer preocupação com distribuição de Justiça; a segunda função seria dedicada a temas constitucionais, de modo que qualquer cidadão, ou qualquer instituição, poderia provocar o Judiciário em busca de proteção à ordem jurídica contra atos que pudessem atentar contra ela, praticados por poderes e autoridades constituídas, o que garantiria, em seu entendimento, maior celeridade às decisões, de modo a estancar todo e qualquer processo que se revelasse nocivo à nacionalidade (Itália, Portugal e Alemanha já adotaram esse esquema judicante). Por fim, a terceira função seria exercida pelos Tribunais de Contas, transformados em órgãos do Poder Judiciário, com direito de executar as suas decisões, tornando-se, desse modo, verdadeiro poder responsabilizador dos atos do Poder Executivo e Legislativo.

Para Ives Gandra, "esta terceira vertente do Poder Judiciário reduziria sensivelmente a absoluta irresponsabilidade que o atual sistema propicia, obrigando as autoridades à profunda reflexão na prática de todos os seus atos".

Contudo, apesar de tal posicionamento não ter prosperado, observamos que, pela Constituição de 1988, foram outorgados poderes maiores – maiores do que tinham até então – aos Tribunais de Contas.

Ainda de acordo com Ives Gandra, os Tribunais de Contas são os grandes protetores da sociedade contra o que ele chama de "trens da alegria", ou seja, desperdícios, privilégios autoconcedidos, os quais, sem a fiscalização desta corte, cresceriam de forma considerável.

Por fim, o autor afirma, dentre outras coisas, que a democracia brasileira depende da atuação dos Tribunais de Contas.[151]

Na esteira do raciocínio apresentado pelo ilustre Ives Gandra, citamos, a título de ilustração, o Poder Judiciário de Portugal, onde encontramos quatro jurisdições:

> 1ª – uma Jurisdição Constitucional, formada pelo Tribunal Constitucional, que é o mais alto Tribunal da jurisdição constitucional do país;
> 2ª – uma Jurisdição Comum, formada pelos Tribunais Judiciais, dentre eles o Supremo Tribunal de Justiça, cujas decisões só poderão ser reformadas pelo Tribunal Constitucional;
> 3ª – uma Jurisdição Administrativa, cujas decisões também só poderão ser reformuladas pelo Tribunal Constitucional;
> 4ª – uma Jurisdição Financeira, formada pelos Tribunais de Contas.

Cumpre ainda ressaltar que a Constituição Portuguesa não usa a expressão "Poder Judiciário", optando por elencar na parte referente à "Organização do Poder Político", bem ao lado do Presidente, da Assembleia e do Governo, os Tribunais como órgãos de soberania, dotados da competência para administrar a justiça em nome da população.[152]

Atualmente, o Brasil possui 32 (trinta e dois) Tribunais de Contas, sendo um Tribunal de Contas da União, 26 (vinte e seis) Tribunais de Contas Estaduais, 1 (um) Distrital, 3 (três) Tribunais de Contas dos Municípios (Bahia, Goiás e Pará) – órgãos estaduais competentes para exercer o controle sobre as contas de todos os Municípios do respectivo Estado – e 2 (dois) Tribunais de Contas Municipais (São Paulo e Rio de Janeiro), com jurisdição sobre as contas do Município ao qual pertencem.

O Tribunal de Contas Municipal do Ceará foi extinto no ano de 2017, por meio de uma Emenda à Constituição aprovada pela Assembleia Legislativa, no dia 08 de agosto, por 30 votos favoráveis e 09 contra.

---

[151] MARTINS, Ives Gandra da Silva. *Roteiro para uma Constituição*. Rio de Janeiro: Forense, 1987.

[152] SIFUENTES, Mônica Jacqueline. O Poder Judiciário no Brasil e em Portugal: reflexões e perspectivas. *Revista de informação legislativa*, v. 36, n. 142, p. 325-340, abr./jun. 1999. Disponível em: http://www2.senado.leg.br/bdsf/handle/id/494. Acesso em: 07 ago. 2019.

Importa salientar que essa foi a segunda emenda constitucional aprovada pela Assembleia com vistas à extinção desse Tribunal. A primeira delas, aprovada no dia 21 de dezembro de 2016, foi suspensa em 28 de dezembro, em caráter liminar pela ministra Cármen Lúcia, devido a uma Ação Direta de Inconstitucionalidade (ADI) proposta pela ATRICON (Associação dos membros dos Tribunais de Contas do Brasil), que alegava violação do princípio da separação dos poderes, do princípio da autonomia dos Tribunais de Contas e, ainda, da impessoalidade, da moralidade administrativa e do princípio republicano. Esta ADI também alegou a existência de vício de iniciativa, descumprimento do devido processo legislativo e violação do princípio federativo, tendo em vista que os municípios não haviam sido chamados a se manifestar.

Entretanto, no dia 22 de agosto de 2017, o ministro do STF Celso de Mello, após a aprovação da segunda Emenda Constitucional, tornou sem efeito a ação que questionava a primeira emenda, por entender que a segunda emenda constitucional trouxe, em seu bojo, a correção dos vícios argumentados pela Associação. Desse modo, os únicos Estados a possuírem Tribunais de Contas Municipais passaram a ser os da Bahia, de Goiás e do Pará.[153]

Ainda é importante ressaltar que a Constituição de 1988 vedou a criação de novos Tribunais Municipais em seu art. 31, §4º. Dessa forma, os únicos Tribunais de Contas Municipais existentes, e que se encontram devidamente recepcionados pela Constituição de 1988, são o Tribunal de Contas do Município do Rio de Janeiro e o Tribunal de Contas do Município de São Paulo, que são responsáveis pela análise das contas dos respectivos Municípios.

Os demais órgãos denominados Tribunais de Contas dos Municípios, são, na realidade, Tribunais de Contas Estaduais que cuidam da análise das contas de todos os Municípios pertencentes respectivamente aos Estados da Bahia, Goiás e Pará. Nos demais Estados, a análise das contas municipais é realizada pelo Tribunal de Contas do Estado.

Importa, ainda, salientar que não existe hierarquia entre o Tribunal de Contas de União e os Tribunais de Contas Estaduais e Municipais. Cada Tribunal de Contas Estadual atua como instância máxima, de

---

[153] PLENÁRIO JULGA constitucional emenda que extinguiu Tribunal de Contas dos Municípios do CE. *stf.jus.br*, 26 out. 2017. Disponível em http://www.stf.jus.br/portal/cms/verNoticiaDetalhe.asp?idConteudo=360247. Acesso em: 07 ago. 2019.

modo que não se fala em recurso, por exemplo, do Tribunal de Contas do Município para o Tribunal de Contas do Estado ou mesmo para o Tribunal de Contas da União.

2.2.1.1 Aspectos históricos

Historicamente falando, encontramos registros dos Tribunais de Contas no mundo desde a Antiguidade Clássica. Na Grécia Antiga, por exemplo, ainda que em momento posterior, já existia a prática de avaliação das contas públicas por meio de um mecanismo exercido pelos cidadãos.

Conforme os ensinamentos trazidos por Mário Pacini:

> Já se elegiam anualmente dez tesoureiros da Deusa Atenas – os hellenoto-miai – perante os quais todos quanto exerciam parcela da administração deveriam não só justificar os atos de sua gestão, mas prestar contas dos dinheiros recebidos. A publicidade dessas contas era garantida pela gravação em pedra, de forma a permitir perene exame dos cidadãos.[154]

Porém, foi durante a Idade Média que o controle das finanças públicas passou a receber uma atenção especial e, no transcurso de todo esse tempo, podemos identificar as maiores razões de ser deste importante órgão de controle, quais sejam: a proteção e o resguardo do patrimônio público e o cuidado pelo bem comum.

Nos países europeus, os mecanismos de controle das contas públicas exerceram função única de controle dos gastos e foi justamente com essa conotação que, no século XIII, foi criado em Portugal o que se denominou *"Casa de Contos"* e, mais tarde, desdobrou-se nos Contos do Reino e Casa de Contos de Goa.

Mais para adiante, Marquês de Pombal (Ministro Sebastião José de Carvalho e Melo), buscando reestruturar o Estado Português, determinou a extinção dos Contos do Reino, instituindo o Erário Régio, com a criação do cargo de tesoureiro real. Apenas em 1849 foi criado o Tribunal de Contas de Portugal. No tocante às suas colônias, registros demonstram que, em 1860, foram criadas as Juntas das Fazendas das Capitanias e a Junta da Fazenda do Rio de Janeiro, com vistas ao exercício do controle da arrecadação e dos gastos nesses locais.

---

[154] PACINI, Mário. Aspectos históricos do desenvolvimento e aperfeiçoamento do controle externo das finanças públicas. *Revista do Tribunal de Contas do Rio de Janeiro*, ano 7, n. 12, p. 1-280, nov. 1981.

Por sua vez, nos Estados Unidos, as finanças públicas começaram a ser controladas por volta do ano 1802, com a designação da "Comissão de Meios e Recursos", que tinha por finalidade justamente o controle dos gastos públicos.

Aqui no Brasil, como já mencionado, surgiram, em 1680, com o objetivo de controlar as finanças públicas, as chamadas Juntas das Fazendas das Capitanias, bem como a Junta da Fazenda do Rio de Janeiro que, à época, estavam jurisdicionadas a Portugal.

Bem mais à frente, em 1808, com a abertura dos portos, surgiu a necessidade de organização das finanças públicas, razão pela qual, D. João VI determinou a instalação do que era denominado Erário Régio. Ainda nesse mesmo ano, foi criado o Conselho da Fazenda, cujo escopo principal era o acompanhamento e a execução da despesa pública. Esse conselho da fazenda foi transformado em 1824, com a promulgação da Constituição deste ano, no que ficou conhecido pelo nome de Tesouro da Fazenda. Apenas dois anos depois, ou seja, em 1826 é que, por meio de um projeto de lei proposto no Senado pelo Visconde de Barbacena, Felisberto Caldeira Brandt e José Inácio Borges, surtiu a primeira iniciativa de criação de um Tribunal de Contas com um sistema de exame *a posteriori*. Tal projeto, contudo, foi combatido com vigor pelo Conde de Baependy, por entender que esse controle *a posteriori* só traria mais despesas, não possuindo eficácia.

Outros eminentes juristas do Império, como Pimenta Bueno, José de Alencar, Silveira Martins e Visconde de Ouro Preto, também propugnaram, mas sem êxito, a criação do Tribunal de Contas.

O artigo 172 da primeira Constituição Brasileira (1824) assim determinava:

> O Ministro de Estado da Fazenda havendo recebido dos outros ministros os orçamentos relativos às despesas das suas repartições, apresentará na Câmara dos Deputados anualmente, logo que esta estiver reunida, um balanço geral da receita e despesa do Tesouro Nacional do ano antecedente, e igualmente o orçamento geral de todas as despesas públicas do ano futuro e da importância de todas as contribuições e rendas públicas.[155]

---

[155] BRASIL. Câmara dos Deputados. *Decreto nº 392*, de 8 de outubro de 1896. Reorganiza o Tribunal de Contas. Capital Federal, 08 de outubro de 1896. Legislação Informatizada, publicação original. Disponível em: http://www2.camara.leg.br/legin/fed/decret/1824-1899/decreto-392-8-outubro-1896-540205-publicacaooriginal-40163-pl.html. Acesso em: 07 ago. 2019.

Em obra que retrata a história do Tribunal de Contas do Estado de Mato Grosso, destaca-se:

> Ao longo do período imperial, ao que consta, as muitas propostas elaboradas pelos deputados e veiculadas nos relatórios de Ministros ocorreram no sentido de demonstrar a importância da introdução, no aparato do Estado institucional, de um órgão que examinasse, as despesas ordenadas pelos ministérios, fornecendo ao Parlamento base segura para exercer fiscalização da aplicação do dinheiro público. (...) Foi só com a queda do Império e as reformas implementadas pelo novo regime político que se tornou realidade a criação do Tribunal de Contas no Brasil.[156]

Assim, foi preciso quase um século de discussões referentes à criação de um Tribunal de Contas que viesse a analisar as contas públicas de maneira autônoma e independente. Isso porque uma parte dos estudiosos entendia que as contas deveriam continuar sendo analisadas por aqueles que as realizavam, enquanto outros, propunham e incentivavam os Tribunais. No entanto, apenas após a queda do Império e das reformas político-administrativas é que essa realidade se tornou possível.

Contudo, o primeiro Tribunal de Contas, que foi o Tribunal de Contas da União, só foi criado de fato em 1890, por iniciativa do ilustre Rui Barbosa[157] (à época, Ministro da Fazenda), por meio do Decreto 966-A, de 07 de novembro de 1890, em que, na exposição de motivos, destaca-se que o Governo Provisório tem "a necessidade de tornar o orçamento uma instituição inviolável e soberana, em sua missão de prover as necessidades públicas mediante o menor sacrifício dos

---

[156] BARRETO, Neila Maria Souza (Org.). *Cinquenta + 10 anos de História do Tribunal de Contas do Estado de Mato Grosso*: 1953-2013. Cuiabá: Carlini & Caniato, 2013. p. 96.

[157] "Os nomes próprios (sejam de lugares ou de pessoas) pertencentes à onomástica da língua portuguesa devem respeitar, como os nomes comuns (substantivos comuns), a ortografia vigente da língua portuguesa. Segundo o Formulário Ortográfico da língua portuguesa em vigor, os nomes das pessoas falecidas devem respeitar a ortografia, assim como qualquer nome comum. (...) Mas, em respeito às Instruções para a Organização do Vocabulário Ortográfico da Língua Portuguesa (12 de agosto de 1943) e à lei número 5.765, de 18.12.1971, que aprova alterações na ortografia da língua portuguesa, a Fundação Casa de Rui Barbosa não apenas grafa com 'i' o nome de seu patrono, como orienta todos os que a consultam a fazer o mesmo" (FUNDAÇÃO CASA DE RUI BARBOSA. *Qual a grafia correta, Rui ou Ruy?* Disponível em: http://www.casaruibarbosa.gov.br/interna.php?ID_S=0&ID_M=1006. Acesso em: 08 ago. 2019).

contribuintes, a necessidade urgente de fazer dessa lei uma força da nação".[158]

A afirmação acima transcrita do famoso "Águia de Haia" decorreu de uma séria e intensa pesquisa acerca da revisão das operações orçamentárias em todos os países, realizada pelo próprio Rui Barbosa. Na Exposição de motivos do Decreto que criou o primeiro Tribunal de Contas no Brasil, é possível verificar que são apresentados não menos do que quatorze constituições em que se fazem notar a presença de um "Tribunal de Contas", destacando-se dois modelos: o francês e o italiano, sendo o sistema de fiscalização no modelo francês aquele que "se limita a impedir que as despesas sejam ordenadas, ou pagas, além das faculdades do orçamento", enquanto no modelo italiano apresentava-se que "a ação dessa magistratura vai muito mais longe: antecipam-se ao abuso, atalhando em sua origem os atos do poder executivo, suscetíveis de gerar despesas ilegais".[159]

Para Rui Barbosa, apenas o modelo italiano poderia satisfazer os fins institucionais, tendo em vista que nele o papel que preponderava era o de examinar e intervir na administração, entre o poder que autoriza as despesas e o poder que a executa, não apenas como vigia, mas de uma forma mais incisiva, interventiva.

Rui Barbosa explanava, ainda, que a lei belga de 1846, em seu art. 14, determinava que: "o Tesouro não cumprirá ordem de despesa, antes de visada pelo Tribunal de Contas", de maneira que a "apreciação dos elementos justificativos das ordens das despesas" era condição para a sua legalidade e efetivação, não se restringindo, assim, aos limites estabelecidos pelo modelo francês.[160]

Em sua exposição de motivos, Rui Barbosa defendia um Tribunal de Contas como um:

> corpo de magistratura intermediária à administração e à legislatura, que, colocado em posição autônoma com atribuições de revisão e julgamento, cercado de garantias contra quaisquer ameaças, possa exercer as suas funções vitais no organismo constitucional (...) Convém levantar, entre o Poder que autoriza periodicamente a despesa e o Poder que quotidianamente a executa, um mediador independente, auxiliar

---

[158] BARBOSA, Rui. Exposição de Motivos de Rui Barbosa sobre a Criação do TCU. *Revista do TCU*, n. 82, Seção Destaques, p. 253-262, 10 jan. 1999. p. 253. Disponível em: https://revista.tcu.gov.br/ojs/index.php/RTCU/article/view/1113. Acesso em: 08 ago. 2018.

[159] *Ibidem*, p. 257.

[160] *Ibidem*.

de um e de outro, que, comunicando com a legislatura e intervindo na administração, seja, não só vigia, como a mão forte da primeira sobre a segunda, obstando a perpetração das infrações orçamentárias por veto oportuno aos atos do Executivo, que direta ou indireta, próxima ou remotamente, discrepem da linha rigorosa das leis das finanças.[161]

Perceptível que Rui Barbosa optou por limitar naturalmente a necessidade de ação dos Tribunais ao estrito interesse público, o que, por si só, denota a sua preocupação com a moralidade da administração pública. Assim, após profundos estudos e intensas reflexões a respeito do melhor modelo de Tribunal de Contas, encerrou a sua Exposição de Motivos com as seguintes palavras:

> Entre nós há, na atual organização do Thesouro, elementos, que se poderão e deverão destacar para o serviço da nova instituição, reduzindo assim o desembolso, a que ela nos obrigará. Qualquer que o dispêndio seja, porém, há de representar sempre uma economia enorme, incomensurável para o contribuinte; contanto que a escolha do pessoal inaugurador não sofra a invasão do nepotismo; que ela fique absolutamente entregue à responsabilidade de um ministro consciencioso, inflexível, imbuído no sentimento da importância desta criação; que aos seus primeiros passos presida a direção de chefes escolhidos com a maior severidade, capazes de impor-se ao país pelo valor nacional dos seus nomes e de fundar a primeira tradição do Tribunal sobre arestos de inexpugnável solidez.[162]

Para Rui Barbosa, "a moral, a liberdade e o Estado de Direito" são valores cujo preço não comporta estimação, necessitando, portanto, de preservação, ainda que "em detrimento de qualquer força". Seus ideais podem ser facilmente vislumbrados na Constituição de 1988, mormente no que se refere à função preventiva dos Tribunais de Contas. A moral e a honradez constituíram as principais bandeiras desse ilustre jurista marcando, inclusive, sua trajetória política.

E, em decorrência disso, a primeira Constituição a prever e regulamentar o Tribunal de Contas no Brasil foi a Constituição de 1891, que, em seu artigo 89, conferia a este órgão, a competência para liquidação e análise da legalidade das contas da receita e despesa, antes de elas serem prestadas ao Congresso Nacional.

---

[161] *Ibidem.*
[162] *Ibidem,* p. 262.

Impende salientar que Rui Barbosa, à época, nomeou uma comissão para elaborar o projeto de regulamento do Decreto 966. Todavia, tal comissão entregou o projeto encomendado apenas no final do ministério de Rui Barbosa, o que o impediu de rever tal projeto. Porém, a instalação do Tribunal de Contas no Brasil só aconteceu em 17 de janeiro de 1893, com a função específica de auxiliar o Congresso no controle das contas públicas e, em sua exposição de motivos, Rui Barbosa, ao delinear as atribuições e papéis do Tribunal de Contas, determinou que ele seria desta forma:

> O corpo de magistratura intermediária à administração e à legislatura que, colocado em posição autônoma, com atribuições de revisão e julgamento, cercado de garantias contra quaisquer ameaças que pudesse exercer as suas funções vitais no organismo constitucional, sem risco de converter-se em Instituição de ornato aparatoso e inútil.[163]

A partir daí, o Tribunal de Contas passa, inclusive, a exercer funções semelhantes também nas esferas Estaduais, adotando, pouco a pouco, o mesmo sistema de fiscalização financeira e orçamentária que, até então, era utilizado pela União, sendo o Piauí, em 1890, logo após a criação do Tribunal de Contas da União, o primeiro Estado a implementar o Tribunal de Contas.

Já em 1934, a Constituição da República ampliou a competência do TCU de modo a conceder a esse tribunal a função de também acompanhar a execução orçamentária, o registro prévio das despesas e dos contratos, de proceder ao julgamento das contas dos responsáveis pelo patrimônio público, bem como de oferecer parecer prévio a respeito das contas do Presidente da República.

Pontes de Miranda, a esse respeito, declarava que:

> A Constituição de 1934 considerou-o órgão de cooperação nas atividades governamentais. Ao antigo Tribunal de Contas – que a Constituição manteve (art. 99: é mantido) – o texto de 1934 conferiu, assim, a mais, a atribuição de julgar as contas dos responsáveis por dinheiros ou bens públicos em toda a sua extensão. O acréscimo, em vez de o tornar órgão cooperador do Poder Executivo, acentuou o elemento judiciário que já ele tinha, inclusive pelo modo de composição e garantias de seus membros.[164]

---

[163] BARBOSA, Rui. *Op. cit.*, p. 254.

[164] PONTES DE MIRANDA, Francisco Cavalcanti. *Comentários à Constituição de 1967*: com a EC nº 01, de 1969. São Paulo: RT, 1970. t. III. p. 248.

CAPÍTULO 2
DOS TRIBUNAIS DE CONTAS E DO MINISTÉRIO PÚBLICO DE CONTAS COMO ÓRGÃOS DE CONTROLE | 111

Entendia o doutrinador que o Tribunal de Contas era uma espécie de órgão *sui generis* do Poder Judiciário, mas que exercia uma função auxiliar do Poder Legislativo e, desse modo, não se encaixava na rígida interpretação da Teoria da Tripartição dos Poderes.

Com o surgimento da Constituição da República de 1937, as atribuições do Tribunal de Contas foram devidamente mantidas, com exceção da emissão de parecer prévio sobre as contas presidenciais. Já a nova Constituição de 1946 manteve todas as competências das anteriores, acrescentando, ainda, a função de julgar a legalidade das concessões de aposentadorias, reformas e pensões.

Em 1967, porém, pelas circunstâncias históricas, deu-se um pequeno enfraquecimento do Tribunal de Contas. A carta de 67 excluiu do Tribunal de Contas as atribuições de examinar e julgar, de maneira prévia, os atos e contratos geradores de despesas, mantendo, no entanto, a função de apontar falhas e irregularidades que, quando não devidamente sanadas, poderiam ser representadas ao Congresso Nacional. Nessa época, também foram retiradas dos Tribunais de Contas as competências para concessão de aposentadorias, reformas e pensões.

A emenda à Constituição de janeiro de 1967, outorgada pela Junta Militar em 1969, manteve as normas reguladoras que se referiam à fiscalização orçamentária e financeira. Foi apenas com a Constituição atual que se ampliou a competência e atuação dos Tribunais de Contas no exercício de sua função auxiliar do Congresso Nacional, determinando que a ele compete exercer a fiscalização contábil, financeira e orçamentária, operacional e patrimonial da União e da Administração direta e indireta, no que tange aos aspectos da legalidade, da legitimidade e, também, da economicidade, bem como prevendo que cabe a ele a fiscalização da aplicação das subvenções e renúncia de receitas.

A atual Constituição da República trouxe o fortalecimento dos Tribunais de Contas. Fortalecimento este visível desde a sua forma de composição, prevista no art. 73, conforme exposto por Francisco Cavalcanti:[165]

> O art. 73, do texto constitucional, ao estabelecer que dois terços dos membros do TCU seriam indicados pelo Congresso Nacional, enquanto o Presidente da República indica apenas um terço, sendo que dois,

---

[165] CAVALCANTI, Francisco de Queiroz Bezerra. Da necessidade de aperfeiçoamento do controle judicial sobre a atuação dos Tribunais de Contas visando a assegurar a efetividade do sistema. *Revista do TCU*, Brasília, v. 1, n. 108, p. 7-18, jan./abr. 2007. p. 9.

alternadamente, entre membros do Ministério Público junto ao Tribunal e auditores, e apenas um membro em princípio estranho ao TCU, fortaleceu a Corte, em tese, assegurando-lhe maior autonomia em relação ao Executivo.

Neste mesmo sentido, é nítido o fortalecimento da magistratura de contas. A Constituição fixa no §3º do art. 73 que Ministros do Tribunal de Contas da União terão as mesmas garantias, prerrogativas, impedimentos, vencimentos e vantagens dos Ministros do Superior Tribunal de Justiça. Já no §4º, a CRFB afirma que o auditor, também denominado legalmente Ministro Substituto, quando em substituição a Ministro, terá as mesmas garantias e impedimentos do titular e, quando no exercício das demais atribuições da judicatura, as de juiz de Tribunal Regional Federal. Assim, os magistrados de contas na relatoria dos seus processos exercem judicatura plena, tal como os Ministros do STJ ou Desembargadores Federais – Juízes de Tribunal –, proferindo decisões monocráticas (julgamento singular) ou colegiadas (voto em Tribunal Pleno ou nas Câmaras), na forma do regimento interno que deve observar fielmente o desenho constitucional.

No que compete aos Tribunais de Contas estaduais e municipais, a Constituição Brasileira prevê a criação desses Tribunais nos Estados em seus artigos 31 e 75. No entanto, nos Municípios, a fiscalização mediante o controle externo, deverá se dar por meio da Câmara Municipal e pelos sistemas de controle externo do Poder Executivo Municipal, que, por sua vez, será auxiliado pelos Tribunais de Contas.

Imperioso lembrar que os Tribunais de Contas são órgãos técnicos, e não jurisdicionais, razão pela qual se trata de um órgão especializado, dotado de independência no que se refere aos três poderes e investido de atribuições específicas previstas na Carta Magna, a fim de que a ele seja garantida a imparcialidade necessária no que diz respeito ao exercício do controle externo das contas públicas, não somente para aprová-las como, ainda, para fiscalizar a execução das despesas e a satisfação das necessidades públicas.

2.2.1.2 Da magistratura de Contas: evolução histórica

Cumpre fazer uma explanação histórica dos membros atuantes do Tribunal de Contas.

Conforme já mencionado, Rui Barbosa, considerado o maior incentivador e responsável pela criação da Corte de Contas, na Exposição de Motivos do Decreto nº 966-A/1890, referiu-se ao órgão como um *"corpo de magistratura intermediária* à administração e à legislatura" (grifo nosso).[166]

Portanto, desde sua criação, os membros do Tribunal de Contas, tendo em vista a natureza de sua função, contavam (ou deveriam contar) com as prerrogativas da magistratura.

Nesse sentido, o referido Decreto, quando promulgado, estabeleceu no artigo 6º, §1º que os "funcionários" nomeados pelo Tribunal gozariam das mesmas garantias de inamovibilidade que os membros do Supremo Tribunal Federal.[167]

Posteriormente, o Decreto nº 392 regulamentou o órgão, determinando que o corpo deliberativo contaria com 4 membros: presidente e 3 diretores com voto, nomeados pelo Presidente da República, com aprovação do Senado, podendo perder o cargo apenas por sentença condenatória (artigo 1º, §§1 e 2).[168]

Por sua vez, a Lei nº 3.454 ampliou o número de Ministros do corpo deliberativo do Tribunal de Contas para 9, chamando-os de juízes (artigo 162, §2, alínea a), bem como estabeleceu – 28 anos depois da instituição do órgão – um corpo especial de oito Auditores para atuar perante a segunda câmara sobre os processos de tomada de contas, bem como para substituir os Ministros em sua falta (artigo 162, §2, alínea b).[169]

Mais tarde, o Decreto nº 13.247 reorganizou o Tribunal de Contas, definindo que a composição do pessoal conta com: corpo deliberativo (Ministros); corpo especial (Auditores); corpo instrutivo e Ministério Público, atribuindo garantias, direitos e vedações aos Ministros, bem

---

[166] BARBOSA, Rui. Exposição de Motivos de Rui Barbosa sobre a Criação do TCU. *Revista do TCU*, n. 82, Seção Destaques, p. 253-262, 10 jan. 1999. p. 254. Disponível em: https://revista. tcu.gov.br/ojs/index.php/RTCU/article/view/1113. Acesso em: 08 ago. 2018.

[167] BRASIL. Câmara dos Deputados. *Decreto nº 966-A*, de 7 de novembro de 1890. Crêa um Tribunal de Contas para o exame, revisão e julgamento dos actos concernentes à receita e despeza da Republica. Sala das sessões do Governo Provisorio, 7 de novembro de 1890. Legislação Informatizada, publicação original. Disponível em: http://www2.camara.leg. br/legin/fed/decret/1824-1899/decreto-966-a-7-novembro-1890-553450-publicacaooriginal-71409-pe.html. Acesso em: 08 ago. 2019.

[168] BRASIL. Câmara dos Deputados. *Decreto nº 392*, de 8 de outubro de 1896. Reorganiza o Tribunal de Contas. Capital Federal, 08 de outubro de 1896. Legislação Informatizada, publicação original. Disponível em: http://www2.camara.leg.br/legin/fed/decret/1824-1899/decreto-392-8-outubro-1896-540205-publicacaooriginal-40163-pl.html. Acesso em: 07 ago. 2019.

[169] BRASIL. *Lei nº 3.454*, de 6 de janeiro de 1918. Fixa a Despeza Geral da Republica dos Estados Unidos do Brasil para o exercicio de 1918. Rio de Janeiro, 1918. Disponível em: http://www. planalto.gov.br/ccivil_03/leis/1901-1929/L3454.htm. Acesso em: 08 ago. 2019.

como estabelecendo que os Auditores seriam nomeados pelo Presidente da República, dentre bacharéis em direito, mas não detinham direito de votar nas tomadas de contas.[170]

Na Era Vargas, o Tribunal de Contas teve sua atuação mitigada, provavelmente em razão da reprovação das Contas do Presidente pela Corte de Contas.

Retomada a democratização do país, foi promulgada, em 1949, a Lei nº 830, reorganizando a Corte de Contas da União e trazendo atributos importantes tanto para os Ministros quanto para os Auditores.

O artigo 4ª da respectiva lei estabeleceu que os Ministros deveriam ser escolhidos entre "brasileiros natos, de reputação ilibada e de comprovado saber, especialmente para o desempenho do cargo", bem como elencou de maneira expressa a vitaliciedade, inamovibilidade, aposentadoria com vencimentos integrais (artigo 8º).[171]

No que tange aos Auditores, o artigo 25 da lei supracitada determina agora a nomeação mediante concurso de títulos e provas; tal concurso deveria ser realizado com metade das vagas para funcionários da Secretaria do Tribunal e a outra metade entre brasileiros natos, bacharéis em direito, com idade entre 25 e menos que 50 anos.[172]

Posteriormente, a Resolução Administrativa nº 14/77, que aprovou o Regimento Interno da Corte de Contas da União e ampliou de certa forma as atribuições dos Auditores, estabeleceu em seu artigo 73, inciso IV, que cumpre a esse: "funcionar, em caráter permanente, junto ao Plenário e à Câmara para a qual for designado, presidindo à instrução dos processos que lhe forem distribuídos e relatando-os com *proposta de decisão* por escrito, a ser votada pelos membros de cada Colegiado" (grifo nosso).[173]

Nessa época, entendia-se que as prerrogativas de magistratura só eram conferidas aos Auditores quando eles estivessem em substituição

---

[170] BRASIL. Câmara dos Deputados. *Decreto nº 13.247*, de 23 de outubro de 1918. Reorganiza o Tribunal de Contas. Rio de Janeiro, 1918. Legislação Informatizada, publicação original. Disponível em: http://www2.camara.leg.br/legin/fed/decret/1910-1919/decreto-13247-23-outubro-1918-504299-publicacaooriginal-1-pe.html. Acesso em: 08 ago. 2019.

[171] BRASIL. *Lei nº 830*, de 23 de setembro de 1949. Reorganiza o Tribunal de Contas da União. [*S.l.*], 1949. Disponível em: http://www.planalto.gov.br/ccivil_03/Leis/1930-1949/L0830.htm. Acesso em: 08 ago. 2019.

[172] *Ibidem.*

[173] BRASIL. Tribunal de Contas da União. *Resolução Administrativa nº 14*, de 12 de dezembro de 1977. Regimento Interno do Tribunal de Contas da União. Brasília, DF, 1977. Disponível em: shorturl.at/iAM46. Acesso em: 08 ago. 2019.

dos Ministros, entendimento equivocado quando proferida uma análise sistemática da sua função e do caráter técnico do cargo.

Preliminarmente, no entanto, é importante distinguir a nomenclatura utilizada no Brasil para os cargos de tais membros: no Tribunal de Contas da União, denominam-se constitucionalmente de Ministros, Ministros Substitutos ou Auditores Substitutos de Ministros; nos Estados e Municípios, em sua maioria, pelo princípio da simetria, denominam-se respectivamente Conselheiros e Conselheiros Substitutos (ou Auditores Substitutos de Conselheiros).

Claudio Kania,[174] em artigo que esclarece o surgimento e o desenvolvimento da carreira do Auditor do Tribunal de Contas, constata, em aprofundada pesquisa, que a nomenclatura "Auditor" tem inspiração no direito comparado vigente nos países que inspiraram Rui Barbosa na concepção do Tribunal de Contas da União. Segundo o autor:

> Na França, o termo *Auditeur* é empregado no Código de Justiça Administrativa (*Code de Justice Administrative*) para designar os magistrados oriundos da Escola Nacional de Administração.
> (...)
> O mesmo termo é empregado na Lei Orgânica da Magistratura (*Loi Organique relative au Statut de la Magistrature*) para os juízes que compõem o grau inicial da magistratura, recrutados por concurso público, após realizarem o curso da Escola Nacional da Magistratura.
> (...)
> A Cours de Comptes segue a mesma orientação da justiça francesa, tanto na justiça administrativa quanto na justiça comum, ou seja, o grau inicial da magistratura de contas recebe também a denominação de *"auditeur"*.
> (...)
> Na justiça italiana, até a edição da Lei nº 111, de 30.07.2007, o magistrado de início da carreira era denominado *Uditor*, e a partir de então passou a receber a denominação de Magistrato Ordinário.

Conforme veremos, a Constituição de 1988 trouxe significativa importância à Corte de Contas para o controle externo da administração pública. E, em relação aos membros desse órgão, estabeleceu:

> §3º Os Ministros do Tribunal de Contas da União terão as *mesmas garantias, prerrogativas, impedimentos, vencimentos e vantagens dos Ministros*

---

[174] KANIA, Cláudio Augusto. A evolução (?) do papel dos auditores dos Tribunais de Contas do Brasil. *In*: LIMA, Luiz Henrique (Coord.). *Tribunais de Contas*: temas polêmicos na visão de Ministros e Conselheiros Substitutos. Belo Horizonte: Fórum, 2014. p. 19-49.

do Superior Tribunal de Justiça, aplicando-se-lhes, quanto à aposentadoria e pensão, as normas constantes do art. 40. (Redação dada pela Emenda Constitucional nº 20, de 1998)

§4º O auditor, quando em substituição a Ministro, *terá as mesmas garantias e impedimentos do titular e, quando no exercício das demais atribuições da judicatura, as de juiz de Tribunal Regional Federal*. (Grifos nossos)[175]

Todavia, jurisprudencialmente, muito se discutia quanto às prerrogativas constitucionais conferidas aos Ministros e Auditores de Contas, bem como em relação à estruturação das Cortes nos Estados. Dessa forma, o Supremo Tribunal Federal editou e aprovou a Súmula 42, em Sessão Plenária de 13.12.1963, na qual dispõe: "é legítima a equiparação de juízes do Tribunal de Contas, em direitos e garantias, aos membros do Poder Judiciário".[176]

Sendo um órgão essencial para efetivação de um Estado Democrático de Direito, seus membros, para que exerçam sua função livres de influências externas, objetivamente precisam atuar com autonomia e independência, a fim de que exerçam de fato um controle externo em prol do interesse do interesse público.

Na contramão da evolução e do avanço constitucionalmente conquistado para os Tribunais de Contas, a Lei Orgânica do TCU reproduziu o termo "Proposta de Decisão", criado no Regimento Interno do TCU de 1977, sob a vigência da Carta de 1967, antes da promulgação da atual Lei Maior. Vejamos:

Regimento Interno do TCU aprovado em 12.12.1977, conforme o art. 72, §§1º e 2º e o art. 115, III, da Constituição, e o art. 32, I, do DL 199 de 25.02.1967:

Art. 73. Cumpre ao Auditor
IV- Funcionar, em caráter permanente, junto à Câmara para que for designado, presidindo a instrução dos processos que lhe forem distribuídos e relatando-os com Proposta de Decisão por escrito a ser votada pelos membros da Câmara.

---

[175] BRASIL. *Constituição da República Federativa do Brasil de 1988*. Brasília: Senado Federal, 1988. Disponível em: http://www.planalto.gov.br/ccivil_03/constituicao/constituicao.htm. Acesso em: 04 ago. 2019.

[176] BRASIL. Supremo Tribunal Federal. *Súmula 42*. É legítima a equiparação de juízes do Tribunal de Contas, em direitos e garantias, aos membros do Poder Judiciário. Sessão Plenária, 13 dez. 1963. Disponível em: http://www.stf.jus.br/portal/jurisprudencia/menuSumarioSumulas. asp?sumula=2143. Acesso em: 08 ago. 2019.

Redação dada pela Resolução Adm. Nº 90/88:
IV – Funcionar, em caráter permanente, junto ao Plenário e à Câmara para que for designado, presidindo a instrução dos processos que lhe forem distribuídos e relatando-os com Proposta de Decisão por escrito a ser votada pelos membros da Câmara.[177]

Lei 8443 de 16.07.1992, art. 78. (Vetado)
Parágrafo único. O auditor, quando não convocado para substituir ministro, presidirá à instrução dos processos que lhe forem distribuídos, relatando-os com *proposta de decisão* a ser votada pelos integrantes do Plenário ou da Câmara para a qual estiver designado. (Grifo nosso)[178]

A Carta Magna estabelece que, quando não estiverem em substituição, os Auditores exercerão a judicatura da mesma forma como atuam os Juízes de Tribunal Regional Federal. Já o Regimento Interno de 1977, art. 73, IV, reproduzido no parágrafo único da Lei 8443/93, ignora os ditames constitucionais e limita, deliberadamente, a atuação judicante destes magistrados, membros natos das Cortes de Contas.

É fato que, sob a égide da Constituição de 1967, os Auditores Substitutos de Ministros deveriam ter as mesmas qualificações exigidas para o cargo de Ministros, estavam sujeitos aos mesmos impedimentos e incompatibilidades e exerciam a magistratura de contas ordinariamente como presidentes dos processos que lhes eram distribuídos, relatando-os apenas com Proposta de Decisão, sem o direito votar ordinariamente. Porém, destaco que mesmo sob a égide da CF/1967 o Auditor detinha competências ordinárias para além de um mero Juiz Instrutor, pois presidia plenamente o processo de sua relatoria e, para tanto, detinha competências para decidir diversas situações monocraticamente, como decisões interlocutórias, expedição de medidas cautelares, despachos, dentre outros atos processuais ordinários.

No entanto, com o advento da CF/88, o cenário jurídico muda radicalmente porque o cargo de Auditor recebe *status* constitucional que define de forma clara e cristalina que, nas demais atribuições da judicatura, esse magistrado de contas de terá as mesmas garantias e impedimentos de Juiz de Tribunal Regional Federal. Trata-se de magistratura plena a ser exercida pelo membro concursado do Tribunal, com competência ordinária para decidir processos singularmente ou

---

[177] Cf.: https://portal.tcu.gov.br/normativos/regimentos-internos/. Acesso em: 08 ago. 2019.
[178] Cf.: http://www.planalto.gov.br/ccivil_03/leis/L8443.htm. Acesso em: 08 ago. 2019.

em órgão colegiado (Câmara, Câmaras Reunidas ou Tribunal Pleno), cessando, assim, a existência da figura do magistrado presidente de processos sem poder de decidir no órgão colegiado, inexistente no TRF e nos demais Tribunais nacionais, e, portanto, incompatível com o sistema jurídico constitucional.

Na prática, os Ministros Substitutos presidem os processos que lhes são distribuídos e deles são juízes naturais. Nesses autos, proferem decisões monocráticas (medidas cautelares, despachos, decisões interlocutórias etc.), porém, quando o processo está maduro para ser decidido no órgão colegiado, na forma regimental, apenas apresentam "Proposta de Decisão", atividade típica de Juiz Instrutor, deixando de participar decisivamente do julgamento da causa e restando sem poder de voto, apenas com poder para discutir e debater, ficando submissos ao poder decisório dos demais magistrados, Ministros Titulares, que nesse caso atuam como vogais do órgão decisório do Tribunal de Contas.

Esses vogais podem acatar ou não a Proposta de Voto ou mesmo, pedir vistas do processo, sendo que em qualquer caso não se computará no resultado da decisão a manifestação do Ministro Substituto relator.

Tal prática contraria a melhor técnica processual: O Ministro Substituto relator do processo, juiz natural da causa, profundo conhecedor da matéria em análise, deve exercer a magistratura plena em homenagem aos princípios que balizam o direito fundamental a um processo que observe sistematicamente as normas jurídicas postas na Constituição Federal.

Entre os princípios basilares do Estado Democrático de Direito, inerentes ao conceito de jurisdição (*nulla poena sine juditio*), tem-se o do juiz natural, em que se objetiva primordialmente assegurar a todos os cidadãos o direito a um julgamento justo e imparcial. Esse princípio consiste em desdobramento do devido processo legal, apresentando um duplo conteúdo, tendo como destinatários tanto o indivíduo sujeito da prestação jurisdicional, como o Estado, responsável por organizar e ministrar a jurisdição. É forçoso reconhecer sob esse contexto que os Tribunais de Contas estão, em muitos aspectos relevantes, aprisionados às práticas positivadas no Regimento Interno do TCU que vigorava antes da CF/88, fazendo letra morta a garantia constitucional da judicatura ordinária plena dos Ministros Substitutos.

A interpretação dos institutos postos na Constituição Federal exige que o exegeta enxergue o sistema jurídico como uma rede hierarquizada de princípios, regras e valores. Assim, a interpretação é sistemática ou não é interpretação. Portanto, para que a Lei ou o Regimento Interno diga o que significa que o Auditor, quando em substituição a Ministro, terá as mesmas garantias e impedimentos do titular e, quando no exercício das demais atribuições da judicatura, as de Juiz de Tribunal Regional Federal, deve se observar toda a ordem sistemática constitucional de 1988.

A regra legal ou regimental que prevê a proposta de decisão tem sua gênese no sistema constitucional de 1967 e é incompatível com os ditames da Constituição de 1988. O Auditor ou Ministro Substituto, magistrado de segundo grau, tem as mesmas garantias e impedimentos de Ministro do STJ, quando em substituição, ou de Juiz de Tribunal Federal (Desembargador Federal), ordinariamente.

É totalmente fora de contexto se imaginar um Desembargador Federal – ainda que convocado para o STJ – receber a relatoria de processos por distribuição na forma regimental, assumir o papel de juiz natural da causa, presidir o processo e tomar todas as decisões necessárias para o deslinde da matéria e, ao final, no órgão colegiado, apenas proferir uma Proposta de Decisão que será acatada ou não pelos demais magistrados, sem que o voto do juiz do relator seja computado na decisão.

Diante do exposto, entendemos que a norma posta na Lei Orgânica do TCU, Lei Complementar 8.443/1992, parágrafo único do art. 78, ao dispor que o auditor, quando não convocado para substituir ministro, presidirá a instrução dos processos que lhe forem distribuídos, relatando-os com proposta de decisão a ser votada pelos integrantes do Plenário ou da Câmara para a qual estiver designado, viola cláusula pétrea constitucional, bem como afronta o princípio do juiz natural.

Essa garantia processual fundamental consta positivada em dois incisos do artigo 5º da Constituição, segundo quais: "não haverá juízo ou tribunal de exceção" (inciso XXXVII) e "ninguém será processado nem sentenciado senão pela autoridade competente" (inciso LIII). Ademais, como o princípio do juiz natural é uma cláusula pétrea da Carta Magna de 1988, conforme determina o artigo 60, §4º, inciso IV, essa garantia não pode ser extinta ou modificada por emenda constitucional. A única forma de alterá-la é por meio da elaboração de uma nova Constituição.

Desse modo, não reconhecer a magistratura plena do Ministro Substituto, subtrair-lhe o direito de voto quando for do Relator de um processo pautado em um órgão decisório do Tribunal (Câmara ou Pleno) ou mesmo a supressão do direito deste magistrado em votar, pedir vistas dos processos dos demais juízes dos órgãos colegiados dos quais faz parte, além de outras vedações inconstitucionais, é afrontar o princípio do juiz natural.

A partir de uma interpretação sistemática do arcabouço jurídico que rege a atuação da magistratura nacional, tem-se que, à luz da Carta de 1988, a diferença mais relevante entre os magistrados Ministros e Auditores Substitutos de Ministros é a forma de ingresso na carreira: os primeiros são indicados mediante critérios objetivos constitucionais e os outros concursados na forma prevista na constituição. Ambos são membros de Tribunal, regidos pela Lei Orgânica da Magistratura, gozam dos mesmos garantias e impedimentos de toda magistratura nacional, relatam processos que lhes são distribuídos na forma regimental e possuem assento permanente nos órgãos colegiados dos respectivos Tribunais, sendo que em homenagem ao princípio da continuidade da prestação jurisdicional do Controle Externo, os Auditores Substitutos de Ministros substituem os Ministros na forma da lei, acumulando as duas relatorias pelo tempo que se fizer necessário (a ordinária e a eventual advinda da substituição).

A magistratura dos Auditores Substitutos de Ministros é centenária. Foi instituída pela nº Lei 3.454, de 06 de janeiro de 1918, que, na forma do art. 162, §2º, b, garantiu-lhes, naquele tempo, competência para relatar, perante a segunda Câmara do TCU, os processos de Tomada de Contas e substituir, nas suas faltas e impedimentos, os Ministros de qualquer uma das Câmaras, ou seja, foi garantido o exercício pleno da judicatura.

Posto isso, é incompatível com os ditames da Constituição cidadã de 1988 e é certamente um desperdício incalculável para a eficiência das decisões do Controle Externo a aplicação de regra forjada no regime totalitário que proíbe o magistrado de contas concursado de ordinariamente participar como juiz das decisões colegiadas, mesmo que seja o presidente e relator do processo em análise. Ressalto que, se o Ministro Substituto não pode votar nos processos da sua própria relatoria, também lhe é negado o poder-dever de votar e de pedir vistas dos processos dos demais magistrados que estiverem em julgamento.

Sendo assim, para que as Cortes de Contas cumpram a sua função social e se tornem um órgão mais técnico e menos influenciado politicamente, considero fundamental a superação desse entendimento estranho aos ditames da Constituição Federal de 1988 e, portanto, antidemocrático e inconstitucional. Na prática, o resultado disso seria uma verdadeira revolução qualitativa nos entendimentos dos Tribunais, que incorporariam, sem custo algum (financeiro ou político), o entendimento desses experientes magistrados concursados às decisões dos Tribunais de Contas.

Nesse sentido, buscando defender uma efetiva atuação dos membros dos Tribunais de Contas do Brasil, a ATRICON (Associação dos Membros dos Tribunais de Contas do Brasil) aprovou as Diretrizes de Controle Externo Atricon 3301/2014, por meio da Resolução Atricon nº 03/2014, que estabeleceu o seguinte em seu anexo único:

19. Compor-se, no caso do Tribunal de Contas da União, por Ministros e Ministros Substitutos, e nos Tribunais de Contas dos Estados e Municípios, por Conselheiros e Conselheiros Substitutos, todos submetidos ao conjunto de garantias, prerrogativas, impedimentos, subsídios e vantagens da magistratura nacional, nos termos da Constituição Federal.

23. Assegurar aos Ministros e Conselheiros Substitutos assento permanente no Tribunal Pleno e nas Câmaras, atribuindo-lhes as prerrogativas constitucionais de discutir e relatar todas as matérias atinentes aos órgãos colegiados, *vedada qualquer distinção de distribuição e de tratamento*.

a. Nos Tribunais de Contas em que há mais de 4 (quatro) Conselheiros Substitutos em exercício, o assento no Tribunal Pleno deverá ser assegurado *a no mínimo 4 (quatro) Conselheiros Substitutos*, pelo critério de rodízio, iniciando-se pelos 4 (quatro) mais antigos, sem prejuízo da distribuição igualitária a todos. A apuração da antiguidade se dá a partir da posse no respectivo cargo, exclusivamente. Caso haja empate, pela classificação no concurso público.

24. Estabelecer as atribuições dos Ministros e Conselheiros Substitutos, nos termos do §4º do art. 73 da Constituição Federal, considerando as seguintes subdivisões:

a. Ordinárias: relatar processos, presidir a instrução processual, emitir decisões monocráticas, interlocutórias ou de mérito, apresentar proposta de decisão nos órgãos colegiados, relativamente aos processos que lhes forem distribuídos automática e igualitariamente, sem distinção de matérias ou de jurisdicionados, entre outras;

b. Eventuais: substituir Ministros e Conselheiros em suas ausências, a qualquer título, sendo automática a substituição destinada a completar a composição plena do colegiado, prescindindo-se de quaisquer formalidades.

25. *Investir o Ministro ou Conselheiro Substituto, concursado, quando em substituição, a qualquer título, de todas as garantias e prerrogativas relacionadas ao exercício pleno da judicatura, ficando apto a votar em todos os processos, sem exceção, devendo ser-lhe concedidas vistas e a correspondente devolução, com voto, ainda que o titular retorne às suas funções.* (Grifos nosso)[179]

Ora, se ambos os cargos foram estabelecidos pela Constituição Federal de 1988, dentro da estrutura do Tribunal de Contas – órgão técnico e autônomo, responsável pelo auxílio no controle externo – como veremos adiante, não existe razão para tal mitigação da atuação dos Ministros e Conselheiros Substitutos, membros com função constitucionalmente conferidas de judicatura.

Nesse sentido, Alexandre Manir Figueiredo Sarquis,[180] ao tratar da judicatura do Auditor Substituto de Conselheiro no âmbito do TCE/SP, assim descreve as limitações inconstitucionalmente impostas aos magistrados concursados:

> No Tribunal de Contas do Estado de São Paulo, nos termos da Lei Complementar 979/2005, compete aos Auditores substituir os Conselheiros em suas ausências e afastamentos, presidir a instrução dos processos que lhes forem distribuídos e exercer as demais competências dadas em regimento.
>
> A espécie de trabalho que atualmente os incumbe, entretanto, é delimitada por uma série de resoluções, que, por seu intuito, tem status regimental. A Resolução 1/2012 conferiu a competência de diferir sem solução de mérito os processos que analisam contratos, atos análogos e convênios. Já a Resolução 3/2012, combinada com as Resoluções 2/2013 e 5/2014, concedeu-lhes a competência de julgar os processos singulares de jurisdição municipal. Das sentenças dos Auditores cabe recurso a ser relatado por Conselheiro nas Câmaras, a quem compete também o juízo de retratação dos despachos por meio do agravo. Para viabilizar o exercício de suas funções, foi instalado um cartório do Corpo de Auditores funcionando no 14º andar do Edifício Sede.

---

[179] ATRICON. *Resolução Atricon nº 03/2014*: Composição dos TCs. Aprova as Diretrizes de Controle Externo Atricon 3301/2014 relacionadas à temática "Composição, organização e funcionamento dos Tribunais de Contas no Brasil". Fortaleza, 6 ago. 2014. Disponível em: http://www.atricon.org.br/normas/resolucao-atricon-no-032014-composicao-dos-tcs/. Acesso em: 13 ago. 2019.

[180] SARQUIS, Alexandre Manir Figueiredo. A Carreira de Auditor do Tribunal de Contas. *Carta Forense*, 03 nov. 2015. Disponível em: http://www.cartaforense.com.br/conteudo/artigos/a-carreira-de-auditor-do-tribunal-de-contas/15957. Acesso em: 13 ago. 2019.

Em relação à composição dos Tribunais de Contas, Mourão e Ferreira conceituam-na de forma sucinta e precisa:

> (...) as Cortes de Contas são compostas por Magistrados especializados nas matérias contábil, financeira, orçamentária, operacional e patrimonial dos entes federados e das entidades da administração direta e indireta, sendo assim compreendidos os Ministros, Conselheiros e Auditores (Ministros Substitutos e Conselheiros Substitutos) dos Tribunais de Contas, doravante designados por Magistrados de Contas.[181]

Por fim, a atuação do Tribunal de Contas e da Magistratura de Contas como agentes necessários da boa governança pública depende da imediata inclusão desses magistrados especializados nas matérias contábil, financeira, orçamentária, operacional e patrimonial como julgadores plenos nos processos decididos nos órgãos colegiados dos Tribunais de Contas do Brasil. Infelizmente, ainda existem Tribunais que delegam a esses magistrados a função de simples pareceristas, afrontando intencionalmente a Constituição Federal. Tal fato é resquício do patrimonialismo, do apego às fórmulas do regime autoritário, bem como da captura dos Tribunais de Contas pelas oligarquias políticas regionais, tendo como consequência a ineficiência do controle exercido por esses órgãos e o descrédito das instituições de controle externo.

2.2.1.3 As garantias funcionais dos Auditores Substitutos de Conselheiros: uma análise constitucional

Importa ressaltar, como já foi visto, que, com a entrada em vigor da Constituição Federal de 1988, o cargo de Auditor Substituto de Ministro, também legalmente denominado *Ministro Substituto* do Tribunal de Contas, foi alçado à categoria constitucional, passando a ser regido, diretamente, pelo texto da Carta Magna, consoante disposição prevista em seus §§3º e 4º, do artigo 73, de modo similar ao que já se previa para os Ministros dos Tribunais de Contas da União:

---

[181] MOURÃO, Licurgo; FERREIRA, Diogo Ribeiro. A atuação constitucional dos Tribunais de Contas e de seus magistrados (composição, atuação e deliberações): de Eisenhower a Zé Geraldo. *In*: LIMA, Luiz Henrique (Coord.). *Tribunais de Contas*: temas polêmicos na visão de Ministros e Conselheiros Substitutos. 2. ed. rev. ampl. atual. Belo Horizonte: Fórum, 2018. p. 129.

§3º Os Ministros do Tribunal de Contas da União terão as mesmas garantias, prerrogativas, impedimentos, vencimentos e vantagens dos Ministros do Superior Tribunal de Justiça, aplicando-se-lhes, quanto à aposentadoria e pensão, as normas constantes do art. 40. (Redação dada pela Emenda Constitucional nº 20, de 1998).

§4º O auditor, quando em substituição a Ministro, terá as mesmas garantias e impedimentos do titular e, quando no exercício das demais atribuições da judicatura, as de juiz de Tribunal Regional Federal.

Percebe-se, pela análise dos parágrafos supramencionados, que a Constituição da República brasileira aplica, por similaridade, aos ministros do Tribunal de Contas da União as mesmas garantias e prerrogativas dos Ministros do STJ e, ainda, *aos* Auditores Substitutos de Ministros, as *garantias e impedimentos atribuídos aos magistrados do TRF*.

No que tange aos Conselheiros e Auditores Substitutos de Conselheiros, lotados nos Tribunais de Contas dos Estados e Municípios, a Constituição da República não é omissa, pelo contrário, é clara em determinar que:

> Art. 75. As normas estabelecidas nesta seção aplicam-se, no que couber, à organização, composição e fiscalização dos Tribunais de Contas dos Estados e do Distrito Federal, bem como dos Tribunais e Conselhos de Contas dos Municípios.
> Parágrafo único. As Constituições estaduais disporão sobre os Tribunais de Contas respectivos, que serão integrados por sete Conselheiros.

Depreende-se do texto transcrito acima que a Constituição da República de 1988 deve ser considerada a matriz do cargo de Conselheiro, bem como dos Auditores Substitutos de Conselheiros.

Carlos Ayres Britto manifestou-se, a esse respeito, em voto proferido no julgamento da ADI nº 1.994/ES:

> (…) a Constituição Federal faz do cargo de auditor um cargo de existência necessária, porque, quando ela se refere nominalmente a um cargo, está dizendo que faz parte, necessariamente, da ossatura do Estado, e só por efeito de emenda à Constituição – e olhe lá – é que essa matéria poderia ser modificada. De outra parte, auditor ainda tem uma particularidade: é regrado pela Constituição como um elemento de composição do próprio Tribunal.

Importante se faz, neste ponto, ressaltar o fato de que, após um século da sua criação, são ainda poucos (até mesmo aqueles que possuem formação na área jurídica) os que conhecem a existência do cargo de Auditor Substituto de Ministro ou de Conselheiro dos Tribunais de Contas, suas funções e importância, bem como a diferença existente entre o Auditor, Substituto de Ministro ou Ministro Substituto do Tribunal de Contas e os Auditores de Controle Externo, razão pela qual entendemos ser importante abrir um pequeno parêntese aqui para compreender quem é esse magistrado concursado dos Tribunais de Contas.

Registra-se, inclusive, que se consultarmos a Associação Civil de Estudos e Pesquisas dos Tribunais de Contas do Brasil (Instituto Rui Barbosa), encontraremos, em seu *Glossário: termos técnicos mais comuns utilizados por Tribunais de Contas*, apenas o sentido contábil da palavra "Auditor", qual seja "pessoa encarregada de realizar uma auditoria e elaborar um relatório escrito sobre essa auditoria",[182] sem qualquer justificativa para a utilização de, apenas, essa definição.

Em uma acepção mais completa, Plácido e Silva assim define o *Auditor*:[183]

> AUDITOR: É título por que se designam juízes ou magistrados encarregados da aplicação de justiça em certo ramo ou espécie de jurisdição, em regra, de ordem criminal.
>
> No Direito Antigo com o mesmo sentido de ouvidor, indicava o funcionário instruído em leis, que tinha a missão ou atribuição de informar o tribunal ou repartição pública sobre a legalidade de certos atos ou sobre a interpretação das leis nos casos concretos submetidos à sua apreciação. É o *consultor jurídico* da atualidade.
>
> Segundo a aplicação atual, o vocábulo designa o juiz de direito agregado aos tribunais de jurisdição especial: *auditor de guerra* ou *auditor de marinha*.
>
> *Auditor*. Na linguagem técnica da contabilidade, a que se comete o encargo de examinar e dar parecer sobre a escrituração mercantil de um estabelecimento comercial, atestando, igualmente, a sua exatidão, em confronto com os documentos de que se originaram os lançamentos ou assentos constantes da escrita e a veracidade do balanço em geral, que lhe foi mostrado para exame. (Grifos nossos).

E é justamente nesta acepção, mais completa, abrangendo os aspectos não apenas contábil, como também jurídico, que o Tribunal de Contas da União faz uso da palavra "auditor", a fim de designar

---

[182] GLOSSÁRIO: termos técnicos mais comuns utilizados por Tribunais de Contas. [*S.l.*]: Instituto Rui Barbosa, 2005. p. 30.

[183] DE PLÁCIDO E SILVA. *Dicionário de Contabilidade*. 10. ed. São Paulo: Atlas, 2005. p. 170.

não apenas os seus Auditores Federais de Controle Externo, portanto, servidores públicos da Secretaria do Tribunal como, também, dos magistrados de contas Auditores Substitutos de Ministros.

O cargo de Auditor, como explicitamos anteriormente, foi criado pela Lei nº 3454, de 06 de janeiro de 1918, em seu art. 162, XXXVII, 3º, durante a reforma, que foi promovida no governo de Venceslau Braz e, conforme essa lei, os Auditores em número de oito, deveriam ser nomeados pelo Presidente da República, dentre bacharéis em direito, sendo-lhes atribuída a competência para relatar, perante a Segunda Câmara, os processos de tomada de contas e substituir os ministros de quaisquer Câmaras em caso de faltas ou impedimentos destes.

A Lei nº 830, de 23 setembro de 1949, reorganizou o TCU, prevendo em linhas gerais que o órgão seria composto por nove ministros e, ainda teria os Auditores, o Ministério e a Secretaria como partes integrantes do órgão. Os Auditores, em número de quatro (artigo 25 da referida lei), passam a ser nomeados por decreto, mediante concurso de títulos e provas e tinham como função principal substituir os Ministros nas suas faltas ou impedimentos, sendo convocados pelo Presidente quando faltar quórum para a sessão e, a juízo do Tribunal, para as substituições periódicas.

Entre idas e vindas de períodos de regimes democráticos e autocráticos que marcaram a história republicana do nosso país, apenas em 1977, em pleno regime militar, com a adoção de um novo Regimento Interno, a Resolução Administrativa de nº 14/1977, é que conseguimos vislumbrar traços de relevante evolução com relação à função exercida pelos Auditores Substitutos que passam a ter assento permanente nos órgãos deliberativos do Tribunal para discutir e relatar processos apresentando "proposta de decisão", uma espécie de voto sem poder decisório, que poderia ser acatada ou não pelo colegiado, para solução de determinada questão apreciada no colegiado.

Em 1992, contudo, na contramão dos avanços trazidos pela CF/88, a publicação da Lei Orgânica do Tribunal de Contas da União (Lei Complementar nº 8.443/1992) reduziu o número de Auditores Substitutos de Ministros, de quatro para três, ao determinar em seu artigo 77:

> Art. 77. Os auditores, em número de três, serão nomeados pelo Presidente da República, dentre os cidadãos que satisfaçam os requisitos exigidos para o cargo de ministro do Tribunal de Contas da União, mediante concurso público de provas e títulos, observada a ordem de classificação.

No entanto, em 2008, a Lei nº 11.854, restabeleceu o cargo que havia sido suprimido pela LC 8843/1992, pelo que o quadro de auditores do Tribunal de Contas da União passou a contar, novamente, com quatro Auditores Substitutos. E, um pouco mais a frente, em 16 de maio de 2013, a Lei nº 12.811, apesar de reafirmar que os Auditores Substitutos apresentam "proposta de decisão", inova, ao denominar esses magistrados de contas como Ministros Substitutos:

> Art. 3º Os titulares do cargo de Auditor de que trata o §4º do art. 73 da Constituição Federal, os quais, nos termos do texto constitucional, substituem os Ministros e exercem as demais atribuições da judicatura, presidindo processos e relatando-os com proposta de decisão, segundo o que dispõe o parágrafo único do art. 78 da Lei nº 8.443, de 16 de julho de 1992, também serão *denominados Ministros-Substitutos*. (Grifo nosso)

No que se refere às suas garantias e prerrogativas legais, ainda no anteprojeto da Constituição de 1988, a Emenda 5B0163-2 conferiu aos auditores, de maneira permanente, as garantias, prerrogativas e impedimentos previstos para a judicatura em geral, o que representava mais um importante avanço no reconhecimento das funções exercidas pelos mesmos. No entanto, a comissão realizou algumas adaptações no texto, cuja redação estabeleceu que tais garantias somente deveriam ser observadas durante as substituições, prejudicando, dessa forma, a independência necessária para o exercício da função de Auditor Substituto.

Durante o processo de elaboração e aprovação do projeto de lei que culminou na Constituição da República de 1988, outras diversas emendas foram apresentadas para análise, apreciação e aprovação e, dentre elas, destacamos as que incluíram o parágrafo que atribui as garantias da magistratura aos auditores, ainda que não estivessem em substituição (Emendas ES22052-7, ES22209-1, ES22210-4, ES22212-1, ES23332-7, ES26271-8, ES26272-6, ES27492-9, ES28037-6, ES28120-8 e ES32879-4)[184] e transcrevemos, ainda, a justificativa apresentada na Emenda ES22052-7:

> Os auditores *são os juízes permanentes do Tribunal de Contas* que têm por missão relatar os processos que são distribuídos entre eles e os Ministros titulares.

---

[184] Informações extraídas dos Anais da Assembleia Constituinte. Disponível em: https://www.senado.leg.br/publicacoes/anais/asp/CT_Abertura.asp. Acesso em: 13 ago. 2019.

Mesmo quando não estão substituindo os Ministros, estão ao lado deles relatando e fazendo propostas de decisões que *constituem inequivocamente atos de judicatura.*

Por isso *é necessário* que mesmo nessa situação e, especialmente nelas, *estejam protegidos pelas garantias tradicionais da magistratura.* Se quando substituem são equiparados aos Ministros, quando executam as atribuições da sua judicatura, sem substituírem, devem, por hierarquia, ser *equiparados aos juízes dos Tribunais Regionais Federais.* (Grifos nossos).

Diversas foram as alterações concernentes à definição do *status* de magistrados dos Auditores Substitutos no decorrer do processo de elaboração do texto constitucional, oscilando sempre entre ser permanente e eventual por ocasião das substituições, o que é inadmissível frente ao reconhecimento, desde então existente, de suas funções judicantes que, por sua vez, necessitam ver garantidas a independência e autonomia, para que não findassem viciadas e, consequentemente, destituídas de valor.

Assim não tivesse acontecido, teria a Constituição da República instituído o que Cláudio Augusto Kania[185] intitulou "servidor público anfíbio", ora com *status* de magistratura e, portanto, gozando das garantias e prerrogativas desta, ora como funcionário do Tribunal, subordinado hierarquicamente (do mesmo modo que os demais funcionários) aos Ministros e Conselheiros.

Neste sentido ensina o autor supramencionado que:

> É preciso ter em conta que, a despeito da visão míope de alguns constituintes, o texto constitucional atribui a condição de magistrados a ministros e auditores. E não faz sentido algum, dentro do texto constitucional, a interpretação de que as garantias concedidas aos auditores sejam em sentido estrito, uma vez que essa interpretação vai de encontro à independência da magistratura. Não é possível ter magistrado que não o seja por inteiro. A independência do magistrado é, acima de tudo, a garantia de que o julgamento proferido será imparcial.[186]

E continua:

> Ao se reduzir a relevância do papel dos auditores dos Tribunais de Contas corre-se o risco de transformar o seu exercício em uma sinecura. E toda

---

[185] KANIA, Cláudio Augusto. A evolução (?) do papel dos auditores dos Tribunais de Contas do Brasil. *In*: LIMA, Luiz Henrique (Coord.). *Tribunais de Contas*: temas polêmicos na visão de Ministros e Conselheiros Substitutos. 2. ed. Belo Horizonte: Fórum, 2018. p. 42.

[186] *Ibidem*, p. 44.

sinecura é incompatível com os princípios da eficiência e da moralidade da Administração Pública. Para que isso seja evitado, é necessário que a capacidade técnica desses profissionais seja plenamente aproveitada, remetendo-lhes as atribuições devidas, nos termos constitucionais, com os deveres e direitos inerentes à magistratura.[187]

Superadas, dessa forma, as dificuldades com relação ao reconhecimento da importância do cargo e das funções, exercidas pelos Auditores Substitutos de Ministros e Conselheiros, o texto constitucional prevê, de maneira clara e expressa que, no que concerne às prerrogativas, garantias e impedimentos destes, em âmbito nacional, o legislador determinou, como paradigma, o *Juiz de Tribunal Regional Federal*, magistrado de instância elevada, portanto, *magistrado concursado integrante do Tribunal de Contas*.

Neste supedâneo, infere-se que, no âmbito dos Estados Federados, por similaridade, tal norte deve ser mantido, jamais mitigado, visto se tratar de posicionamento constitucional.

Tal fato ocorre porque a Constituição caracteriza-se pelo seu *status* de supremacia, isto é, "pela sua posição hierárquico-normativa superior relativamente às outras normas do ordenamento jurídico".[188] Diante disso, a Constituição se converte num elemento de unidade do ordenamento jurídico, ou seja, como forma de garantir a si própria, a Constituição estabelece institutos que se dirigem à conservação e à observância das suas normas, entre eles, os chamados limites ao poder de reforma.

Como fruto tanto da supremacia como da rigidez constitucionais, assegura-se a determinadas matérias respeitantes ao "estatuto jurídico do político" uma espécie de reserva de Constituição, pela qual se garante que tais assuntos, para que estejam suficientemente protegidos, devem ser regulados pela própria Constituição, com exclusão do legislador ordinário.

É o caso das matérias relativas à separação funcional de poderes, à distribuição territorial de competências, às restrições dos direitos fundamentais, aos limites constitucionais à autonomia estadual, entre outras cuja necessária proteção somente pode ser garantida com a sua subtração do poder de disposição da legislação infraconstitucional.

---

[187] *Ibidem*, p. 50.
[188] CANOTILHO, J. J. Gomes. *Direito Constitucional e Teoria da Constituição*. 3. ed. Coimbra: Almedina, 1999b. p. 1.074.

Feitas as devidas considerações, fica fácil perceber que o legislador tinha como preocupação maior, garantir que os magistrados dos Tribunais de Contas pudessem exercer tão importantes (e impactantes) funções controladoras, com a devida dignidade e imparcialidade.

Ainda não é demais recordar que essas garantias, previstas no ordenamento jurídico, são de duas ordens: institucionais (também chamadas de orgânicas) e funcionais (ou subjetivas), sendo que as garantias institucionais referem-se à organização e serviços auxiliares, à elaboração do regimento interno, ao provimento dos cargos (bem como a criação e extinção dos mesmos), a concessão de férias e de licença aos seus membros e servidores e a fixação dos respectivos vencimentos, além das que se referem à formação e composição do Tribunal.

No que concerne às garantias subjetivas ou funcionais, são as que buscam assegurar a independência dos membros do Tribunal, com relação aos demais poderes que compõem a Federação, quais sejam: a vitaliciedade, a inamovibilidade e a irredutibilidade de vencimentos.

Neste sentido, citamos o posicionamento apresentado na obra *Comentários à Constituição do Brasil*, de J. J. Gomes Canotilho, Gilmar Ferreira Mendes, Ingo Wolfgang Sarlet e Lenio Luiz Streck, mediante a coordenação executiva de Léo Ferreira Leoncy:[189]

> Portanto, a composição do Tribunal de Contas é uma garantia constitucional de natureza orgânica, cuja formação só pode ocorrer consoante os critérios fixados constitucionalmente, como um dos fatores de autonomia e independência constitucional, por isso não se sujeitando a juízos de conveniência e oportunidade de qualquer dos Poderes do Estado. A forma constitucional determinada deve ser seguida à risca e não pode, independentemente da justificativa – confiança, competência, importância, etc. –, ser modificada, uma vez que se trata de norma constitucional representativa da autonomia e independência do órgão controlador.

Feitas tais considerações, importa compreender, ainda, os limites legais estabelecidos ao poder constituinte, a fim de entender o tema em pauta.

---

[189] MILESKI, Hélio. Comentário ao artigo 73. *In*: CANOTILHO, J. J. Gomes; MENDES, Gilmar F.; SARLET, Ingo W.; STRECK, Lenio Luiz (Coords. científicos); LEONCY, Léo Ferreira (Coord. executivo). *Comentários à Constituição do Brasil*. São Paulo: Saraiva; Almedina, 2013. p. 1173.

Sabemos que o Poder Constituinte Originário[190] (também conhecido como inaugural ou inicial) é o que instaura uma ordem jurídica nova, de modo a romper, por completo, com a ordem anterior. Seu escopo maior é o de instituir um novo Estado.

Trazemos à baila, a esse respeito, o posicionamento de Michel Temer:[191]

> (...) ressalte-se a ideia de que surge novo Estado a cada nova Constituição, provenha ela de movimento revolucionário ou de assembleia popular. O Estado brasileiro de 1988 não é o de 1969, nem o de 1946, o de 1937, de 1934, de 1891, ou de 1824. Historicamente é o mesmo. Geograficamente pode ser o mesmo. Não o é, porém, juridicamente. A cada manifestação constituinte, editora de atos constitucionais, como Constituição, Atos Institucionais e até Decretos (veja-se o Dec. nº1, de 15.11.1889, que proclamou a República e instituiu a Federação como forma de Estado), nasce o Estado.

Ao lado do Poder Constituinte Originário, temos o Poder Constituinte Derivado que, por sua vez, pode ser reformador, decorrente e revisor. Sem alongar ainda mais o assunto, passamos diretamente ao tema que nos interessa: o Poder Constituinte Derivado decorrente, que é o poder que decorre da auto-organização, conferida pela Constituição da República (Poder Constituinte Originário), aos Estados-Membros que compõem nossa Federação.

---

[190] MIRANDA, Jorge. *Manual de Direito Constitucional*. 3. ed. Coimbra: Coimbra Ed., 1996. t. II. No que ao Poder Constituinte Originário, citamos, aqui, o posicionamento do doutrinador J. Miranda, segundo o qual existem limitações, também, ao Poder Constituinte Originário, que ele classifica em três categorias: limites transcendentes, imanentes e heterônomos. Em seu entendimento, limites transcendentes são aqueles que provêm do Direito Natural, sobrepondo-se aos interesses do Estado e da própria Constituinte. São os valores éticos superiores emanados de uma consciência coletiva. Incluem-se nessa categoria os direitos fundamentais relacionados com a dignidade da pessoa humana. Seria, por exemplo, considerada ilegítima ou inválida a criação de normas constitucionais que de alguma forma a ofendesse. Por sua vez, os limites imanentes decorrem da noção e do sentido do Poder Constituinte Formal, enquanto poder estabelecido. Compreendem-se nessas categorias as limitações de criação de normas que alterassem ou ferissem a soberania do Estado, sua forma e legitimidade política, por exemplo, a criação de uma norma constitucional que torna uno um Estado que, antes, era Federado, ou que torne o novo Estado subordinado a outro. Há ainda os limites heterônomos, que provêm da relação com outros ordenamentos jurídicos. Podem se referir tanto a atos ou regras de Direito Internacional, nas limitações das funções e deveres assumidos pelo Estado junto à comunidade internacional, quanto as de direito interno, que limitam a relação entre o Poder Constituinte Federal e os dos estados federados, são os chamados limites recíprocos.

[191] TEMER, Michel. *Elementos de Direito Constitucional*. São Paulo: Malheiros, 1988. p. 33.

Anna Cândia da Cunha Ferraz explica que:

> Tem o Poder Constituinte Decorrente um caráter de complementaridade em relação à Constituição; destina-se a perfazer a obra do Poder Constituinte Originário nos Estados Federais, para estabelecer a Constituição dos seus Estados componentes.

O Poder Constituinte Derivado, portanto, não é absoluto e, tampouco, ilimitado. Em outras palavras, a Constituição da República Federativa do Brasil, de 1988, garante, aos Estados Federados, a capacidade de se auto-organizar, porém, *desde que observem as regras (ou limites) estabelecidas pelo Poder Constituinte Originário.*

Assim sendo, reiteramos que nossa lei maior estabelece, em seu artigo 73, §3º[192] que:

> Os Ministros do Tribunal de Contas da União terão as mesmas garantias, prerrogativas, impedimentos, vencimentos e vantagens dos *Ministros do Superior Tribunal de Justiça* (...). (Grifo nosso).

E em seguida, no parágrafo 4º,[193] determina:

> O auditor, quando em substituição a Ministro, terá as mesmas garantias, e impedimentos do titular e, quando no exercício das demais atribuições da judicatura, as de *juiz de Tribunal Regional Federal.* (Grifo nosso).

Observado o disposto nos parágrafos acima, impende, primeiramente, analisar: qual a finalidade dessas garantias, prerrogativas, impedimentos, vencimentos, vantagens? Tratam-se de simples privilégios ou benefícios? Obviamente que não.

A intenção do legislador originário foi permitir que, em decorrência da função e das responsabilidades, inerentes ao cargo, os magistrados pudessem gozar de uma autonomia e independência, que os permitisse o exercício responsável, desvinculado e livre de suas funções. E não foi por outro motivo que o próprio Poder Constituinte Originário estendeu tais garantias e prerrogativas aos Ministros dos Tribunais de Contas, bem como aos Auditores Substitutos de Ministros, legalmente denominados Ministros Substitutos.

---

[192] BRASIL. *Constituição da República Federativa do Brasil*, 1988. Art. 73, §3º.

[193] *Ibidem.*

Na esteira deste raciocínio e, mantendo a coerência lógica de seu pensamento, a Constituição da República determina, em seu artigo 75, que se aplicam tais normas à organização, composição e fiscalização dos Tribunais de Contas dos Estados e do Distrito Federal, observando as proporções evidentes (ou seja *"no que couber"*).

Não há dúvidas, aqui, de que o legislador constituinte originário não deixou brechas a interpretações. Ele não disse que "poderá", o legislador infraconstitucional observar a Constituição "se assim entender". Também não determinou que cabe ao legislador derivado decorrente "optar por quais regras adotar". A determinação foi bem clara! No que concerne a *organização*, *composição* e *fiscalização* dos Tribunais de Contas dos Estados (bem como dos Distritos Federais), cumpre observar, *com rigor, o disposto na Constituição Federal*. Obviamente que tais regras também se aplicam às garantias e prerrogativas previstas, por se tratarem de algo que está vinculado à função exercida, consistindo, portanto, na organização desses Tribunais.

Restando assim compreendida a razão pela qual o legislador infraconstitucional está obrigado a observar os limites, estabelecidos na Lei Maior, com relação às garantias e prerrogativas reservadas aos magistrados dos Tribunais de Contas, torna-se oportuna uma breve análise das normas previstas nas Constituições Estaduais a esse respeito.

E assim, citamos, a título de exemplificação, os artigos das Constituições do Estado de Minas Gerais, Paraná, Mato Grosso e Mato Grosso do Sul:

A Constituição do Estado de Minas Gerais dispõe:

art. 78 – Os Conselheiros do Tribunal de Contas são escolhidos dentre brasileiros que satisfaçam os seguintes requisitos:
(…) §4º – O Conselheiro do Tribunal de Contas tem as mesmas garantias, prerrogativas, impedimentos e subsídio *do Desembargador*, aplicando-se lhe, quanto a aposentadoria e pensão, as normas constantes no art. 36 desta Constituição.
(Parágrafo com redação dada pelo art. 19 da Emenda à Constituição nº 84, de 22.12.2010.)
(Vide Lei Complementar nº 102, de 17.1.2008.)

Art. 79 – Os Auditores do Tribunal de Contas, em número de sete, são nomeados pelo Governador do Estado, depois de aprovada a escolha pela Assembleia Legislativa, cumpridos os seguintes requisitos:

(*Caput* declarado inconstitucional em 5.3.1997 – ADI 1.067. Acórdão publicado no Diário da Justiça em 21.11.1997).

§3º – Os Auditores do Tribunal de Contas, em número de quatro, serão nomeados após aprovação em concurso público de provas e títulos, observada a ordem de classificação e os requisitos previstos na Lei Orgânica do Tribunal de Contas.

(Parágrafo acrescentado pelo art. 2º da Emenda à Constituição nº 69, de 21.12.2004). (Grifo nosso).

No Estado do Rio de Janeiro, a Constituição prevê:

Art. 128 O Tribunal de Contas do Estado, integrado por sete Conselheiros, tem sede na Capital, quadro próprio de pessoal e jurisdição em todo território estadual, exercendo, no que couber, as atribuições previstas no art. 158 da Constituição. Nova redação dada pela Emenda Constitucional nº 62, de 08 de dezembro de 2015. Nova redação dada pela Emenda Constitucional nº 64, de 17 de maio de 2016.

(...) §3º Os Conselheiros do Tribunal de Contas do Estado terão as mesmas garantias, prerrogativas, impedimentos, vencimentos e vantagens *dos Desembargadores do Tribunal de Justiça*, aplicando-se-lhes, quanto à aposentadoria e pensão, as normas constantes do art. 89.

§4º O auditor, quando em substituição a Conselheiro, terá as mesmas garantias e impedimentos do titular e, quando no exercício das demais atribuições da judicatura, *as de juiz de direito da mais alta entrância.* * Nova redação dada pelo art. 7º da Emenda Constitucional nº 53, de 26.06.2012. (D.O. de 27.06.2012). (Grifos nossos).

No Mato Grosso do Sul, por sua vez, encontramos a seguinte previsão legal:

Art. 80. O Tribunal de Contas do Estado, integrado por sete Conselheiros, tem sede na Capital, quadro próprio de pessoal e jurisdição em todo o território Estadual, exercendo, no que couber, as atribuições previstas no art. 114.

§4º Os Conselheiros terão as mesmas garantias, prerrogativas, impedimentos, vencimentos, direitos e vantagens *dos Desembargadores do Tribunal de Justiça* e poderão aposentar-se com as vantagens do cargo, somente quando o tenham exercido efetivamente por mais de cinco anos.

§5º Os Auditores, quando em substituição a Conselheiros, terão as mesmas garantias, prerrogativas, impedimentos, vencimentos e vantagens dos titulares e quando, no exercício das demais atribuições estabelecidas em lei, *as dos magistrados de nível imediatamente inferior ao do adotado para os Conselheiros.* (Grifos nossos).

CAPÍTULO 2
DOS TRIBUNAIS DE CONTAS E DO MINISTÉRIO PÚBLICO DE CONTAS COMO ÓRGÃOS DE CONTROLE | 135

Por fim, a Constituição do Estado de Mato Grosso, assim determina:

> Art. 49 O Tribunal de Contas do Estado, integrado por sete Conselheiros, tem 36 Constituição do Estado de Mato Grosso sede na Capital, quadro próprio de pessoal e jurisdição em todo o território estadual, exercendo, no que couber, as atribuições previstas no art. 46, desta Constituição.
> (...) §3º O auditor, quando em substituição a Conselheiro, terá as mesmas garantias e impedimentos do titular e, quando no exercício das demais atribuições da judicatura, as de *Juiz de Entrância Especial*. (EC nº 06/93).
> Art. 50 Os Conselheiros do Tribunal de Contas terão as mesmas garantias, prerrogativas, vedações, impedimentos, remuneração e vantagens dos *Desembargadores* e somente poderão aposentar-se com as vantagens do cargo quando o tiverem exercido efetivamente por mais de cinco anos.16 (EC nº 39/05). (Grifos nossos).

Em que pese posição doutrinária diversa, não nos parece ter sido esta a intenção do legislador constitucional.

Está evidente que o legislador infraconstitucional resolveu inovar, na maioria dos Estados membros, ao regular as garantias e prerrogativas dos Conselheiros e dos Auditores Substitutos de Conselheiro, olvidando por completo que a Carta Magna determina, de forma clara que *aos Ministros* (e, portanto, por equiparação nos Estados, aos Conselheiros) *aplicam-se as garantias dos Ministros do STJ* e, aos *Auditores Substitutos de Ministros*, aplicam-se as garantias dos *magistrados dos Tribunais Regionais Federais*.

Não é preciso muito para constatarmos que algumas Constituições Estaduais preveem, em seu bojo, que as garantias reservadas aos Desembargadores serão atribuídas, por similaridade, aos Conselheiros dos Tribunais Estaduais. Todavia, *quando se referem aos Auditores Substitutos de Conselheiros, determinam que, a estes, se reserva as mesmas garantias e prerrogativas dos Juízes de 1ª Instância*.

Isso sem falar na confusão entre os vocábulos "Instância" e "Entrância", como podemos perceber da leitura do §3º, do art. 49 da Constituição do Estado de Mato Grosso. O texto normativo estadual afirma que o Auditor, quando em substituição a Conselheiro, terá as mesmas garantias e impedimentos do titular e, quando no exercício das demais atribuições da judicatura, as de Juiz de Entrância Especial. Declarar o Auditor Substituto de Conselheiro como magistrado singular, juiz de primeira instância, significa diminuir a importância e a posição desse cargo de envergadura constitucional, além de, juridicamente, colocar em dúvida se, de fato, o Auditor Substituto de Conselheiro é membro do Tribunal.

Note-se que não foi essa a determinação da Carta Federal. Entrância não se confunde com Instância. E o legislador constitucional equipara o Auditor Substituto de Conselheiro a magistrado do Tribunal Regional Federal, portanto, juiz de 2ª Instância.

Entrância relaciona-se à quantidade de varas em determinada comarca, de modo que comarcas de vara única são de primeira entrância e as que possuem mais de uma vara são de segunda entrância até chegar à comarca de entrância especial (classificação conforme critérios da legislação de organização judiciária).

Por sua vez, Instância vincula-se a ideia de jurisdição. Dessa maneira, chamamos magistrados de 1ª instância, ou de 1º grau, aqueles que decidem em regra singularmente, por meio de sentenças. Já os magistrados de 2ª instância ou de 2º grau, são membros dos Tribunais, atuam ordinariamente em órgãos colegiados que se manifestam através de acórdãos. Reiteramos que o legislador constitucional originário atribuiu ao Auditor, Substituto de Ministro ou de Conselheiro, a magistratura ordinária de Juiz de Tribunal Regional Federal; logo, as normas postas nas Constituições Estaduais ou Leis Orgânicas Municipais (RJ e SP) devem obrigatoriamente seguir essa determinação.

A título de exemplificação prática, o impacto gerado por isso pode ser vislumbrado quando do momento em que uma dessas garantias se efetiva. Isso porque, dentre as garantias constitucionais previstas, a vitaliciedade só será atribuída aos magistrados de 1ª instância após dois anos de efetivo exercício, conforme texto contido no artigo 95, I da Constituição Federal:

> Art. 95. Os juízes gozam das seguintes garantias:
> I – vitaliciedade, que, no primeiro grau, só será adquirida após dois anos de exercício, dependendo a perda do cargo, nesse período, de deliberação do tribunal a que o juiz estiver vinculado, e, nos demais casos, de sentença judicial, transitada em julgado;

Desse modo, ao equiparar as garantias dos Auditores, Substitutos de Conselheiros, às de magistrados de 1º grau, algumas Constituições Estaduais vinculam a aquisição da garantia da vitaliciedade dos mesmos, ao decurso temporal de dois anos após a posse no cargo, diferentemente do que propõe o texto constitucional que, ao equiparar os Ministros dos Tribunais de Contas aos Ministros do STJ e os Auditores Substitutos de

Ministros, aos magistrados do Tribunal Regional Federal, preveem uma aquisição instantânea, desde a posse no cargo, de todas as garantias, inclusive, da vitaliciedade que, por meio de um raciocínio hermenêutico, reflete a real preocupação do legislador da Carta Magna, conforme análise acima demonstrada.

Por uma questão, portanto, de observância aos fenômenos da supremacia e rigidez constitucionais, bem como em prol da ordem jurídica, torna imprescindível que tais Constituições Estaduais revejam suas normativas, adequando seus textos ao disposto na lei maior, conferindo aos Conselheiros dos Tribunais de Contas Estaduais, bem como aos Auditores Substitutos de Conselheiros, as mesmas garantias, prerrogativas, impedimentos e vedações previstas aos magistrados de *Instância* superior, membros de Tribunal, de modo a garantir a aplicabilidade imediata de todas as garantias institucionais, a fim de resguardar o exercício autônomo e independente do controle e da fiscalização por eles realizados.

Em idêntico sentido, citamos o posicionamento de alguns doutrinadores:

Para Lucas Furtado:[194]

> o cargo de auditor do Tribunal de Contas de União (que tem como principal atribuição substituir os Ministros da Corte – cf. art. 73 §4º) constitui exceção única à sistemática de aquisição de vitaliciedade. A investidura no cargo pressupõe prévia aprovação em concurso público, *mas a vitaliciedade dá-se com a posse.* (Grifo nosso).

Na mesma esteira temos o posicionamento de Juarez Freitas,[195] para quem:

> Antes da Emenda Constitucional 19/98, no campo da bem distinta estabilidade do servidor público, não se afigurava condição obrigatória a aprovação no estágio probatório para adquiri-la. Mudou o quadro apenas com o advento da referida Emenda Constitucional. E o fez nitidamente. Com a mesma clareza, não assim pretendeu fazê-lo a Emenda Constitucional 45/04. Manteve, em determinadas situações, o vitaliciamento direto ou a partir da posse no cargo (v.g. em juízes do Quinto Constitucional ou Ministros do STF e do TCU e, ainda, no

---

[194] FURTADO, Lucas Rocha. *Curso de Direito Administrativo.* Belo Horizonte: Fórum, 2007. p. 951.

[195] FREITAS, Juarez. *A interpretação sistemática do Direito.* São Paulo: Malheiros, 2004.

caso excepcional do art. 73, §4º, da CF), coisa impossível em matéria de estabilidade. Não estabeleceu o prazo de três anos para a aquisição da estabilidade.

A fim de não deixar brechas, em nosso raciocínio, é importante, ainda, recordar alguns fatos relevantes decorrentes da Emenda Constitucional nº 45, de 30 de dezembro 2004,[196] que em seu art. 4º, extinguiu os Tribunais de Alçada, órgãos da justiça Estadual, criados pela Constituição Federal do Brasil de 1946, no inciso II, do artigo 124, tendo sido instituídos São Paulo, Rio de Janeiro, Paraná, Rio Grande do Sul e Minas Gerais, cujos magistrados eram denominados Juízes do Tribunal de Alçada e, como tais, gozavam do *status* de magistrados de 2ª instância.

Observamos que, especificamente, nos Estados de Minas Gerais e Rio Grande do Sul, o Auditor Substituto de Conselheiro teve a sua magistratura equiparada aos Juízes dos Tribunais de Alçada, magistrado de segunda instância, por força de dispositivo posto nas Constituições desses Estados. Todavia, com o surgimento da Emenda Constitucional nº 45 de 2004 e, portanto, com o fim dos Tribunais de Alçada, mister se tornou reformular os dispositivos que faziam menção a essa espécie de Tribunal e, dentre eles, encontravam-se os que definiam o *status* da magistratura dos Auditores Substitutos de Conselheiros como análogo à magistratura dos juízes de alçada.

Reformular, contudo, pressupõe manter o padrão existente, seguindo os limites e parâmetros balizados pela Constituição da República (conforme explicado acima, no que diz respeito à rigidez constitucional).

Ressaltamos ainda que o texto da Emenda Constitucional nº 45 de 2004 determinava, expressamente, que "Ficam extintos os tribunais de Alçada, onde houver, passando os seus membros a *integrar os Tribunais*

---

[196] "*Art. 4º* Ficam extintos os tribunais de Alçada, onde houver, passando os seus membros a integrar os Tribunais de Justiça dos respectivos Estados, *respeitadas a antiguidade e classe de origem.*
Parágrafo único. No prazo de cento e oitenta dias, contado da promulgação desta Emenda, *os Tribunais de Justiça, por ato administrativo, promoverão a integração dos membros dos tribunais extintos em seus quadros,* fixando-lhes a competência e remetendo, em igual prazo, ao Poder Legislativo, proposta de alteração da organização e da divisão judiciária correspondentes, assegurados os direitos dos inativos e pensionistas e o aproveitamento dos servidores no Poder Judiciário estadual" (BRASIL. *Emenda Constitucional nº 45*, de 30 de dez. de 2004. Altera dispositivos dos arts. 5º, 36, 52, 92, 93, 95, 98, 99, 102, 103, 104, 105, 107, 109, 111, 112, 114, 115, 125, 126, 127, 128, 129, 134 e 168 da Constituição Federal, e acrescenta os arts. 103-A, 103B, 111-A e 130-A, e dá outras providências. Brasília, DF, 2004). (Grifos nossos).

de Justiça dos respectivos Estados, respeitadas a antiguidade e classe de origem",[197] não dando margem a dúvidas ou interpretações diferentes: os magistrados dos Tribunais de Alçada (e os a ele equiparados), passariam a contar, após a publicação da Emenda e a consequente extinção desses Tribunais, com o *status* de desembargadores, ou seja, *magistrados dos Tribunais de Justiça Estaduais.*

Tal determinação foi parcialmente observada pela Constituição Estadual do Rio Grande do Sul. Nesse caso a inconstitucionalidade se deu no momento em que o legislador estadual reduziu em 5% os subsídios do Auditor Substituto contrariando: a) a EC 45/04 (que determinou que os Juízes de Alçada, cuja magistratura por força da Constituição Estadual era análoga a do Auditor Substituto de Conselheiro do TCERS, fossem integrados, sem qualquer mitigação salarial, ao Tribunal de Justiça); b) a própria CF/88, que, sem qualquer reservas, informa que a magistratura do Auditor tem as mesmas garantias e impedimentos do Juiz de Tribunal Regional Federal.

O entendimento legal, regimental e hermenêutico que afasta a distinção dos subsídios recebidos por magistrados lotados em um mesmo Tribunal está positivado pela regra contida no art. 6º, da Resolução nº 72/2009, do Conselho Nacional de Justiça, que garante aos juízes de primeiro grau convocados para exercer função de substituição ou auxílio nos tribunais, o recebimento, exclusivo, da diferença de remuneração para o cargo de Desembargador.[198]

O mesmo ocorre nos Tribunais Superiores que seguem o disposto na Lei nº 11.365/2006, que regulamenta a remuneração dos membros do CNJ e afirma, em seu art. 2º, que os demais membros, detentores de vínculo efetivo com o poder público, manterão a remuneração que percebem no órgão de origem, acrescida da diferença entre esta, se de menor valor, e o subsídio remuneratório fixado em lei.[199]

No âmbito do STF, a matéria é regulada pela Resolução nº 413/2009, que regulamenta a designação de magistrados para atuação como Juiz

---

[197] *Ibidem*, grifos nossos.

[198] BRASIL. Conselho Nacional de Justiça. *Resolução nº 72*, de 31 de março de 2009. Dispõe sobre a convocação de juízes de primeiro grau para substituição e auxílio no âmbito dos Tribunais estaduais e federais. Brasília, DF, 2009. Disponível em: http://www.cnj.jus.br/busca-atos-adm?documento=2760,%20acesso%20em%2019/07/2018. Acesso em: 14 ago. 2019.

[199] BRASIL. *Lei nº 11.365*, de 26 de outubro de 2006. Dispõe sobre a remuneração dos membros do Conselho Nacional de Justiça. Brasília, DF, 2006. Disponível em: http://www.planalto.gov.br/ccivil_03/_Ato2004-2006/2006/Lei/L11365.htm. Acesso em: 14 ago. 2019.

Auxiliar do Supremo Tribunal Federal, em auxílio à Presidência e aos Ministros, cuja regra, contida no seu art. 6º, determina que os magistrados manterão o subsídio que percebem no órgão de origem, acrescido da diferença entre este e o subsídio de ministro do Superior Tribunal de Justiça, ou seja, estabelece o subsídio dos Ministros como remuneração paradigma para todos os magistrados lotados no Tribunal.[200]

O sistema jurídico constitucional em vigor demonstra claramente que os magistrados convocados para atuar nos Tribunais ou mesmo no CNJ fazem jus à remuneração paradigma praticada no órgão. A regra aplicada pelos Tribunais de Justiça, Tribunais Superiores, CNJ e Supremo Tribunal Federal é harmônica ao determinar que se acresça ao subsídio original do magistrado convocado uma gratificação para que anule a diferença em relação aos subsídios dos membros do órgão.

No caso do Auditor Substituto de Ministro ou Conselheiro, magistrados de contas, membros dos Tribunais de Contas, não paira qualquer dúvida de que esses juízes fazem jus à remuneração paradigma praticada no Tribunal no qual exercem a judicatura. Trata-se de direito fundamental já consolidado em relação aos magistrados convocados temporariamente para os Tribunais de Justiça, Tribunais Superiores, CNJ e STF, devendo ser essa regra isonômica obrigatoriamente aplicada aos Tribunais de Contas brasileiros pois, como já demonstrado, não é cabível diferenciação remuneratória em relação a magistrados que atuem no mesmo órgão.

Quadro 1 – Constituição do Estado do Rio Grande do Sul

(continua)

Antes da E.C. 45/2004	Depois da E.C. 45/2004
Art. 74. (...) §1º – Os Conselheiros do Tribunal de Contas terão as mesmas garantias, prerrogativas, impedimentos, vencimentos e vantagens dos *Desembargadores do Tribunal de Justiça do Estado* e somente poderão aposentar-se com as vantagens do cargo quando o tiverem exercido efetivamente por mais de cinco anos.	Art. 74. (...) §1º – Os Conselheiros do Tribunal de Contas terão as mesmas garantias, prerrogativas, impedimentos, vencimentos e vantagens dos *Desembargadores do Tribunal de Justiça do Estado* e somente poderão aposentar-se com as vantagens do cargo quando o tiverem exercido efetivamente por mais de cinco anos.

---

[200] BRASIL. Supremo Tribunal Federal. *Resolução nº 413*, de 1º de outubro de 2009. Regulamenta o inciso XVI-A do art. 13 do Regimento Interno e dá outras providências. Brasília, DF, 2009. Disponível em: http://www.stf.jus.br/ARQUIVO/NORMA/RESOLUCAO413-2009.PDF. Acesso em: 14 ago. 2019.

CAPÍTULO 2
DOS TRIBUNAIS DE CONTAS E DO MINISTÉRIO PÚBLICO DE CONTAS COMO ÓRGÃOS DE CONTROLE | 141

(conclusão)

Antes da E.C. 45/2004	Depois da E.C. 45/2004
Art. 74. (...) §2º – Os auditores substitutos de Conselheiros, em número de sete, nomeados pelo Governador após aprovação em concurso público de provas e de títulos realizado pelo Tribunal de Contas, na forma de sua Lei Orgânica, terão, quando em substituição a Conselheiro, as mesmas garantias, impedimentos, vencimentos e vantagens do titular e, quando no exercício das demais atribuições da judicatura, os *dos Juízes do Tribunal de Alçada.*	Art. 74. (...) §2º – Os Auditores Substitutos de Conselheiro, em número de sete, nomeados pelo Governador do Estado após aprovação em concurso público de provas e títulos realizado pelo Tribunal de Contas, na forma de sua Lei Orgânica, terão *as mesmas garantias e impedimentos dos Conselheiros,* e subsídios que corresponderão a noventa e cinco por cento dos subsídios de Conselheiros, e quando em substituição a esses, também os mesmos vencimentos do titular. (Redação dada pela Emenda Constitucional n° 51, de 30.11.05).

Fonte: Elaborado pelo autor.

No Estado de Minas Gerais, em sentido diverso, sem qualquer justificativa plausível, o legislador estadual, através da EC n° 63, que alterou dispositivos da Constituição do Estado, com o objetivo de promover a unificação da Segunda Instância da Justiça Comum Estadual em consequência da extinção dos Tribunais de Alçada, cujos membros, os juízes de alçada, foram alocados como Desembargadores no TJMG, simplesmente rebaixou o *status* da magistratura dos Auditores Substitutos de Conselheiros, equiparando-os a magistrados de 1ª instância, conforme podemos visualizar na tabela abaixo:

Quadro 2 – Constituição do Estado de Minas Gerais

(continua)

Antes da E.C. 45/2004	Depois da E.C. 45/2004
Art. 78. (...) §4º – O Conselheiro do Tribunal de Contas tem as *mesmas garantias, prerrogativas, impedimentos, vencimentos e vantagens do Desembargador* e somente pode aposentar-se com as vantagens do cargo quando o tiver exercido efetivamente por mais de cinco anos. (Parágrafo com redação na versão original.)	Art. 78. (...) §4º – O Conselheiro do Tribunal de Contas tem as *mesmas garantias, prerrogativas, impedimentos e subsídio do Desembargador,* aplicando-se lhe, quanto a aposentadoria e pensão, as normas constantes no art. 36 desta Constituição. (Parágrafo com redação dada pelo art. 19 da Emenda à Constituição n° 84, de 22.12.2010.) (*Vide* Lei Complementar n° 102, de 17.1.2008.)

(conclusão)

Antes da E.C. 45/2004	Depois da E.C. 45/2004
Art. 79. (...) §1º – O Auditor tem *garantias e impedimentos do Juiz do Tribunal de Alçada* e, quando em substituição a Conselheiro, os mesmos direitos, garantias e impedimentos deste. (Parágrafo com redação na versão original.)	Art. 79. (...) §1º – O Auditor tem os *mesmos impedimentos e garantias do Juiz de Direito de entrância mais elevada* e, quando em substituição a Conselheiro, os mesmos impedimentos e garantias deste. (Parágrafo com redação dada pelo art. 2º da Emenda à Constituição nº 78, de 5.10.2007.)

Fonte: Elaborado pelo autor.

Afora o já exposto, não é demais lembrar que, com tais previsões, as Constituições Estaduais estão ferindo limites explícitos ao poder constituinte estadual, já que todos os limites estabelecidos para o constituinte derivado, na seara federal, também devem ser obedecidos pelo legislador infraconstitucional.

É notório que o legislador infraconstitucional está submetido a uma série de limitações no exercício de suas funções legiferantes, mormente no que se refere a leis que possam atentar contra cláusulas pétreas, direitos fundamentais e princípios e regras constitucionais.

Os direitos fundamentais e os princípios que embasam o nosso ordenamento jurídico devem ser observados quando da produção das demais normas jurídicas, por se tratarem de um verdadeiro sistema.

Tais limitações, determinadas pela Lei Maior, são essenciais ao Estado de Direito por estabelecer uma verdadeira ordem jurídica, controlando atividades autoritárias de modo a proteger a ordem jurídica constitucional e garantir o equilíbrio que deve existir entre o exercício do poder e a liberdade.

Neste contexto, não observando, o legislador infraconstitucional, os limites estabelecidos na Carta Magna, sua atividade será considerada inconstitucional.

No caso em tela, é patente que as Constituições Estaduais, a par do previsto na Constituição da República Federativa, acerca dos direitos, garantias, prerrogativas e impedimentos atribuídos aos Ministros e Auditores Substitutos de Ministros, estabeleceram garantias para os Auditores Substitutos de Conselheiros, nos Estados, aquém do previsto na Lei Maior.

Não é demais reiterar que a Constituição da República Federativa do Brasil não previu, em momento algum, magistrados de Tribunal de Contas como juízes de 1ª instância, como fez com relação ao Poder Judiciário, equiparando-os, desde logo, a magistrados de instância superior (magistrados do STJ e do Tribunal Regional Federal). Neste passo, a magistratura do Auditor Substituto de Ministro ou de Conselheiro, no TCU ou nos demais Tribunais de Contas, deve seguir o disposto na Constituição da República de 1988, sendo incompatíveis com o ordenamento jurídico constitucional, as regras Estaduais que retiram o Auditor, magistrado de contas, da condição de magistrado membro do Tribunal e, no mesmo sentido, incompatíveis, também, as regras que mitigam a judicatura desses magistrados a uma atuação diferente da magistratura de Juiz do Tribunal Regional Federal, também legalmente denominado Desembargador Federal.

Infere-se, portanto, que o fundamento jurídico da vitaliciedade dos magistrados de contas, bem como das demais garantias e prerrogativas funcionais, encontra embasamento na própria Constituição Federal, nesse passo, e a Lei Orgânica do TCU, nos mesmos moldes das Constituições Estaduais, possuem caráter regulamentar, limitado ao previsto na Lei Maior, de maneira que, podemos afirmar que, por força do disposto no artigo 75 da Carta Magna, os Tribunais de Contas dos Entes Federativos deverão seguir o modelo previsto na Constituição, para o TCU, no tocante a sua organização e composição, observando, dentre eles, o disposto com relação às garantias, prerrogativas e impedimentos necessários para o fiel e justo exercício das suas funções de judicatura.

2.2.1.4 Composição dos Tribunais de Contas e sua estruturação

Também conhecido pela denominação "Corte de Contas", o Tribunal de Contas da União tem a sua estrutura disposta na Constituição Federal que, em seu artigo 73, determina os critérios para a escolha de seus Ministros, que serão, ao todo, nove (consoante o disposto na Lei Orgânica nº 8.443/92), escolhidos dentre brasileiros que preencham os requisitos abaixo elencados:

I – mais de trinta e cinco e menos de sessenta e cinco anos de idade;
II – idoneidade moral e reputação ilibada;
III – notórios conhecimentos jurídicos, contábeis, econômicos e financeiros ou de administração pública;
IV – mais de dez anos de exercício de função ou de efetiva atividade profissional que exija os conhecimentos mencionados no inciso anterior.

A Carta Magna institui também, no parágrafo 4º do artigo supracitado, a figura dos Auditores, magistrados de contas que exercem as atribuições legais de judicatura, bem como substituem os Ministros em sua ausência.

Os Tribunais de Contas poderão se dividir em Câmaras, funcionando o Plenário, conforme a natureza e a importância das matérias fiscalizadas, tanto como uma espécie de instância recursal quanto como detentor de competência originária.

A estrutura dos Tribunais de Contas é formada por quatro órgãos distintos:

a) Plenário – É o órgão deliberativo que pode ser dividido em Tribunal Pleno e Câmaras (conforme destacamos acima). É composto por ministros e ministros substitutos. Além desses ministros, ainda atua, junto ao Plenário, um representante do Ministério Público.

b) Ministério Público de Contas – É composto por um procurador-geral, subprocuradores-gerais e procuradores.

c) SECEXS – Órgãos técnicos denominados Secretarias de Controle Externo, que realizam a auditorias, inspeções, levantamentos, tomada de contas e vários outros procedimentos de fiscalização.

d) Os órgãos de apoio administrativo.

Em geral, as deliberações dos Tribunais de Contas são decididas pelo Plenário (instância máxima do órgão) ou por uma das duas Câmaras na forma regimental, sendo imprescindível a presença do representante do Ministério Público de Contas no Tribunal nas sessões de julgamento ou administrativas.

É importante ressaltar que, a partir de 1946, os Estados passaram a constituir seus próprios Tribunais de Contas. Porém, a denominação de seus membros que, à época, eram chamados Ministros ficou, por força da Emenda Constitucional nº 01/1969, restrita aos integrantes do Poder Judiciário e à esfera federal. Desde então, esses Ministros dos Tribunais passaram a ser chamados de Conselheiros.

A Carta Magna brasileira equiparou os Ministros do TCU aos Ministros do STJ, assegurando-lhes as mesmas garantias, prerrogativas, impedimentos, vencimentos e vantagens e aplicando, para efeitos de aposentadoria, as normas contidas no art. 40. Paralelamente, os

Auditores – também denominados Ministros Substitutos – são equiparados aos Juízes de Tribunal Regional Federal, também legalmente denominados Desembargadores Federais.

Salientamos, ainda, que o período de dois anos necessário para a aquisição da vitaliciedade dos Juízes Substitutos de 1º grau do Poder Judiciário não se aplica aos magistrados dos Tribunais de Contas, visto que estes são desde logo magistrados de 2º grau por conta de o preenchimento do cargo ser efetivado diretamente no Tribunal. Sendo assim, depois de empossados, esses agentes só podem perder o cargo após sentença transitada em julgado.

Os Tribunais de Contas dos Estados são integrados por sete Conselheiros, observados os mesmos requisitos constitucionais previstos para os Ministros do TCU, por determinação expressa da Constituição Federal, que, em seu artigo 75, determina:

> Art. 75. As normas estabelecidas nesta seção aplicam-se, no que couber, à organização, composição e fiscalização dos Tribunais de Contas dos Estados e do Distrito Federal, bem como dos Tribunais e Conselhos de Contas dos Municípios. Parágrafo único. As Constituições estaduais disporão sobre os Tribunais de Contas respectivos, que serão integrados por sete Conselheiros.

Com relação ao modo de escolha dos Conselheiros que compõem o Tribunal de Contas dos Estados, o entendimento pacificado é de que deve ser adotado o modelo do TCU, no que for possível, sendo, portanto, da seguinte forma:

a) quatro Conselheiros deverão ser eleitos pela Assembleia Legislativa;

b) os outros três deverão ser nomeados pelo Chefe do Poder Executivo do Estado-Membro e, dentre esses, apenas *um* deverá ser de livre nomeação do Governador do Estado. Os demais deverão ser nomeados pelo Chefe do Poder Executivo local, necessariamente dentre os que ocupam cargos de Auditor, legalmente denominado Conselheiro Substituto, ou de Procurador do Ministério Público de Contas, consoante o disposto na Súmula 653 do STF.

Corroborando o disposto acima, citamos as palavras do então Ministro do STF, Eros Grau, no julgamento da ADI nº 3.361-MC, publicado em 22.04.2005:

(...) É firme o entendimento de que a estrutura dos Tribunais de Contas dos Estados-Membros deve ser compatível com a Constituição do Brasil, sendo necessário, para tanto, que, dos sete Conselheiros, quatro sétimos sejam indicados pela Assembleia Legislativa e três sétimos pelo Chefe do Poder Executivo. Precedentes. Há igualmente jurisprudência consolidada no que tange à clientela à qual estão vinculadas as nomeações do Governador. Apenas um provimento será de livre escolha: as duas vagas restantes deverão ser preenchidas, necessariamente, uma por ocupante de cargo de Auditor do Tribunal de Contas e a outra por membro do Ministério Público junto àquele órgão.[201]

Há muitas polêmicas em torno da escolha política dos membros dos Tribunais de Contas. Diversos movimentos de combate à corrupção entendem que a efetividade do Controle Externo exige necessariamente mudanças nesse cenário. A Estratégia Nacional de Combate à Corrupção e à Lavagem de Dinheiro (ENCCLA), fórum que reúne mais de 70 órgãos públicos e entidades privadas ligadas à prevenção e à repressão da corrupção e da lavagem de dinheiro, em sua XV Plenária, realizada entre 20 e 24 de novembro de 2017, em Campina Grande/PB, em nota pública declarou que:

> Considerando os recentes afastamentos de membros de Tribunais de Contas por supostos envolvimentos em graves atos ilícitos;
> Considerando a importância constitucional do controle das contas públicas atribuída ao sistema de Cortes de Contas;
> DECLARA:
> Apoio à discussão sobre a necessidade de aperfeiçoamento dos processos de escolha dos ministros e conselheiros dos Tribunais de Contas brasileiros, prezando por critérios técnicos, éticos e transparentes.[202]

No mesmo sentido, existem várias propostas de emendas à Constituição tratando do assunto. Marianna Willeman, por exemplo, afirma que:

> As interferências externas envolvem precipuamente o modelo de recrutamento dos membros das instâncias decisórias. Como foi visto, acredita-se que expressivo aprimoramento pode ser obtido mediante

---

[201] BRASIL. Supremo Tribunal Federal. ADI nº 3.361-MC. Rel. Ministro Eros Grau. *DJ*, 22.04.2005.

[202] ENCCLA. *Ações de 2018*. XV Reunião Plenária da Estratégia Nacional de Combate à Corrupção e à Lavagem de Dinheiro. Campina Grande-PB, 20 a 24 de novembro de 2017. Disponível em: https://www.justica.gov.br/sua-protecao/lavagem-de-dinheiro/enccla/acoes-enccla/acoes-de-2018. Acesso em: 14 ago. 2019.

simples avanço jurisprudencial, que perfilhe escrutínio mais rígido a respeito dos requisitos constitucionais exigidos para o provimento daqueles cargos. A aposta dirigida à contribuição do Poder Judiciário decorre da ausência de perspectiva quanto a iniciativas legislativas que busquem refletir, com profundidade sobre o modelo de composição das Cortes de Contas.[203]

Já no que diz respeito à observância dos requisitos constitucionais para composição dos membros dos Tribunais de Contas, compete à Corregedoria do respectivo Tribunal analisar documentos e investigar a vida pregressa do candidato ao cargo vitalício, nos mesmos moldes aplicados aos demais servidores, indicando em processo conclusivo, respeitadas as garantias processuais, opinião positiva ou negativa em favor da posse.

2.2.1.5 Das funções e da natureza jurídica dos Tribunais de Contas

No que se refere às funções ou competência dos Tribunais de Contas, é importante ressaltar, em primeiro plano, que a Legislação Magna brasileira consagrou uma simetria aos entes da federação, de modo que se afere, em decorrência disso, que a competência entre os Tribunais de Contas da União e dos Estados – bem como daqueles que possuem Tribunal de Contas do(s) Município(s) – deverá observar essa similaridade, sem olvidar de suas peculiaridades e determinações especiais, devidamente previstas no texto constitucional, em seu artigo 71.

Conforme a Constituição da República Brasileira, o Tribunal de Contas é um Tribunal Administrativo, cuja finalidade precípua é julgar as contas dos administradores públicos e demais responsáveis pela receita, patrimônio e valores públicos. Isso significa que os tribunais fiscalizam órgãos dos Poderes Legislativo, Executivo e Judiciário, das entidades da administração indireta, entidades paraestatais, bem como qualquer pessoa física ou jurídica, pública ou privada, que utilize, arrecade, guarde, gerencie ou administre dinheiro, bens e valores públicos.

---

[203] WILLEMAN, Marianna Montebello. *Accountability Democrática e o Desenho Institucional dos Tribunais de Contas*. Belo Horizonte: Fórum, 2017. p. 324.

Desta feita, observamos que a competência dos Tribunais de Contas envolve as funções fiscalizadora, judicante, sancionadora, consultiva, informativa, corretiva, normativa, de ouvidoria e pedagógica. Analisando-as especificamente, temos:

a) *Função FISCALIZADORA* – É a que se refere à realização de inspeção e auditorias em órgãos e entes da administração direta e indireta, com vistas a examinar a legalidade, a aplicação das transferências de recursos entre os órgãos, o endividamento público, o cumprimento da Lei de Responsabilidade Fiscal, as licitações e demais atos administrativos. Tais auditorias e/ou inspeções, poderão se dar por iniciativa própria ou mediante requerimento do Poder Legislativo, para a apuração de denúncia em órgãos e entidades federais ou programas de governo, para apreciação da legalidade de atos de concessão de aposentadorias, reformas, pensões, admissão de pessoal, fiscalização de renúncia de receitas e atos e contratos administrativos gerais.

No exercício de sua função fiscalizadora, o Tribunal de Contas atuará sobre alocação de recursos humanos e materiais, em busca de avaliar a administração dos recursos públicos. Para tanto, necessitará utilizar os seguintes instrumentos:

a.1) Levantamento – instrumento por meio do qual o Tribunal de Contas busca compreender o funcionamento do órgão ou entidade pública a fim de identificar os sinuosos caminhos de sua organização e, desse modo, identificar os objetos e instrumentos que devem ser fiscalizados, avaliando a viabilidade de sua realização;

a.2) Auditoria – trata-se do instrumento que possibilita a verificação, no local, da legalidade e legitimidade dos atos administrativos, em seus aspectos contábil, financeiro, orçamentário e patrimoniais, analisando os possíveis resultados que podem ser alcançados;

a.3) Inspeção – refere-se à forma de obter informações não disponíveis no Tribunal com o objetivo de esclarecer dúvidas referentes aos procedimentos e apurar os fatos trazidos por meio de denúncias ou representações;

a.4) Acompanhamento – tem o objetivo de monitorar e avaliar a gestão dos órgãos, das entidades ou dos programas do governo durante certo tempo, devidamente estimado. Além disso, o acompanhamento busca aferir o cumprimento das deliberações proferidas pelo Tribunal e seus resultados.

b) *Função JUDICANTE* – trata-se de uma função que, em regra, facilmente é confundida com a *Jurisdicional*. Porém, frente ao princípio constitucional da unicidade da jurisdição, é deveras contraditório o posicionamento no tocante à possibilidade de os Tribunais de Contas exercerem função *Jurisdicional*. Contudo, a função judicante não se confunde com a função jurisdicional e refere-se à competência, prevista no art. 71 da Carta Magna brasileira, que determina que caberá ao TCU o julgamento das contas dos administradores e demais responsáveis por dinheiro, bens e valores públicos, a fim de analisar sua validade, sua regularidade forma e material, bem como de avaliar se está atendendo aos fins públicos determinados por lei. Também cabe à função judicante apreciar, examinar, analisar e emitir pareceres, competindo aos ministros ou auditores do Tribunal relatar esses processos, votar e submeter aos seus pares, logo após a análise e instrução preliminar dos órgãos técnicos da secretaria do Tribunal, propostas de acórdãos.

No que toca à questão efetivamente jurisdicional, trata-se de tema deveras polêmico e, dentre os doutrinadores que discordam da atribuição da característica de jurisdicionalidade aos julgamentos de contas por parte dos Tribunais de Contas, destacamos a opinião de Gualazzi,[204] segundo o qual:

> Por outro lado, igualmente, nos parece, em uníssono com José Cretella Júnior, que a jurisdição, stricto sensu, em termos científicos, é exercida exclusivamente pelo Poder Judiciário, que detém, no Brasil, o monopólio da competência constitucional de aplicar o Direito contenciosamente, a casos concretos, em lides qualificadas por uma pretensão resistida, com observância dos princípios do contraditório, da ampla defesa, do juiz natural e da coisa julgada formal e material, tudo em consonância com o art. 5º (XXXV) da Constituição da República Federativa do Brasil, de 5 de outubro de 1988.
>
> Sob aspecto jurídico, não há como supor ou imaginar que o Tribunal de Contas seja órgão com natureza, substância, essência material intrínseca de órgão jurisdicional, judiciante, cujas decisões produzam a coisa julgada, com definitividade.

Seabra Fagundes,[205] por outro lado, entende que

> Duas exceções restritas admite a Constituição ao monopólio jurisdicional do Poder Judiciário, no que concerne à matéria contenciosa administrativa.
>
> A primeira diz respeito aos crimes de responsabilidade do presidente da República, dos ministros de Estado, quando conexos com os desse, e

---

[204] GUALAZZI, Eduardo Lobo Botelho. *Regime Jurídico dos Tribunais de Contas*. São Paulo: Revista dos Tribunais, 1992. p. 186.

[205] SEABRA FAGUNDES. *O controle dos atos administrativos pelo Poder Judiciário*. 4. ed. Rio de Janeiro: Forense, 1967. p. 139.

dos ministros do Supremo Tribunal Federal. O seu julgamento competirá ao Congresso.

A segunda se refere ao julgamento da regularidade das contas dos administradores e demais responsáveis pela guarda ou aplicação de bens ou fundos públicos atribuído ao Tribunal de Contas.

É fato relevante e inegável que o Tribunal de Contas exerce importante papel em um Estado Democrático de Direito como o Brasil. Em regra, por serem as decisões dos Tribunais de Contas extremamente complexas e técnicas, só há revisão por parte do Poder Judiciário em casos de comprovada ilegalidade.

No que concerne a essa questão, Odete Medauar e Maria Sylvia di Pietro discordam da atribuição jurisdicional aos Tribunais de Contas.

Medauar[206] entende que as terminologias "*tribunal*" e "*julgar contas*" utilizadas pela legislação não garantem aos Tribunais de Contas a natureza jurisdicional de suas funções, enquanto Di Pietro[207] entende que:

> porque o Tribunal apenas examina as contas, tecnicamente e não aprecia a responsabilidade do agente público, que é de competência exclusiva do Poder Judiciário; por isso se diz que o julgamento das contas é uma questão prévia, preliminar, de competência do Tribunal de Contas, que antecede o julgamento do responsável pelo Poder Judiciário.

Na prática, o posicionamento acima transcrito não merece acolhida, pois significaria esvaziar o poder normativo do texto constitucional e inviabilizar a efetividade das ações de controle e de responsabilização dos agentes que utilizem, arrecadem, guardem, gerenciem ou administrem dinheiro, bens e valores públicos, tornando também letra morta artigos da Lei da Ficha Limpa, da Lei de Responsabilidade Fiscal e de muitas outras que conferem poderes sancionatórios aos Tribunais de Contas.

Nessa mesma linha, o próprio STF vem, desde a Constituição de 1946, reconhecendo a função jurisdicional do Tribunal de Contas: No voto apresentado pelo Ministro Villas Boas, no julgamento do Mandado de Segurança de nº 5.490, o STF entendeu que "o Tribunal de

---

[206] MEDAUAR, Odete. *Direito Administrativo moderno*. 21. ed. Belo Horizonte: Fórum, 2018. p. 387.

[207] DI PIETRO, Maria Sylvia Zanella. *Direito Administrativo*. 30. ed. Rio de Janeiro: Forense, 2017. p. 988.

Contas exerce a sua competência jurisdicional, livremente, à maneira de um órgão do Poder Judiciário, dizendo o direito como o interpreta".[208] Com a promulgação da Constituição de 1988, o posicionamento do STF a respeito da questão não mudou. Pelo contrário, o Supremo passou a, inclusive, reconhecer uma ampliação da esfera de competência dos Tribunais de Contas, proferindo o seguinte relato ao julgar o MS nº 21.466:[209]

> Com a superveniência da nova Constituição, ampliou-se, de modo extremamente significativo, a esfera de competência dos Tribunais de Contas, os quais, distanciados do modelo inicial consagrado na Constituição republicana de 1891, foram investidos de poderes mais amplos, que ensejam, agora, a fiscalização contábil, financeira, orçamentária, operacional e patrimonial das pessoas estatais e das entidades e órgãos de sua administração direta e indireta.

Neste caso, o ministro Celso de Mello, relator desse acórdão, entendeu que:

> Nesse contexto, o regime de controle externo, institucionalizado pelo novo ordenamento constitucional, propicia, em função da própria competência fiscalizadora outorgada ao Tribunal de Contas da União, o exercício, por esse órgão estatal, de todos os poderes que se revelem inerentes e necessários à plena consecução dos fins que lhe foram cometidos.

Igual posicionamento restou demonstrado no julgamento do Recurso Especial nº 132.747 do STF, agora mediante apreciação do ministro Marco Aurélio:[210]

Nota-se, mediante leitura dos incs. I e II do art. 71 em comento, a existência de tratamento diferenciado, consideradas as contas do Chefe do Poder Executivo da União e dos administradores em geral. Dá-se, sob tal ângulo, nítida dualidade de competência, ante a atuação do Tribunal de Contas. Este aprecia as contas prestadas pelo Presidente da República e, em relação a elas, limita-se a exarar parecer, não chegando, portanto, a emitir julgamento.

---

[208] BRASIL. Supremo Tribunal Federal. MS nº 5.490. Pleno. Rel. Min. Antônio Villas Boas. Julg. 20.8.1958. *DJ*, 25 set. 1958.

[209] BRASIL. Supremo Tribunal Federal. MS nº 21.466. Pleno. Rel. Min. Celso de Melo. Julg. 6 maio 1994.

[210] BRASIL. Supremo Tribunal Federal. RE nº 132.747. Rel. Min. Marco Aurélio. *DJU*, 07.12.95. p. 42.610.

Já em relação às contas dos administradores e demais responsáveis por dinheiros, bens e valores públicos da administração direta e indireta, incluídas as fundações e sociedades instituídas e mantidas pelo Poder Público Federal, e às contas daqueles que deram causa à perda, extravio ou outra irregularidade de que resulte prejuízo para o erário, a atuação do Tribunal de Contas não se faz apenas no campo opinativo. Extravasa-o, para alcançar o do julgamento. Isto está evidenciado não só pelo emprego, nos dois incisos, de verbos distintos – apreciar e julgar – como também pelo desdobramento da matéria, explicitando-se, quanto às contas do Presidente da República, que o exame se faz "mediante parecer prévio" a ser emitido como exsurge com clareza solar, pelo Tribunal de Contas.

Assim, percebe-se que o STF apresentou diversas distinções referentes às funções diferenciadas exercidas pelo Tribunal de Contas, reafirmando as competências postas na Constituição de 1988.

c) *Função SANCIONADORA* – Trata-se de função imprescindível para a eficácia das decisões. Para Mileski,[211] se não houvesse sanção, o sistema de controle restaria esvaziado por falta de um elemento que impusesse ao administrador as determinações do Tribunal. Tais sanções, objetivam coibir possíveis irregularidades, bem como promover ressarcimentos ao erário, evitando maiores prejuízos ao patrimônio público. As sanções aplicadas pelos Tribunais de Contas abrangem: multas, declaração de idoneidade para contratar com a administração pública pelo prazo máximo de cinco anos, afastamento de dirigentes, decretação de indisponibilidade de bens por até um ano, declaração de inabilitação para o exercício de cargo de confiança, dentre outras mais, sem qualquer prejuízo as outras demais sanções cabíveis (civis, penais, eleitorais e/ou administrativas).

d) *Função CONSULTIVA* – Segundo Mileski,[212] mesmo sem previsão constitucional, esta tem sido uma das mais relevantes atribuições complementares dos Tribunais de Contas. Por meio desse instrumento, o Tribunal esclarece dúvidas formuladas por determinados gestores sobre normas e procedimentos relativos à fiscalização contábil, financeira, orçamentária, operacional e patrimonial. Tal prerrogativa está positivada na Lei Orgânica do TCU e nas Lei Orgânicas das demais Cortes de Contas. A resposta à consulta tem caráter normativo e constitui prejulgamento da tese, mas não do fato concreto.

---

[211] MILESKI, Hélio Saul. *O Controle da Gestão Pública*. São Paulo: Revista dos Tribunais, 2003. p. 328.

[212] *Ibidem*, p. 323.

e) *Função INFORMATIVA* – Trata-se da função que é exercida por meio de três atividades: envio de informações ao Legislativo com relação às fiscalizações realizadas, pertinentes ao resultado de inspeções e auditorias por parte do TCU; envio dos alertas especificados pela Lei de Responsabilidade Fiscal e, ainda, a atualização de dados importantes, que constem nas páginas da internet do órgão de contas, referente à atuação do Tribunal para auxiliar no controle social.

f) *Função CORRETIVA* – É a função que encontra disposição no art. 71, inciso IX, da Constituição da República, o qual determina que cabe aos Tribunais de Contas:

> IX – assinar prazo para que o órgão ou entidade adote as providências necessárias ao exato cumprimento da lei, se verificada ilegalidade;
> X – sustar, se não atendido, a execução do ato impugnado, comunicando a decisão à Câmara dos Deputados e ao Senado Federal (...)

Dessa forma, havendo irregularidade ou ilegalidade nos atos de gestão de quaisquer órgãos ou entidades públicas, caberá ao Tribunal de Contas fixar prazo para cumprimento da lei podendo, até mesmo, determinar a sustação do ato impugnado.

Trata-se, portanto, da função que autoriza os Tribunais de Contas a aplicarem sanções por ilegalidade de contas e despesas apresentadas pelos órgãos do governo. Essas decisões têm eficácia de título executivo. Todavia, a execução não compete aos Tribunais, e sim às entidades públicas beneficiárias que deverão executar o título por meio de suas procuradorias ou advocacias.

Ainda em relação à legitimidade para tal execução, em caso de omissão da Procuradoria do ente titular do direito constante no título executivo, entendemos tratar-se de um poder-dever do Ministério Público de Contas representar ao Ministério Público comum. Tendo em vista a indisponibilidade do interesse público, em caso de inércia do Promotor ou Procurador local, compete ao *Parquet* de Contas representar ao Procurador-Geral do Ministério Público Estadual/Federal.

Nesse sentido, chama-nos a atenção a ideia de que, quando um poder é conferido a alguém, ele pode ou não ser exercido, já que se trata de uma faculdade. Todavia, em se tratando de direito público, o que está em jogo são os interesses de uma coletividade. Sendo assim, os poderes administrativos são concedidos para proteção dos interesses dessa coletividade, de modo que são irrenunciáveis e constituem não uma mera faculdade, mas um dever, razão pela qual muitos doutrinadores passaram a chamar "poder-dever".

g) *Função NORMATIVA* – Esta função dos Tribunais de Contas diz respeito ao poder regulamentar, que é atribuído por meio de Lei Orgânica, e permite deliberações, instruções, atos normativos de sua competência, organização de processos sob sua responsabilidade e todos os demais atos pertinentes à sua administração, consoante disposição legal.

h) *Função de OUVIDORIA* – É a função que incumbe a receber denúncias e representações, relativas a irregularidades ou ilegalidades, que sejam comunicadas aos Tribunais de Contas pelos responsáveis pelo exercício do controle interno, pelas autoridades, cidadãos etc. Tal função está estritamente ligada à defesa dos interesses coletivos, sendo um excelente meio de controle social. Encontra-se prevista no art. 74, §2º, da Constituição da República, que assim prescreve:

> Cabe, outrossim, ao controle interno da própria corte de contas apresentar denúncias de que tenha conhecimento. O sigilo dos denunciantes e das apurações será preservado, a fim de viabilizar a correta apuração dos fatos submetidos à sua análise, bem como preservar a honra e imagem dos envolvidos, pelo menos até decisão final.

i) *Função PEDAGÓGICA* – Os Tribunais de Contas possuem um corpo técnico composto por servidores públicos altamente qualificados, que recebe atualização permanente em sua formação profissional e na atividade controladora. Dessa forma, esses servidores, com o advento da Lei de Responsabilidade Fiscal, estão conscientes que é melhor ensinar do que penalizar. Acerca disso, Mileski[213] afirma que os Tribunais de Contas passaram a desenvolver uma função pedagógica, realizando encontros técnicos, seminários, programas de orientação e cursos específicos em cada área de conhecimento, promovendo a formação e o aprimoramento dos servidores públicos, especialmente os municipais.

Realizado o exame preliminar da denúncia apresentada, o tribunal ordenará o acolhimento desta, determinando que seja devidamente apurada ou então, caso entenda que não preencheu os requisitos previstos em lei, arquivada.

Além disso, o STF já havia reconhecido, por meio da Súmula nº 347, que os Tribunais de Contas possuem, também, competência para apreciar a constitucionalidade de leis e atos do poder público, razão pela qual muitos afirmam que as atribuições dos Tribunais de Contas

---

[213] *Ibidem*, p. 326.

ultrapassam as discussões sobre a legalidade no controle financeiro e orçamentário, além do contábil, operacional e patrimonial.

É certo, contudo, que muitos questionam a respeito da validade e/ ou vigência da súmula supramencionada, alegando tratar-se de súmula revogada diante do novo texto constitucional.[214]

O Ministro Alexandre de Moraes, por exemplo, defende a ideia de que a análise acerca da constitucionalidade ou não de leis não compete aos Tribunais de Contas, visto que, segundo seu entendimento, isso violaria o princípio da separação dos poderes.

Todavia, é cediço que a súmula ainda vige e que, portanto, ainda é aplicável; por outro lado, se compete aos Tribunais de Contas fiscalizar, orientar, corrigir, regulamentar, sancionar e julgar as contas do poder público, que eficácias teriam tais funções diante de uma norma inconstitucional?

Não se trata, a nosso ver, de uma invasão de competências, mas de uma cautela necessária para o cumprimento efetivo e eficaz de suas competências originais. Trata-se de uma relação de causa e efeito. Seriam dois trabalhos. Os Tribunais de Contas julgariam, ou orientariam, ou sancionariam etc., e, posteriormente, a lei seria considerada inconstitucional, tornando vão todo o trabalho realizado pelos Tribunais de Contas. Desnecessário.

Assim, mais do que cumprir e observar a questão dos pactos federativos, compete observar alguns princípios basilares, como o da economicidade, por exemplo, já que estamos tratando do patrimônio público, que, por sua vez, não deve ser desperdiçado.

Não estamos, aqui, a defender a máxima de que os fins justificam os meios, mas sim a aplicar um raciocínio lógico e, ao mesmo tempo, sistemático.

Esse foi o posicionamento adotado pela Ministra Cármen Lúcia em decisão publicada em dezembro de 2017, segundo a qual deixar de aplicar determinada norma, por entender se tratar de norma inconstitucional, é diferente de *declará-la* inconstitucional.

Entende a ministra que os órgãos de controle administrativo possuem o que ela chamou de "poder implicitamente atribuído" de adotar essa prática, citando, entre eles, o Conselho Nacional de Justiça, o Ministério Público e o Tribunal de Contas da União.

---

[214] A Súmula nº 347 é de 1963.

Nesse sentido, citamos:

2. Descabe a atuação precária e efêmera afastando do cenário jurídico o que assentado pelo Tribunal de Contas da União. A questão alusiva à possibilidade de este último deixar de observar, ante a óptica da inconstitucionalidade, certo ato normativo há de ser apreciada em definitivo pelo Colegiado, prevalecendo, até aqui, porque não revogado, o Verbete nº 347 da Súmula do Supremo. De início, a atuação do Tribunal de Contas se fez considerado o arcabouço normativo constitucional.[215]

Não podemos olvidar que o Tribunal de Contas se consolidou no papel de protetor do patrimônio público e que hoje não restam dúvidas de sua autonomia e independência com relação aos três poderes.

No que se refere à natureza jurídica do Tribunal de Contas, Renato Azeredo afirma que:

Em verdade, o Tribunal de Contas constitui um *tertium genus* na organização política brasileira, dada a natureza das suas decisões que não se caracterizam como mero ato administrativo, mas que também fogem às características das decisões judiciais. Delas, pode-se dizer que possuem natureza *judicialiforme*. (Grifo nosso).

A propósito, o Conselheiro-Substituto do TCE-RS (Tribunal de Contas do Estado do Rio Grande do Sul), Alexandre Mariotti, assinalou: "Por certo, essa singularidade muitas vezes não foi – e continua não sendo bem compreendida por doutrinadores que, ainda presos a urna concepção rígida e ultrapassada da separação dos poderes, procuram encaixar a martelo a instituição e suas funções em um dos clássicos três poderes preconizados em 'Do espírito das leis' – obra publicada em 1748" (Parecer 25/2006 – Auditoria).

Para Odete Medauar, "confunde-se, desse modo, a função com a natureza do órgão. A Constituição Federal, em artigo algum, utiliza a expressão 'órgão auxiliar'; dispõe que o controle externo do Congresso Nacional será exercido com o auxílio do Tribunal de Contas.[216]

Percebe-se, desse modo, que a confusão reside na distinção entre função e natureza jurídica.

---

[215] BRASIL. Supremo Tribunal Federal. MS nº 31439 MC. Rel. Min. Marco Aurélio. Decisão monocrática. Julg. 19.07.12. *DJe*, 7.8.2012. Disponível em: www.stf.jus.br/portal/jurisprudencia/menuSumarioSumulas.asp?sumula=2149. Acesso em: 15 ago. 2019.

[216] AZEREDO, Renato. *Natureza Jurídica dos Tribunais de Contas*. [S.l]: [s.n.], [s.d.]. 2 p. Disponível: em: http://www.audicon.org.br/v1/wp-content/uploads/2014/09/NATUREZA-JUR%C3%8DDICA-DOS-TRIBUNAIS-DE-CONTAS.pdf. Acesso em: 15 ago. 2019.

Constitucionalmente, o Tribunal de Contas exerce uma função auxiliar no controle, já esta é função típica do Congresso Nacional e que, conforme determina o texto da nossa Lei maior, deverá ser exercida com o auxílio do Tribunal de Contas. Porém, em momento algum, o texto legal refere-se ao Tribunal de Contas com um órgão auxiliar do Poder Legislativo. E nem poderia ser, tendo em vista que, se assim fosse, suas decisões já estariam, de plano, comprometidas e viciadas.

Nessa esteira, podemos citar, ainda, a decisão cautelar proferida na Adin 4190-8/RJ pelo Ministro Celso de Mello, segundo o qual os Tribunais de Contas são órgãos investidos de autonomia, de maneira que não há que se falar em qualquer vínculo de subordinação institucional ao Poder Legislativo.

É de se observar, ainda, que o STF elenca as competências nos incisos I e XI do artigo 71 da CF/88, de maneira diferenciada, o que torna clara a independência dos Tribunais de Contas, já que o legislador não usa palavras desnecessárias e, se ele decidiu apresentar competências diferenciadas, é porque se trata de órgãos diferenciados e autônomos.

Contudo, a fim de evitar dúvidas a respeito da questão, basta realizar uma leitura acurada dos artigos 44, 76 e 92 da Constituição vigente, que explicitam os órgãos que compõem os Poderes Legislativo, Executivo e Judiciário. Do contexto exposto, afere-se claramente que o Tribunal de Contas é instituição autônoma, com independência financeira e administrativa e que, devido a isso, não integra quaisquer dos demais poderes, já que a todos eles fiscaliza ao exercer sua função administrativa. Ademais, para que tal função seja exercida de forma eficaz, mister se faz que não haja qualquer espécie de influência ou pressão proveniente dos sujeitos fiscalizados.

Fechando o raciocínio acerca da natureza jurídica e das funções dos Tribunais de Contas, insta salientar que o artigo 70 da Constituição da República delimita o âmbito dessas espécies de fiscalizações exercidas pelos Tribunais de Contas (contábil, financeira, orçamentária, operacional e patrimonial) ao dispor que:

> Art. 70. A fiscalização contábil, financeira, orçamentária, operacional e patrimonial da União e das entidades da administração direta e indireta, quanto à legalidade, legitimidade, economicidade, aplicação das subvenções e renúncia de receitas, será exercida pelo Congresso Nacional, mediante controle externo, e pelo sistema de controle interno de cada Poder.
>
> *Parágrafo único.* Prestará contas qualquer pessoa física ou jurídica, pública ou privada, que utilize, arrecade, guarde, gerencie ou administre

dinheiros, bens e valores públicos ou pelos quais a União responda, ou que, em nome desta, assuma obrigações de natureza pecuniária. (Redação dada pela Emenda Constitucional nº 19, de 1998).[217]

Desta feita, caberá ao Tribunal de Contas efetivar a fiscalização, restringindo-se, entretanto, aos critérios da legalidade, legitimidade e economicidade.

Por legalidade, compreende-se o princípio da administração pública que determina que o administrador deve cumprir o que a lei determina, diferentemente do que se dá com o particular, que, por sua vez, está apto a fazer tudo o que a lei expressamente não proíbe.

A discricionariedade que lhes é concedida não se confunde, em momento algum, com liberdade de atuação, já que deverá se restringir ao disposto em lei, principalmente ao disposto no art. 3º da Constituição da República do Brasil, devendo, por um lado, garantir o cumprimento do mínimo existencial e, por outro lado, observar a questão da reserva do possível, conforme já mencionamos em tópicos anteriores.

No tocante à legitimidade, cabe aos Tribunais de Contas analisar não só se os atos praticados estão em conformidade com a lei mas, também, se observaram os requisitos e objetivos que possam conferir a eles legitimidade, abrangendo neste conceito, inclusive, questões como moral pública, bem-estar coletivo e probidade.

Já com relação à economicidade, trata-se, sem sombra de dúvidas, da forma mais criteriosa para a utilização e administração das verbas públicas, devendo ocorrer sem desperdícios, buscando a maior eficiência possível. Por essa razão, citamos como exemplo aqui os pareceres prévios emitidos pelos Tribunais com relação ao percentual mínimo a ser aplicado nas políticas públicas.

Com relação à renúncia de receitas, obviamente, se acontecer, deverá se dar no aspecto da exceção, já que o administrador público não pode deixar de receber recursos que deverão ser aplicados para a coletividade, a não ser que a justificativa para tal renúncia se dê justamente na melhor observância dos interesses coletivos.

Por fim, realizada uma breve análise acerca da natureza jurídica dos Tribunais de Contas, cabe, agora, identificar a natureza jurídica de suas decisões e, neste aspecto, Fernandes[218] ensina que

---

[217] BRASIL. Constituição (1988). *Constituição da República Federativa do Brasil*. Brasília, DF: Senado Federal: Centro Gráfico, 1988.

[218] FERNANDES, Jorge Ulisses Jacoby. O julgamento pelos Tribunais de Contas. *Revista do Tribunal de Contas do Distrito Federal*, v. 22, p. 17, 1996.

O julgamento dos Tribunais de Contas é definitivo, observados os recursos previstos no âmbito desses colegiados. Esgotados os recursos previstos no âmbito desses colegiados. Esgotados os recursos previstos ou prazos para interposição, a decisão é definitiva e, em matéria de Contas especiais, não sujeita a revisibilidade de mérito pelo Poder Judiciário.

Por se tratar de decisões de ordem técnica, entende a doutrina que o julgamento das contas dos administradores e demais responsáveis pelos bens e pelos valores públicos impõe ao Poder Judiciário, sendo soberano (por não se submeter a qualquer outra corte revisional), privativo e definitivo (por não se sujeitar a revisibilidade de mérito por parte do Poder Judiciário).

O art. 71, II da Constituição da República brasileira, de fato, estabelece que: "II – julgar as contas dos administradores que corresponde a um julgamento merecendo de todos os órgãos o respeito, em tudo e por tudo, exatamente igual à manifestação do poder judiciário".

As decisões no julgamento de tomadas de contas, proferidas pelas Cortes de Contas, possuem força de coisa julgada com relação às pessoas e as matérias sujeitas à sua jurisdição que, por sua vez, é inconteste.

De fato, os pareceres prévios proferidos pelos Tribunais de Contas, pertinentes às contas dos chefes do Poder Executivo poderão ser modificados pelo Poder Legislativo, por aspectos políticos, caso este discorde da aprovação, ou não, das contas. Isso porque o Poder Legislativo analisa as contas sob um viés de conveniência política. Por sua vez, o Tribunal de Contas, em busca de fornecer a esse Poder o auxílio e embasamento necessários, responsabiliza-se pela análise e julgamento do caráter técnico dos atos de gestão, proferindo decisões de natureza técnica.

Já abordamos, acima, o posicionamento da doutrina brasileira acerca do exercício da jurisdição por parte dos Tribunais de Contas e tal discussão existe porque, de fato, os Tribunais de Contas exercem alguns atos que são típicos da função jurisdicional em seu sentido material, tendo em vista que julga as contas dos administradores e responsáveis, observando os requisitos inerentes à jurisdição, tais como independência, imparcialidade, igualdade processual, ampla defesa, produção plena de provas e direito a recurso. Todavia, o posicionamento que prepondera, atualmente, é o que reconhece a natureza jurídico-administrativa das decisões proferidas pelos Tribunais de Contas, por se tratar, este, de um órgão claramente técnico.

De fato, as decisões dos Tribunais de Contas, apesar de não poderem ser reformadas, podem ser anuladas, fato este que, se interpretado em consonância com a norma constitucional que atribui às decisões dessas Cortes de Contas eficácia de título executivo que resulta em imputação de débito ou multa, provoca uma maior controvérsia sobre a natureza jurídica das decisões dos Tribunais de Contas.

José dos Santos Carvalho Filho,[219] a esse respeito, afirma que "a definitividade" da função jurisdicional é absoluta, porque nenhum outro recurso existe para desfazê-la; a definitividade da decisão administrativa, quando ocorre, é relativa, porque pode muito bem ser desfeita e reformada por decisão de outra esfera de Poder – a judicial. No entanto, a apreciação por parte do Poder Judiciário restringir-se-á à análise de lesão ou ameaça a direito, visto que o julgamento das contas pelos Tribunais de Contas, em busca de decidir por sua regularidade ou não, é soberano, privativo e, desse modo, definitivo.

No entanto, as decisões dos Tribunais de Contas aproximam-se mais de atos judiciais do que de atos meramente administrativos, mesmo considerando que os acórdãos publicados por essas Cortes observam, em sua maioria, normas de Direito Administrativo e Constitucional, cabendo salientar que a Súmula nº 103 do Tribunal de Contas da União determina, diante da ausência de norma legal ou regimental específica, a aplicação subsidiária do Código de Processo Civil na seara dos Tribunais de Contas, regra esta que se repete no Regimento Interno do Tribunal de Contas, em seu artigo 298.

Sobre a questão, Furtado[220] ensina que

> Admitir que matérias de fato ou de direito examinadas por Tribunais de Contas possam ser completamente reexaminadas, em todos os seus aspectos, pelo Poder Judiciário, além de importar em absoluta quebra de racionalidade do sistema – afinal, qual a utilidade desses tribunais se tudo o que eles decidissem pudesse ser revisto pelo Poder Judiciário? –, transferiria para o Judiciário a competência para julgar conta, competência exclusiva dos Tribunais de Contas.

---

[219] CARVALHO FILHO, José dos Santos. *Manual de Direito Administrativo*. 28. ed. São Paulo: Atlas, 2015. p. 59.

[220] FURTADO, Lucas Rocha. *Curso de Direito Administrativo*. Belo Horizonte: Fórum, 2007. p. 1115.

Ainda referente à natureza jurídica das decisões proferidas pelas Cortes de Contas, Eduardo Lobo,[221] há muito já afirmava que "a instituição Tribunal de Contas tem, no Brasil, em súmula, funções consultivas, verificadoras, inspetivas, fiscalizatórias, informativas, coercitivas, reformatórias, suspensivas e declaratórias". Todavia, o autor continuava o raciocínio explicando que, independentemente da função exercida, a natureza jurídica das decisões, por eles proferidas poderia ser, na sua concepção, dividida em quatro grupos (em consonância com as decisões judiciais): declaratórias, constitutivas, mandamentais e condenatórias.

O autor supracitado ainda explicava que as decisões meramente declaratórias, semelhante ao que se dá com as sentenças judiciais, não possuem uma eficácia inovadora por tão somente reconhecer o que restou aprovado no curso do processo. Tais decisões geralmente decorrem da pretensão de se eliminar dúvidas pertinentes a uma relação jurídica ou a respeito da autenticidade, ou não, de determinado documento.

Ao lado das decisões de natureza declaratória, temos também as de natureza constitutiva, em que o julgamento proferido gera uma inovação, cria algo novo, de maneira que determinada situação passa a gozar de configuração diferenciada após a análise por parte do Tribunal de Contas. Podemos citar como exemplo a decisão proferida em processo de exame de contratos firmados pelo poder público, com vícios insanáveis que, portanto, não comportam convalidação.

Fala-se, ainda, em decisões de natureza mandamental que, semelhantemente ao que ocorre no processo judicial, remonta a julgamentos com uma alta carga impositiva, como se dá, por exemplo, nas decisões que determinam a retirada de uma gratificação funcional que é incompatível com o cargo ou a função exercida ou, então, as decisões que instalam auditoria em órgão público em decorrência de sérias evidências de irregularidade.

Por fim, as decisões de natureza condenatória, são aquelas carregadas de uma sanção.

Contudo, independentemente da classificação observada, percebe-se que as decisões proferidas pelas Cortes de Contas possuem natureza técnico administrativa, carregadas de nuances jurisdicionais, constituindo ato de natureza tão híbrida quanto a própria instituição da

---

[221] GUALAZZI, Eduardo Lobo Botelho. *Regime Jurídico dos Tribunais de Contas*. São Paulo: Revista dos Tribunais, 1992. p. 199.

qual emanam, dotadas, porém, de força, autonomia e definitividade, ao menos no que diz respeito ao conteúdo técnico.

Entrando, agora, na seara da responsabilização pelos julgamentos proferidos, tomamos por base o disposto no art. 6º da Lei nº 4.717/65 (Lei que regula a Ação Popular), abaixo transcrito:

> Art. 6º A ação será proposta contra as pessoas públicas ou privadas e as entidades referidas no art. 1º, contra as autoridades, funcionários ou administradores que houverem autorizado, aprovado, ratificado ou praticado o ato impugnado, ou que, por omissas, tiverem dado oportunidade à lesão, e contra os beneficiários diretos do mesmo.

Neste caso, importa salientar que os Tribunais de Contas não ratificam atos administrativos (exceto nos casos de aposentadoria e pensão, por se tratarem de ato complexo), mas analisam fatos, normas e valores jurídicos, via de regra, aprovando ou reprovando contas, no exercício de sua magistratura, a partir da formação de um convencimento técnico jurídico.

Além disso, a aprovação técnico contábil, proferida pelos Tribunais de Contas, não impede a reapreciação dessas mesmas contas pelo Poder Judiciário.

Portanto, diante do exposto, entendemos que não deve prosperar a responsabilização dos membros dos Tribunais de Contas pela aprovação de contas do governo com base em uma análise técnica. Nesse mesmo sentido já decidiu o STJ no Recurso Especial nº 8.970 de relatoria do Ministro Humberto Gomes de Barros.[222]

2.2.1.6 Juridicidade, contratação pública e os Tribunais de Contas

Já perto de finalizarmos os trabalhos, compete-nos, agora, compreender o que se entende pelo termo "juridicidade" e qual é a sua relação com o Tribunal de Contas e a questão da contratação pública.

A juridicidade surgiu da necessidade de se atender a novas demandas com celeridade. Trata-se de um princípio que, segundo afirmam alguns doutrinadores, representou uma superação com relação

---

[222] BRASIL. Superior Tribunal de Justiça. *Recurso Especial nº 8.970-SP- 91.0004360-5*. Rel. Min. Gomes de Barros. Julg. 18.12.91. Brasília, 1991. Disponível em: https://ww2.stj.jus.br/processo/ita/documento/mediado/?num_registro=199100043605&dt_publicacao=09-03-1992&cod_tipo_documento=. Acesso em: 15 ago. 2019.

ao princípio da legalidade, que determina que a Administração Pública só pode praticar atos expressamente previstos em lei. Pelo princípio da juridicidade, o administrador público está autorizado a fazer uso das normas e, principalmente, da Constituição da República para preencher lacunas que possam vir a existir no decorrer do exercício da administração pública.

A respeito desse princípio, Gustavo Binenbojm[223] declara que, após a sua adoção, a atividade administrativa começou a ser exercitada de acordo com o princípio da legalidade, e não mais de forma soberba, altaneira, podendo, inclusive, basear-se diretamente na Constituição ou, então, em interpretação *"para além da lei"* e, até mesmo, contra a lei, desde que devidamente fundamentada em uma reflexão cuidadosa acerca da legalidade, somada a uma aplicação bem aprimorada dos princípios constitucionais.

Aqui, vale citar como exemplo a questão do nepotismo. Não temos, no ordenamento jurídico, uma lei específica sobre nepotismo, definindo o que é e proibindo o seu exercício. No entanto, o que temos é uma vedação constitucional de nomeação de parentes para ocupação de cargo público por uma questão de observância a princípios como os da moralidade e impessoalidade (art. 37 da CR/88). E esse é o raciocínio utilizado para o Direito Administrativo por intermédio da sua constitucionalização através da juridicidade.

É evidente que as leis formais não conseguem abarcar todos os fatos que podem ser enfrentados pelo administrador público, no entanto, com a aplicação da juridicidade, maior será a possibilidade de decisões, o que, por sua vez, estará observando o princípio da eficiência e da celeridade, bem como garantindo eficácia ao controle jurisdicional e administrativo.

Portanto, depreende-se que a juridicidade nada mais é do que uma espécie de constitucionalização do Direito Administrativo diante da impossibilidade de a lei prever todos os fatos e atos exercitados e, ainda, diante da necessidade de se decidir o direito de maneira eficaz e em prol dos interesses sociais.

No que diz respeito às contratações, é a Lei nº 8.666 de 1993 que estabelece as suas normas gerais e, pelo princípio da legalidade, tornava-se imperiosa a observância irrestrita a ela quando da contratação de serviços e obras públicas.

---

[223] BINENBOJM, Gustavo. *Uma teoria do Direito Administrativo*: direitos fundamentais, democracia e constitucionalização. 3. ed. rev. e atual. Rio de Janeiro: Renovar, 2014.

Essa lei buscou priorizar – de forma até excessiva – as formalidades e burocracias para a contratação com vistas a desestimular fraudes e corrupção. Porém, basta uma rápida passada de olhos nas últimas notícias para percebermos que tal finalidade não foi alcançada e que toda a burocracia excessiva, prevista na legislação, não foi suficiente para desestimular a fraude e impedir que a corrupção se instaurasse.

Aliás, boa parte das normas que foram criadas para o combate à corrupção gerou uma espécie de efeito rebote ou refratário, e o resultado vem sendo difundido amplamente nos noticiários, contribuindo para alimentar, ainda mais, a desconfiança social com relação aos atos praticados pelo poder público. Tudo isso, somado à verdadeira e contumaz falta de responsabilidade dos órgãos da Administração Pública, acaba por inibir a participação social nas contratações públicas.

Em consequência, surgem os cartéis, a elevação de preços, a entrega de obras de má qualidade ou inacabadas. Infelizmente, isso tudo ainda pode vir (e geralmente vem) acompanhado de casos envolvendo favorecimentos pessoais e desvio de dinheiro e verba pública. Por esse motivo, tal modelo deve ser revisto e remodelado com a diminuição das formalidades – pois, como já vimos, o excesso, por si só, não foi suficiente para coibir a corrupção –, bem como com alterações que possam impactar diretamente nas causas desses problemas, dentre elas, o excesso de formalismo estabelecido pela Lei nº 8.666/93.

A observância de resultados mais satisfatórios e, ainda, de uma transparência cada vez maior nas contratações públicas também requer uma reformulação das regras que as regulamentam, bem como um maior controle no que tange às alterações contratuais. Diante de um cenário como este, caberá aos Tribunais de Contas e ao Ministério Público intensificar a fiscalização de maneira que a atuação da Administração Pública busque tão somente a eficiência de seus resultados.

Obviamente que isso, por si só, não porá fim à corrupção e aos desvios éticos existentes. Todavia, a redução dos custos – possibilitando e estimulando uma maior competitividade e uma entrega (de bens ou de serviços) mais adequada com maior transparência – promoverá e facilitará de maneira incisiva a diminuição do famigerado Custo Brasil.

2.2.1.7 O Tribunal de Contas como guardião da Lei de Responsabilidade Fiscal

Cumpre ressaltar, sucintamente, o papel do Tribunal de Contas com relação à interpretação da Lei de Responsabilidade Fiscal (LRF).

CAPÍTULO 2
DOS TRIBUNAIS DE CONTAS E DO MINISTÉRIO PÚBLICO DE CONTAS COMO ÓRGÃOS DE CONTROLE | 165

Criada com o objetivo de buscar o equilíbrio das contas públicas por meio de uma gestão fiscal transparente e responsável, a referida lei trouxe novas responsabilidades para os Tribunais de Contas e funcionou como um reforço para o controle exercido por eles, tendo em vista que estabeleceu novos limites para a realização ou o comprometimento de determinadas categorias de gastos. Além disso, a LRF atribuiu aos Tribunais de Contas a competência para atuar preventivamente por meio do acompanhamento das despesas, indicando que eles devem, inclusive, emitir alertas quando tais limites estiverem ultrapassando o essencial e indicar as irregularidades eventualmente identificadas na gestão.

Assim, considerando que a maior finalidade da Lei de Responsabilidade Fiscal reside em tornar-se um verdadeiro instrumento impositivo para que se possa alcançar o equilíbrio das receitas e despesas fiscais – por parte da União, Estados, Distrito Federal e Municípios, bem como pelos órgãos da administração indireta –, e que esse controle é exercido pelos Tribunais de Contas, tem-se que estes são os guardiões principais da Lei supramencionada.

Portanto, cabe aos Tribunais de Contas zelar pela correta observância e pelo eficaz cumprimento do disposto na Lei de Responsabilidade Fiscal, cujo objetivo reside em uma modificação da conduta dos agentes públicos para que melhorem a arrecadação incrementação das receitas, bem como reduzam, pouco a pouco, as despesas, de maneira a adequá-las à realidade local e a zelar pelo patrimônio público por meio de uma gestão comprometida, transparente e confiável. Aliás, em relação a isso, merece destaque a do papel dos Tribunais de Contas no processo de resgate da confiança da sociedade na administração dos bens e recursos públicos administrados pelo Estado.

Logo, a finalidade precípua desta lei é consolidar o pensamento de que a máquina estatal existe para servir ao cidadão e não aos seus governantes. Nesse sentido, compete aos Tribunais de Contas, no exercício de suas atribuições, garantir que tal finalidade se efetive por meio de uma fiscalização séria, transparente e cuidadosa, razão pela qual reforçamos o entendimento referente à sua autonomia frente ao Poder Legislativo, visto que a fiscalização da lei e o exercício do controle externo por parte desses Tribunais demandam uma análise técnica e independente da atuação do Poder Legislativo (não de forma excludente, mas de modo a complementar da atuação deste).

Todavia, apesar de já contar quase dez anos da implementação da Lei de Responsabilidade Fiscal, muito ainda se discute a respeito da efetiva ação dos Tribunais de Contas no controle das contas e despesas públicas. Muito se questiona, ainda, acerca do seu poder decisório e da força de suas determinações. Ademais, pouco se evoluiu com relação à prática do planejamento e do controle dos custos, corolários do princípio da economicidade.

Assim, pode-se afirmar que o Governo não tem feito o seu "dever de casa": não tem realizado um bom planejamento de suas despesas, não possui uma eficaz avaliação das políticas públicas implementadas e, devido a isso, não consegue mensurar os resultados por elas produzidos (se estão de acordo com o esperado).

Assim sendo, faz-se necessária a implementação de uma gestão de custos que compreenda planejamento, transparência, controle e responsabilização, cuja importância se tornou ainda mais perceptível após a implementação da Lei de Responsabilidade Fiscal.

Portanto, a gestão de custos envolve uma série de medidas importantes que estão diretamente vinculadas à eficácia e eficiência da administração governamental e parte de um sistema de medidas que busca um amadurecimento da mentalidade administrativa de modo a ensejar, por exemplo, melhorias nas ferramentas de gestão e um maior e mais eficaz controle das informações na esfera pública.

Essa gestão de custos tem como objetivo demonstrar o custo real e unitário dos serviços prestados pelo Estado com a finalidade de buscar a implementação de uma cultura sólida de gerenciamento dos recursos consumidos no setor público, tendo em vista que o maior controle dos custos acarreta, via de consequência, o uso mais racional de tais recursos, de modo que o Governo e toda a sociedade sairiam vitoriosos.

Enfim, a questão é que os entes federativos arrecadam mal, gastam mal e ainda concedem incentivos fiscais sem um planejamento prévio adequado – muitas vezes, sem qualquer vinculação com os interesses nacionais ou, até mesmo, com interesses fraudulentos. Não há contabilidade dos custos na maioria dos Estados e Municípios e, por isso, não se realiza uma entrega eficaz dos serviços esperados pela sociedade.

Desse modo, compete aos Tribunais de Contas, como guardiões da Lei de Responsabilidade Fiscal e controladores externos da administração pública, a responsabilidade de exigir a implementação de uma governança eficiente no setor público porque a verdadeira gestão do patrimônio público tem sido negligenciada: há inúmeros imóveis públicos não catalogados, abandonados ou invadidos; os custos públicos não são mensurados; e os registros contábeis não são fidedignos.

O mau governo não é transparente, evita divulgar as receitas reais, não mensura custos, não avalia o resultado das políticas públicas, realiza a despesa pública sem compromisso com resultados republicanos e sequer respeita os limites da Lei de Responsabilidade Fiscal. Apontar alternativas a esses modelos de gestão ultrapassados por meio da sua função pedagógica é, sem dúvidas, umas das missões dos Tribunais de Contas e isso se dá pelo fato de que todo gestor público tem seus atos de gestão analisados por pelo menos um Tribunal. Para tanto, necessário se faz que as Cortes de Contas exerçam plenamente as missões institucionais postas na Constituição e nas leis que regem o direto financeiro e a administração pública.

2.2.2 Do Ministério Público de Contas

Assim como o Tribunal de Contas exerce papel fundamental no controle externo da administração pública, o Ministério Público de Contas, à luz da Constituição Federal de 1988, possui "função essencial à justiça", título do capítulo no qual se encontra inserido.

Para Salomão Ismail Filho, Promotor de Justiça do Estado de Pernambuco, o acesso à justiça pode ser classificado como:

> Um direito fundamental completo, o qual possui uma dimensão de direito individual (o direito do cidadão de, voluntariamente, acionar ou peticionar aos órgãos judiciais ou administrativos, em busca de defesa dos seus direitos; social (direito de exigir do Estado o aparelhamento do Poder Judiciário e de órgãos de conciliação, mediação e arbitragem, a fim de promover o valor justiça) e difuso (direito da coletividade à justiça, seja no plano jurisdicional ou administrativo).[224]

Nessa senda, o trabalho do Ministério Público especial, desde sua criação, é fiscalizar o cumprimento da lei, promovendo a defesa da ordem jurídica, do erário e dos interesses sociais, atuando como *custos legis*.

O Ministro Ayres Britto[225] acresce, ainda, que a função do *Parquet* junto ao Tribunal de Contas vai além de ser guardião da lei. Para ele, a instituição é custodiadora de todo direito.

---

[224] FILHO, Salomão Abdo Aziz Ismail. *Ministério Público e atendimento à população*: instrumento de acesso à justiça social. Curitiba: Juruá, 2013. p. 45.

[225] BRITTO, Carlos Ayres. O regime jurídico do Ministério Público de Contas. *In*: ASSOCIAÇÃO NACIONAL DO MINISTÉRIO PÚBLICO DE CONTAS. *Ministério Público de Contas*: perspectivas doutrinárias do seu estatuto jurídico. Belo Horizonte: Fórum, 2017. p. 24.

Portanto, levando em consideração o exposto sobre a essência do Tribunal de Contas no que tange ao controle externo, a função do Ministério Público de Contas é atuar junto à Corte de Contas no exercício da fiscalização contábil, orçamentária, financeira, operacional e patrimonial da administração pública, promovendo a tutela dos interesses sociais, bem como a defesa da ordem jurídica.

Outra característica fundamental do órgão, é seu caráter *sui generis*, ou seja, único em seu gênero, especializado na sua atuação, tendo em vista que possui natureza jurídica constitucional de Ministério Público na esfera extrajudicial, pois constitucionalmente atua junto a um órgão administrativo.

Portanto, assim como o *Parquet* ordinário atua na seara do Poder Judiciário, o Ministério Público especial exerce sua função no âmbito de atuação do Tribunal de Contas, ou seja, como auxiliar do Poder Legislativo, não possuindo, em regra, competência para interpor ações judiciais. Todavia, veremos adiante os meios disponíveis para exercer seu dever-poder de fiscal da lei.

Em plano de exceção, o Superior Tribunal de Justiça reconheceu que o *Parquet* de Contas possui legitimidade e capacidade postulatória para provocar o Judiciário somente em defesa de suas prerrogativas institucionais.[226] O relator do referido processo assim decidiu:

> EMENTA: RECURSO ORDINÁRIO EM MANDADO DE SEGURANÇA. IMPETRAÇÃO CONTRA ACÓRDÃO DO TCE QUE DETERMINOU A EXTINÇÃO E ARQUIVAMENTO DA REPRESENTAÇÃO PROMOVIDA PELO MINISTÉRIO PÚBLICO DE CONTAS. 1. Trata-se na origem de Mandado de Segurança impetrado pelo Ministério Público de Contas do Estado de Goiás contra ato do presidente do Tribunal de Contas do Estado de Goiás, dos conselheiros e do auditor substituto de conselheiro consubstanciado em acórdão 2807/2015, que determinou a extinção e arquivamento da representação 201400047000978, por ele (MPTCE/ GO) promovida para apurar irregularidades na fase interna e externa de procedimento licitatório 2210000470000765, relativo a contrato da nova sede administrativa do citado tribunal. 2. *O entendimento de que o Ministério Público Especial tem sua atuação restrita ao âmbito do Tribunal de Contas não exclui a possibilidade de tal Parquet especial atuar fora de*

---

[226] BRASIL. Superior Tribunal de Justiça. Recurso Ordinário em Mandado de Segurança: RMS 52741 GO 2016/0330455-9. Rel. Min. Herman Benjamin. Julg. 08.08.2017. T2 – Segunda Turma. *DJe*, 12.09.2017. Disponível em: https://stj.jusbrasil.com.br/jurisprudencia/498966374/recurso-ordinario-em-mandado-de-seguranca-rms-52741-go-2016-0330455-9/inteiro-teor-498966379?ref=juris-tabs. Acesso em: 15 ago. 2019.

tais cortes em defesa de suas (Ministério Público de Contas) prerrogativas institucionais, que é exatamente a hipótese dos autos. 3. Tanto a doutrina quanto a jurisprudência pacificamente reconhecem a legitimidade até mesmo para determinados órgãos públicos, entes despersonalizados e agentes políticos dotados de prerrogativas próprias, para impetração de writ em defesa de sua atuação funcional e atribuições institucionais, razão pela qual não há razão para excluir a legitimação para o Ministério Público de Contas em tais casos. 4. Na hipótese em exame, evidente que a anulação de acórdão 2807/2015 se insere nas atribuições institucionais do *Parquet* especial, razão pela qual deve ser reconhecida sua legitimidade ativa para impetração de Mandado de Segurança que vise a questionar tal ato. 5. Recurso Ordinário provido para reconhecer a legitimidade ativa do Ministério Público do Tribunal de Contas do Estado de Goiás, devendo o Tribunal a quo prosseguir com o julgamento de mérito. (Grifos nossos)[227]

Dessa maneira, ainda que de forma extraordinária, o Ministério Público de Contas deve utilizar-se de todos os meios possíveis para que sua atuação fundamental na defesa da ordem jurídica e da supremacia do interesse público no âmbito da administração pública seja cumprida.

Nesse sentido, apesar das divergências doutrinárias, é entendimento pacífico que os princípios institucionais do Ministério Público ordinário, consagrados pelo parágrafo 1º do artigo 127 da Constituição Federal, aplicam-se também ao Ministério Público de Contas, sendo eles: unidade, indivisibilidade e independência funcional.

Nesse sentido, a Lei Orgânica do Tribunal de Contas União estabelece:

Art. 80. O Ministério Público junto ao Tribunal de Contas da União, ao qual *se aplicam os princípios institucionais da unidade, da indivisibilidade e da independência funcional*, compõe-se de um procurador-geral, três subprocuradores-gerais e quatro procuradores, nomeados pelo Presidente da República, dentre brasileiros, bacharéis em direito. (Grifo nosso)[228]

Mazzilli, por sua vez, explica de forma conjunta os princípios da unidade e da indivisibilidade:

---

[227] *Ibidem.*

[228] BRASIL. Lei nº 8.443, de 16 de julho de 1992. Dispõe sobre a Lei Orgânica do Tribunal de Contas da União e dá outras providências. Brasília, DF, 1992. Disponível em: http://www.planalto.gov.br/ccivil_03/leis/L8443.htm. Acesso em: 15 ago. 2019.

Unidade significa que os membros do Ministério Público integram um só órgão sob a direção de um só chefe; indivisibilidade significa que esses membros podem ser substituídos uns pelos outros, não arbitrariamente, porém, mas segundo a forma estabelecida na lei. Entretanto, se podemos admitir a unidade abstrata de ofício do Ministério Público, não existe unidade de seus ramos nem indivisibilidade efetiva de funções. Unidade funcional alguma existe entre Ministérios Públicos de Estados diferentes e os da União, nem entre esses e os Ministérios Públicos junto aos tribunais de contas; indivisibilidade alguma existe entre funções tão díspares cometidas a uns e outros.[229]

Portanto, unidade refere-se especificamente ao objetivo da instituição em si, demonstrando que existe um Ministério Público – aquele que preza pela fiscalização da lei – que apenas se divide em suas atribuições.

Quanto à indivisibilidade, trata-se da representatividade de seus membros, que podem ser substituídos uns pelos outros, pois possuem a mesma função dentro da instituição.

Nesses termos, estabelece a Lei Orgânica do Tribunal de Contas da União:

> Art. 82 (…)
> Parágrafo único. Em caso de vacância e em suas ausências e impedimentos por motivo de licença, férias ou outro afastamento legal, *o procurador-geral será substituído pelos subprocuradores-gerais e, na ausência destes, pelos procuradores,* observada, em ambos os casos, a ordem de antigüidade no cargo, ou a maior idade, no caso de idêntica antigüidade, fazendo jus, nessas substituições, aos vencimentos do cargo exercido. (Grifo nosso)[230]

No que tange à independência funcional, o Promotor de Justiça do Estado de São Paulo, doutor Marcelo Pedroso Goulart traz três apontamentos sobre o tema, para que, segundo ele, reconstrua o sentido do princípio, que se encontra banalizado pelo ordenamento jurídico:

> a) a independência funcional, antes de ser uma garantia do membro do Ministério Público, é uma garantia da sociedade, uma vez que foi instituída para dar ao povo a segurança de contar com um agente político que, no exercício das funções de defesa dos interesses sociais, possa atuar com independência, imune às pressões do poder;

---

[229] MAZZILLI, Hugo Nigro. Princípios institucionais do Ministério Público brasileiro. [S.d.]. 39 p. Disponível em: http://www.mazzilli.com.br/pages/artigos/princinst.pdf. Acesso em: 15 ago. 2019.

[230] BRASIL. Lei nº 8.443, de 16 de julho de 1992. *Op. cit.*

b) quando se fala em dever de obediência à consciência, não se está tratando de uma consciência espontânea ou contingente (falsa consciência); mas, sim, de uma consciência autêntica, emancipada e universal (verdadeira consciência); de uma consciência ética, informada pelos valores universais da democracia; c) quando se fala em dever de obediência ao direito, não se está tratando da obediência cega do membro do Ministério Público à literalidade dos textos legais, mas no uso do direito como instrumento de transformação social, o que implica interpretação recontextualizadora da norma, à luz dos valores que informam o projeto democrático constitucionalmente delineado (estratégia institucional do Ministério Público), bem como o reconhecimento de que o direito possui diferentes dimensões (política, econômica, cultural e normativa),5 portanto a dimensão normativa é apenas uma delas.[231]

Assim sendo, a independência funcional garante aos membros eficiência para exercerem sua função e cumprirem suas atribuições com liberdade – dentro dos ditames legais –, sem qualquer tipo de represália ou pressão externa, colaborando para efetivação do direito fundamental da boa governança.

Aprofundaremos adiante sobre o bom governo, mas cumpre aqui apresentar sucintamente o conceito de Juarez Freitas sobre a boa administração pública:

> trata-se do direito fundamental à administração pública eficiente e eficaz, proporcional cumpridora de seus deveres, com transparência, sustentabilidade, motivação proporcional, imparcialidade e respeito à moralidade, à participação social e à plena responsabilidade por suas condutas omissivas e comissivas.[232]

Dessa forma, apesar de estar atuando junto ao Tribunal de Contas há muito tempo, o *Parquet* de Contas foi adquirindo autonomia, reconhecimento legal e, por fim, constitucional ao longo dos anos, diante de diversas controvérsias e debates no que tange à sua função, sua natureza e independência funcional, presentes até hoje.

---

[231] GOULART, Marcelo Pedroso. *Princípios institucionais do Ministério Público*: a necessária revisão conceitual da unidade institucional e da independência funcional. Disponível em: shorturl.at/wFJW6. Acesso em: 28 maio 2018.

[232] FREITAS, Juarez. *Direito Fundamental à boa administração pública*. 3. ed. São Paulo: Malheiros, 2014. p. 21.

2.2.2.1 Aspectos históricos

Inicialmente, houve época em que o controle externo no Brasil Império era exercido pelo denominado Tribunal do Tesouro Nacional, órgão estabelecido pelo artigo 170 da Constituição de 1824.[233] Apesar de não prever expressamente a instituição do Ministério Público, a função do então Procurador Geral da Fazenda foi considerada, originalmente, o primeiro indício da atuação junto à Corte, pois, mais tarde, sua função foi delegada aos Procuradores de Contas.[234]

Dessa forma, vemos que inicialmente sua instituição se deu não só para fiscalizar a lei, mas também representar os interesses da Fazenda Pública.[235]

Posteriormente, com constitucionalização do Tribunal de Contas no Brasil, instituído pela Constituição Republicana de 1891 e regulamentado inicialmente pelo Decreto nº 1.166, de 17.12.1892, a atuação do Ministério Público de Contas foi timidamente estabelecida pelo artigo 19: "o pessoal do Tribunal de Contas compor-se-ha de cinco membros, o presidente e quatro directores, com voto deliberativo, *um dos quaes representará o ministerio publico*" (Grifo nosso).[236]

Subsequente, o Decreto nº 392/1896, pelo qual se reorganizou a Corte de Contas, determinou que:

> O representante do Ministerio Publico é o guarda da observancia das leis fiscaes e dos interesses da Fazenda perante o Tribunal; cabe-lhe dizer por exigencia do relator, por decisão do presidente, ou a seu pedido, verbalmente ou por escripto, em todos os papeis e processos sujeitos á decisão do Tribunal.[237]

---

[233] BRASIL. *Constituição Política do Império do Brazil*, de 25 de março de 1824. Manda observar a Constituição Politica do Imperio, offerecida e jurada por Sua Magestade o Imperador. Rio de Janeiro, 1824. Disponível em: http://www.planalto.gov.br/ccivil_03/constituicao/constituicao24.htm. Acesso em: 15 ago. 2019.

[234] DANTAS, Fábio Wilder da Silva. Ministério Público de Contas: origem e evolução histórica no Brasil. *Revista Eletrônica do Curso de Direito do Centro Universitário CESMAC*, n. 1, 15 p., 2013. Disponível em: http://revistas.cesmac.edu.br/index.php/refletindo/article/view/204. Acesso em: 15 ago. 2019.

[235] *Ibidem.*

[236] BRASIL. *Decreto nº 1.166*, de 17 de dezembro de 1892. Dá regulamento para execução da lei n. 23 de 30 de outubro de 1891, na parte referente ao Ministerio da Fazenda. Capital Federal, 17 de dezembro de 1892. Legislação Informatizada, publicação original. Disponível em: http://www2.camara.leg.br/legin/fed/decret/1824-1899/decreto-1166-17-dezembro-1892-523025-publicacaooriginal-1-pe.html. Acesso em: 15 ago. 2019.

[237] BRASIL. Câmara dos Deputados. *Decreto nº 392*, de 8 de outubro de 1896. Reorganiza o Tribunal de Contas. Capital Federal, 08 de outubro de 1896. Legislação Informatizada,

CAPÍTULO 2
DOS TRIBUNAIS DE CONTAS E DO MINISTÉRIO PÚBLICO DE CONTAS COMO ÓRGÃOS DE CONTROLE | **173**

O mesmo texto normativo ainda estabelecia que o Ministério Público de Contas seria "representado perante o Tribunal de Contas por um bacharel ou doutor em direito nomeado pelo Presidente da República, demissível *ad nutum*".[238]

O próximo Decreto que somou atribuições para o *Parquet* foi o nº 15.770, de 1º de novembro de 1922, que dispôs:

> Art. 21. O ministerio publico junto ao Tribunal de Contas, com a missão propria de promover, completar instrucção e requerer no interesse da administração, da justiça e da Fazenda Publica, constará de dois representantes, com as denominações de primeiro representante e segundo representante, com igual categoria e vencimentos, tendo cada um delles o seu auxiliar, com a denominação de adjunto. (Grifo nosso)[239]

Em relação à norma supracitada, vale destacar que foi a primeira a tratar o *Parquet* de Contas com atributos próprios.

Na mesma senda, a Lei nº 830 de 23 de setembro de 1949 trouxe indícios de liberdade funcional da instituição ao estabelecer que: "Art. 3º Funcionam no Tribunal de Contas como partes integrantes de sua organização e *como serviços autônomos*: II – o Ministério Público;" (grifo nosso).[240]

Nesses termos, as demais Leis Orgânicas dos Tribunais de Contas mantiveram a mesma essência da atuação do *Parquet* de Contas.

Por sua vez, a Constituição de 1967 foi a primeira a expressar a atuação do Ministério Público em conjunto com a Corte de Contas quando dispôs o seguinte: "Art. 73 (...) §5º – O Tribunal de Contas, de ofício ou mediante provocação do *Ministério Público* ou das Auditorias Financeiras e Orçamentárias e *demais órgãos auxiliares* (...)" (Grifos

---

publicação original. Disponível em: http://www2.camara.leg.br/legin/fed/decret/1824-1899/decreto-392-8-outubro-1896-540205-publicacaooriginal-40163-pl.html. Acesso em: 07 ago. 2019.

[238] *Ibidem.*

[239] BRASIL. Câmara dos Deputados. *Decreto nº 15.770*, de 1º de novembro de 1922. Modifica o regulamento do Tribunal de Contas. Rio de Janeiro, 1922. Legislação Informatizada, publicação original. Disponível em: http://www2.camara.leg.br/legin/fed/decret/1920-1929/decreto-15770-1-novembro-1922-517652-publicacaooriginal-1-pe.html. Acesso em: 08 ago. 2019.

[240] BRASIL. *Lei nº 830*, de 23 de setembro de 1949. Reorganiza o Tribunal de Contas da União. [*S.l.*], 1949. Disponível em: http://www.planalto.gov.br/ccivil_03/Leis/1930-1949/L0830.htm. Acesso em: 08 ago. 2019.

nossos).[241] Na Constituição de 1969, esse dispositivo foi reproduzido de igual maneira.

Por fim, o Ministério Público especial adquiriu plano constitucional com a promulgação da Constituição Federal de 1988, que estabelece expressamente a atuação do *Parquet* de Contas junto do Tribunal de Contas: "Art. 130. Aos membros do Ministério Público junto aos Tribunais de Contas aplicam-se as disposições desta seção pertinentes a direitos, vedações e forma de investidura".[242]

2.2.2.2 Composição do Ministério Público de Contas e sua estruturação

Conforme o artigo 80 da Lei Orgânica do Tribunal de Contas da União, o Ministério Público de Contas "compõe-se de um procurador-geral, três subprocuradores-gerais e quatro procuradores, nomeados pelo Presidente da República, dentre brasileiros, bacharéis em direito".[243] Todavia, atualmente, o Ministério Público de Contas está atuando com uma Procuradora-Geral, dois subprocuradores-gerais e quatro procuradores.[244]

E, de acordo com o artigo 127, §2º, da Constituição Federal, os membros do Ministério Público ordinário ingressam na carreira por meio de concurso público de prova e títulos. Vejamos:

§2º Ao Ministério Público é assegurada autonomia funcional e administrativa, podendo, observado o disposto no art. 169, propor ao Poder Legislativo a criação e extinção de seus cargos e serviços auxiliares, *provendo-os por concurso público de provas ou de provas e títulos, a política remuneratória e os planos de carreira*; a lei disporá sobre sua organização e funcionamento. (Redação dada pela Emenda Constitucional nº 19, de 1998). (Grifo nosso)[245]

---

[241] BRASIL. *Constituição da República Federativa do Brasil de 1967*. Brasília, 24 de janeiro de 1967. Disponível em: http://www.planalto.gov.br/ccivil_03/constituicao/constituicao67.htm. Acesso em: 15 ago. 2019.

[242] BRASIL. *Constituição da República Federativa do Brasil de 1988*. Brasília: Senado Federal, 1988. Disponível em: http://www.planalto.gov.br/ccivil_03/constituicao/constituicao.htm. Acesso em: 04 ago. 2019.

[243] BRASIL. Lei nº 8.443, de 16 de julho de 1992. Dispõe sobre a Lei Orgânica do Tribunal de Contas da União e dá outras providências. Brasília, DF, 1992. Disponível em: http://www. planalto.gov.br/ccivil_03/leis/L8443.htm. Acesso em: 15 ago. 2019.

[244] CONHEÇA o Ministério Público junto ao TCU. *Portal TCU*, Institucional, [s.d.]. Disponível em: https://portal.tcu.gov.br/institucional/ministerio-publico-junto-ao-tcu/. Acesso em: 15 ago. 2019.

[245] BRASIL. *Constituição da República Federativa do Brasil de 1988. Op. cit.*

Nesse sentido, em consonância com o artigo supracitado, os Procuradores de Contas ingressam no cargo após concurso público, conforme estabelece o artigo 80, §3º, da Lei Orgânica do Tribunal de Contas da União – que, devido ao princípio da simetria, encontra-se nas Leis Orgânicas dos demais Tribunais de Contas:

> §3º O ingresso na carreira far-se-á no cargo de procurador, *mediante concurso público de provas e títulos*, assegurada a participação da Ordem dos Advogados do Brasil em sua realização e observada, nas nomeações, a ordem de classificação, enquanto a promoção ao cargo de subprocurador-geral far-se-á, alternadamente, por antigüidade e merecimento. (Grifo nosso).[246]

Além de ser previsto expressamente no artigo 130 da Constituição Federal que ao Ministério Público de Contas se aplica a mesma forma de investidura que aos membros do *Parquet* ordinário, tal disposição ocorre, também, pela imposição principiológica pela qual a administração pública é regida, como o princípio da impessoalidade e moralidade. Portanto, em regra: "a investidura em cargo ou emprego público depende de aprovação prévia em concurso público de provas ou de provas e títulos, de acordo com a natureza e a complexidade do cargo".[247]

Nesse sentido, o Supremo Tribunal Federal decidiu:

> EMENTA: (...)
> I. O art. 73, §2º, I, da Constituição Federal, prevê a existência de um Ministério Público junto ao Tribunal de Contas da União, estendendo, no art. 130 da mesma Carta, *aos membros daquele órgão os direitos, vedações e a forma de investidura atinentes ao Parquet comum.*
> II. Dispositivo impugnado que contraria o disposto nos arts. 37, II, e 129, §3º, e 130 da Constituição Federal, que configuram "clausula de garantia" para a atuação independente do *Parquet* especial junto aos Tribunais de Contas.
> III. Trata-se de modelo jurídico heterônomo estabelecido pela própria Carta Federal que possui estrutura própria de maneira a assegurar a mais ampla autonomia a seus integrantes. (...) (Grifo nosso).[248]

---

[246] *Ibidem.*
[247] *Ibidem.*
[248] BRASIL. Supremo Tribunal Federal. ADI 328-3 Santa Catarina. Rel. Min Ricardo Lewandowski. Tribunal Pleno. Brasília, 02 de fev. de 2009. DJe, n. 43, divulg. 05.03.2009, public. 06.03.2009. Disponível em: http://redir.stf.jus.br/paginadorpub/paginador.jsp?docTP=AC&docID=579474. Acesso em: 15 ago. 2019.

Entendimento esse corroborado pelo ilustre Jair Lima Santos:

> resta evidenciado que o Ministério Público junto ao Tribunal de Contas é especializado, integrante da Corte de Contas, detendo as mesmas garantias do *Parquet* comum, sendo o ingresso na carreira de Procurador realizado mediante concurso público, nos moldes do art. 37, II, da Constituição Federal de 1988.[249]

Assim sendo, tendo em vista que os Procuradores de Contas possuem os mesmos direitos e vedações que Promotores, a eles também se aplica a vitaliciedade do cargo somente após o estágio probatório no prazo constitucional de dois anos,[250] prazo esse estabelecido no artigo 38, inciso I, da Lei Orgânica Nacional do Ministério Público (Lei nº 8.625/93).[251] O referido artigo se aplica ao *Parquet* de Contas no que diz respeito aos direitos, prerrogativas, garantias e vedações dos Procuradores de Contas. Vejamos:

> Art. 84. Aos membros do Ministério Público junto ao Tribunal de Contas da União aplicam-se, subsidiariamente, no que couber, as disposições da Lei orgânica do Ministério Público da União, pertinentes a direitos, garantias, prerrogativas, vedações, regime disciplinar e forma de investidura no cargo inicial da carreira.[252]

Entre os direitos e garantias aplicados aos Procuradores de Contas, estão: vitaliciedade; inamovibilidade e irredutibilidade de subsídio (CF/88, artigo 128, §5º, inciso I, alíneas a, b e c).

No que tange às vedações, são elas: receber honorários, percentagens ou custas processuais; exercer a advocacia; participar de sociedade comercial; exercer qualquer outra função pública, salvo uma de magistério; exercer atividade político-partidária (CF/88, artigo 128, §5º, inciso II, alíneas a, b, c, d e).

---

[249] SANTOS, Jair Lima. *Tribunal de Contas da União e Controles Estatal e Social da Administração Pública*. Curitiba: Juruá, 2011. p. 71.

[250] FREITAS, Juarez. Ministério Público de Contas: estágio probatório; vitaliciamento; correição funcional, escolha de procurador-geral e autonomia institucional. *In*: ASSOCIAÇÃO NACIONAL DO MINISTÉRIO PÚBLICO DE CONTAS. *Ministério Público de Contas*: perspectivas doutrinárias do seu estatuto jurídico. Belo Horizonte: Fórum, 2017. p. 71.

[251] BRASIL. *Lei nº 8.625*, de 12 de fevereiro de 1993. Institui a Lei Orgânica Nacional do Ministério Público, dispõe sobre normas gerais para a organização do Ministério Público dos Estados e dá outras providências. Brasília, DF, 1993. Disponível em: http://www.planalto.gov.br/ccivil_03/Leis/L8625.htm. Acesso em: 15 ago. 2019.

[252] *Ibidem*.

2.2.2.3 Das funções e da natureza jurídica do Ministério Público de Contas

Conforme já demonstrado, com base em uma análise sistemática da Constituição Federal de 88, resta claro que a função do Ministério Público de Contas é promover a defesa da ordem jurídica, do regime democrático de direito e da supremacia do interesse público, como um fiscal da lei no âmbito de atuação do Tribunal de Contas – ou seja – no controle externo da administração pública.

Nessa senda, em sua estrutura organizacional, conforme o disposto na Lei Orgânica nº 8.443/92, cabe ao *Parquet* de Contas:

Art. 81. (...)
I – promover a defesa da ordem jurídica, requerendo, perante o Tribunal de Contas da União as medidas de interesse da justiça, da administração e do Erário;
II – comparecer às sessões do Tribunal e dizer de direito, verbalmente ou por escrito, em todos os assuntos sujeitos à decisão do Tribunal, sendo obrigatória sua audiência nos processos de tomada ou prestação de contas e nos concernentes aos atos de admissão de pessoal e de concessão de aposentadorias, reformas e pensões;
III – promover junto à Advocacia-Geral da União ou, conforme o caso, perante os dirigentes das entidades jurisdicionadas do Tribunal de Contas da União, as medidas previstas no inciso II do art. 28 e no art. 61 desta Lei, remetendo-lhes a documentação e instruções necessárias;
IV – interpor os recursos permitidos em lei.
Art. 83. O Ministério Público contará com o apoio administrativo e de pessoal da secretaria do Tribunal, conforme organização estabelecida no Regimento Interno.[253]

Certamente, para que o Ministério Público de Contas exerça sua função de forma eficiente e concreta, seus membros, dotados de prerrogativas constitucionais, não devem ser inertes.

Como já discutido, a informação é requisito fundamental para o controle e fiscalização em qualquer área de atuação. Dessa forma, a jurisprudência majoritária entende que o *Parquet* de Contas tem competência para requisitar documentos e diligências sem qualquer intervenção do Tribunal de Contas em que atua. Vejamos:

---

[253] BRASIL. Lei nº 8.443, de 16 de julho de 1992. Dispõe sobre a Lei Orgânica do Tribunal de Contas da União e dá outras providências. Brasília, DF, 1992. Disponível em: http://www.planalto.gov.br/ccivil_03/leis/L8443.htm. Acesso em: 15 ago. 2019.

> DENÚNCIA CONTRA PREFEITO. RECUSA EM PRESTAR IN-FORMAÇÕES REQUISITADAS PELO MINISTÉRIO PÚBLICO DE CONTAS. CIÊNCIA COMPROVADA. IMPUTAÇÃO DE CRIME DE DESOBEDIÊNCIA. DENÚNCIA RECEBIDA. 1. A denúncia narra recusa do Prefeito em atender a requisição do Ministério Público de Contas, recusa essa com elevada potencialidade lesiva, uma vez que as informações requisitadas seriam "imprescindíveis à investigação de irregularidades em contratos administrativos do ente federado, podendo revelar a ocorrência de outros crimes e atos de improbidade naquele Município". As informações requisitadas dizem respeito à aquisição de combustível pela Prefeitura, no exercício de 2008 (fls. 15), que, de acordo com parecer da Procuradoria Geral do Município de Penedo (fls. 9/14), estaria marcada por graves indícios de irregularidades. 2. *O poder de requisição do Ministério Público decorre da regra constitucional prevista no art. 129, VI, da Carta Republicana. A Lei Orgânica Nacional do Ministério Público (Lei nº 8.625/1991) repete o preceito e ainda deixa claro que as autoridades municipais estão sujeitas ao poder de requisição ministerial.* 3. Os membros do Ministério Público que atuam junto aos Tribunais de Contas pertencem à instituição do Ministério Público tanto como os membros do Ministério Público da União e dos Ministérios Públicos dos Estados, asseguradas, aos seus membros as mesmas garantias e prerrogativas dos membros do Ministério Público, tais como requisição de documentos, informações e diligências, sem qualquer submissão à Corte de Contas (RHC 35.556/RS, Rel. Ministro FELIX FISCHER, QUINTA TURMA, julgado em 18.11.2014, *DJe* 28.11.2014). 4. Pela ata de assentada de audiência realizada em 24.05.2016 (fls. 181), com a presença do prefeito acusado, Marcius Beltrão Siqueira, fica claro que ele teve ciência do teor da requisição, e mesmo no intervalo entre a realização dessa audiência e o oferecimento da denúncia o Prefeito não fez questão nenhuma de cumprir a requisição do Ministério Público. 5. Denúncia recebida. (Grifo nosso).[254]

Entendimento esse proferido também por Juarez Freitas, em resposta à consulta formulada pela Associação Nacional do Ministério Público de Contas:

> No que concerne ao quarto Quesito, relativo à admissibilidade da expedição de ofícios diretamente pelos Procuradores de Contas às

---

[254] ALAGOAS. Tribunal de Justiça. *Improbidade Administrativa: 05000030820168020000 AL 0500003-08.2016.8.02.0000*. Rel. Des. Sebastião Costa Filho. Julg. 22.11.2016. Tribunal Pleno. Public. 24.11.2016. Disponível em: https://tj-al.jusbrasil.com.br/jurisprudencia/409227989/improbidade-administrativa-5000030820168020000-al-0500003-0820168020000/inteiro-teor-409227999. Acesso em: 15 ago. 2019.

autoridades e demais pessoas sujeitas à jurisdição do Tribunal de Contas, *a resposta é cabalmente afirmativa no tocante à prerrogativa que deveria ser pacífica, já como resultado da cogência direta e imediata (independente das regras legais) do princípio da independência funcional e do poder implícito ("implied power") associado, já pela aplicação analógica de dispositivo expresso da Lei Orgânica do Ministério Público. Quer dizer, por um ou por outro modo de argumentar, trata-se de poder-dever seguramente respaldado nos arts. 130 e 129, II e IV, assim como no art. 26, I, "b" da Lei Federal 8.625/93, sem embargo das disposições a respeito nas respectivas Leis Orgânicas do Ministério Público Estadual.* Exemplos concretos, ademais, evidenciam que tais providências podem ser extremamente benéficas à guarda, em tempo útil, da coisa pública. (Grifo nosso)[255]

Nessa senda, outra atribuição essencial ao Ministério Público de Contas, em razão da sua atuação extrajudicial, é a troca de informações com o Ministério Público ordinário, garantindo que ambos, como guardiões da lei e em função essencial à justiça, exerçam a defesa da ordem jurídica, bem como a proteção do interesse social.

Um exemplo disso é a parceria institucional entre o MPC-PA e o MPF para as eleições de 2018:

O MPF recebeu um ofício referente ao levantamento feito pelo *Parquet* de Contas – com dados dos últimos anos – dos processos de tomadas de contas tramitados no Tribunal de Contas do Estado do Pará (TCE-PA), dos pareceres do MPC-PA e dos processos encaminhados ao MPPA por indícios de improbidade administrativa.

Segundo a titular da 7º Procuradoria de Contas do MPC-PA, Deíla Barbosa Maia, a atuação conjunta do órgão com o MPF e, também, com o Ministério Público Estadual (MPPA), *será intensificada com o envio de informações sobre os "processos de tomadas de contas e os pareceres do MPC-PA, os quais irão contribuir com a análise da lista de políticos, feita pela Procuradoria Regional Eleitoral"*, explicou.

O MPF, representado pela procuradora regional eleitoral, Nayana Fadul, *considerou a parceria fundamental, uma vez que o MPC-PA em sua estrutura técnica de trabalho, possui documentação jurídica – os pareceres – "que vão nos municiar quando da nossa validação do período de impugnação aos registros de candidatura daqueles candidatos que estejam pleiteando a candidatura,* mas, porventura, estejam enquadrados em causas de inelegibilidade

---

[255] FREITAS, Juarez. Ministério Público de Contas: estágio probatório; vitaliciamento; correição funcional, escolha de procurador-geral e autonomia institucional. *In*: ASSOCIAÇÃO NACIONAL DO MINISTÉRIO PÚBLICO DE CONTAS. *Ministério Público de Contas*: perspectivas doutrinárias do seu estatuto jurídico. Belo Horizonte: Fórum, 2017. p. 84.

e, sobretudo, não só por este viés, mas também de modo preventivo antever situações em que a lei não esteja sendo cumprida de modo satisfatório", ponderou. (Grifos nossos)[256]

Tal compartilhamento de informações é considerado lícito pelo Superior Tribunal de Justiça, conforme se vê no trecho abaixo transcrito:

> II – Assim, aos membros do Ministério Público perante as Cortes de Contas, individualmente, é conferida a prerrogativa de independência de atuação perante os poderes do Estado, a começar pela Corte junto à qual oficiam (ADI nº 160/TO, Tribunal Pleno, Rel. Min. Octavio Gallotti, *DJ* de 20.11.1998). III – *Dessarte, não há que se falar em ilicitude de provas decorrente da troca de informações entre Ministério Público Federal e Ministério Público de Contas*, uma vez que a característica extrajudicial da atuação do Ministério Público de Contas não o desnatura, mas tão somente o identifica como órgão extremamente especializado no cumprimento de seu mister constitucional. (Grifo nosso).[257]

Essa parceria ocorre também com outros órgãos do governo. A Secretaria de Transparência e Controle do Governo do Estado do Maranhão, por exemplo, firmou termo de cooperação com o *Parquet* de Contas do Estado para a utilização do Sistema de Cadastro e Informações de Tomada de Contas Especial – SUPREMA –, a fim de proporcionar o acompanhamento concomitante do Ministério Público de Contas das Tomadas de Conta Especiais, bem como de demonstrar os reais de valores devidos ao erário.[258]

No mesmo sentido, cabe também ao Ministério Público de Contas promover, junto à Advocacia-Geral da União, Procuradorias ou demais dirigentes das entidades jurisdicionadas pelo Tribunal de Contas, representação para que efetuem a cobrança judicial de dívida, indicando desde logo medidas necessárias ao arresto dos bens dos

---

[256] MPC-PA E MPF reforçam parceria institucional para as eleições de 2018. *Portal MPC-PA*, 24 abr. 2018. Disponível em: http://www.mpc.pa.gov.br/noticia/detalhe/id/320/titulo/mpc-pa-e-mpf-reforcam-parceria-institucional-para-as-eleicoes-de-2018. Acesso em: 15 ago. 2019.

[257] BRASIL. Superior Tribunal de Justiça. *RHC 35556/RS (2013/0033150-0)*. Rel. Min. Felix Fischer. Julg. 18.11.2014. Brasília, 18 nov. 2014. Disponível em: https://ww2.stj.jus.br/websecstj/cgi/revista/REJ.cgi/ITA?seq=1366407&tipo=0&nreg=201300331500&SeqCgrma Sessao=&CodOrgaoJgdr=&dt=20141128&formato=PDF&salvar=false. Acesso em: 15 ago. 2019.

[258] STC e Ministério Público de Contas firmam parceria para apurar desvios de recursos públicos. *Portal TCE-MA*, [s.d.]. Disponível em: http://site.tce.ma.gov.br/index.php/noticias-intranet/1893-stc-e-ministerio-publico-de-contas-firmam-parceria-para-apuracao-de-desvios-de-recursos-publicos. Acesso em: 15 ago. 2019.

jurisdicionados julgados em débito (artigos 28, inciso II, 61 e 81, inciso III, da Lei nº 8.443/92)[259]

Todavia, se constatada a inércia desses, ainda que a jurisprudência[260] do STF tenha entendimento contrário, é dever-poder do *Parquet* de Contas provocar o Ministério Público ordinário para que tome as medidas cabíveis, visto que resta claro que o exercício ministerial é a defesa dos interesses sociais e individuais indisponíveis (artigo 127, CF/88).

Estabelece a Súmula nº 329 do Superior Tribunal de Justiça que: "O Ministério Público tem legitimidade para propor ação civil pública em defesa do patrimônio público".[261] Dessa forma, se a condenação da Corte de Contas gerar imputação de débito para determinado responsável por lesar bens públicos, na ausência de execução por ente público beneficiário (único legitimado para as atuais decisões do Poder Judiciário), o interesse público ficaria prejudicado? Não, o Ministério Público de Contas tem o dever de provocar o *Parquet* ordinário para efetivamente promover a defesa da ordem jurídica e do erário.

Nessa perspectiva, o Ministério Público de Contas do Estado de Minas Gerais regulamentou, por meio da Resolução MPC – MG nº 07,[262] a possibilidade de instauração de Inquérito Civil para apurar fatos remetidos ao *Parquet*, disponibilizando, ainda, acompanhamento[263]

---

[259] BRASIL. Lei nº 8.443, de 16 de julho de 1992. Dispõe sobre a Lei Orgânica do Tribunal de Contas da União e dá outras providências. Brasília, DF, 1992. Disponível em: http://www.planalto.gov.br/ccivil_03/leis/L8443.htm. Acesso em: 15 ago. 2019.

[260] "EMENTA: 5. Os integrantes do Parquet especial possuem atuação funcional exclusiva perante as Cortes de Contas, não detendo legitimidade ad causam para executar as decisões formadas no âmbito administrativo por meio de ação desenvolvida pelos meios ordinários ou pela via reclamatória. Precedentes" (BRASIL. Supremo Tribunal Federal. *Ag. Reg. Na Reclamação 24.162/DF*. Rel. Min. Dias Toffoli. Brasília, 22 nov. 2016. Disponível em: http://redir.stf.jus.br/paginadorpub/paginador.jsp?docTP=TP&docID=12172734. Acesso em: 15 ago. 2019).

[261] BRASIL. Superior Tribunal de Justiça. Súmula nº 329. O Ministério Público tem legitimidade para propor ação civil pública em defesa do patrimônio público. Rel. Min. Franciulli Netto. Corte Especial, 02.08.2006. *DJ*, 10.08.2006. Disponível em: https://ww2.stj.jus.br/docs_internet/revista/eletronica/stj-revista-sumulas-2012_27_capSumula329.pdf. Acesso em: 15 ago. 2019.

[262] MINAS GERAIS. Ministério Público de Contas. *Resolução MPC-MG nº 07*, de 21 de novembro de 2013. Regulamenta o recebimento e tratamento das informações remetidas ao Ministério Público de Contas relativas à ocorrência, em tese, de irregularidades no âmbito da Administração Pública Estadual ou Municipal, bem como a instauração de Inquérito Civil e de Procedimento Preparatório. Belo Horizonte, 21 nov. 2013. Disponível em: http://www.mpc.mg.gov.br/wp-content/uploads/2014/10/RESOLUCAO-007-2013-2.pdf. Acesso em: 15 ago. 2019.

[263] ACOMPANHAMENTO dos Inquéritos Civis do Ministério Público de Contas de Minas Gerais. *Portal MPC-MG*, [s.d.]. Disponível em: http://www.mpc.mg.gov.br/acompanhamento-dos-ics/. Acesso em: 15 ago. 2019.

do andamento dos autos para população, demonstrando de maneira eficiente a defesa da ordem jurídica e dos interesses sociais.

Por fim, mas não esgotando o rol de atribuições do Ministério Público especial, como fiscal da lei na esfera do controle contábil, financeiro, orçamentário, operacional e patrimonial da administração pública, o órgão ministerial especializado poderá recorrer das decisões do Tribunal de Contas em que atua, bem como propor Representação diante da Corte de Contas, denunciando fatos que vislumbrar ferir a ordem jurídica, o interesse público ou lesar o erário.[264]

Após a promulgação da Constituição Federal de 1988, o *Parquet* de Contas junto aos Tribunais de Contas passou a ter estatura constitucional e natureza jurídica de Ministério Público especial (artigo 73, §5, e 130 da CF/88), não se confundindo com o Ministério Público da União e dos Estados, tampouco com o Tribunal de Contas com qual atua.

Nesse sentido, votou o Ministro Celso de Mello:

> O Ministério Público que atua perante o TCU qualifica-se como órgão de extração constitucional, eis que a sua existência jurídica resulta de expressa previsão normativa constante da Carta Política (art. 73, §2º, I, e art. 130), sendo indiferente, para efeito de sua configuração jurídico-constitucional, a circunstância de não constar do rol taxativo inscrito no art. 128, I, da Constituição, que define a estrutura orgânica do Ministério Público da União.
>
> (...)
>
> A nova Constituição do Brasil fortaleceu, significadamente, o Ministério Público, *qualificando-o como instituição permanente e essencial à função jurisdicional do Estado* (art. 127) e outorgando-lhe a incumbência de defender a ordem jurídica, o regime democrático e os interesses sociais e individuais indisponíveis.
>
> Dentro do novo contexto consagrado pela Lei Fundamental da República, o Ministério Público *passou a ostentar posição especial na estrutura do Poder, investido de independência institucional* que lhe assegura, em plenitude, o livre desempenho das atribuições que lhe foram conferidas pelo novo estatuto político. (Grifos nossos).[265]

---

[264] RINGENBERG, Diogo Roberto. Poder de requisição do Ministério Público de Contas. *In*: ASSOCIAÇÃO NACIONAL DO MINISTÉRIO PÚBLICO DE CONTAS. *Ministério Público de Contas*: perspectivas doutrinárias do seu estatuto jurídico. Belo Horizonte: Fórum, 2017. p. 258.

[265] BRASIL. Supremo Tribunal Federal. ADI 789-1 Distrito Federal. Rel. Min. Celso de Mello. Tribunal Pleno. Julg. 26.05.1994. *DJ*, 19.12.1994. Disponível em: http://redir.stf.jus.br/paginadorpub/paginador.jsp?docTP=AC&docID=266534. Acesso em: 15 ago. 2019.

CAPÍTULO 2
DOS TRIBUNAIS DE CONTAS E DO MINISTÉRIO PÚBLICO DE CONTAS COMO ÓRGÃOS DE CONTROLE | **183**

Entendimento esse proferido também na Ação Direta de Inconstitucionalidade nº 3.192-9/ES:

EMENTA: (...)

1. Impossibilidade de Procuradores de Justiça do Estado do Espírito Santo atuarem junto à Corte de Contas estadual, em substituição aos membros do Ministério Público especial.

2. Esta Corte entende que *somente o Ministério Público especial tem legitimidade para atuar junto aos Tribunais de Contas dos Estados e que a organização e composição dos Tribunais de Contas estaduais estão sujeitas ao modelo jurídico estabelecido pela Constituição do Brasil* [artigo 75]. Precedentes.

3. É inconstitucional o texto normativo que prevê a possibilidade de Procuradores de Justiça suprirem a não existência do Ministério Público especial, de atuação específica no Tribunal de Contas estadual.

4. Pedido julgado procedente, para declarar inconstitucionais o inciso IV do §1º do artigo 21; o §2º do artigo 21; o §2º do artigo 33; a expressão "e ao Tribunal de Contas" constante do artigo 186; e o parágrafo único do artigo 192, todos da Lei Complementar nº 95, de 28 de janeiro de 1997, do Estado do Espírito Santo. (Grifo nosso)[266]

Dessa forma, apesar de estar junto ao Tribunal de Contas e possuir os mesmos direitos, garantias, prerrogativas e vedações que se aplicam aos membros do Ministério Público ordinário e aos magistrados, o *Parquet* de Contas conta com estrutura e competências próprias já elencadas anteriormente, bem como estatura constitucional.

Por fim, conclui-se que o Ministério Público de Contas só conseguirá cumprir com seu dever-poder constitucional de promover a defesa da ordem jurídica e ser um efetivo fiscal da lei – *custos legis* –, protegendo o interesse público, bem como o erário, se obtiver autonomia funcional, financeira e administrativa, não se submetendo ao Tribunal de Contas em que atua.

2.2.2.4 Dos limites na atuação do Ministério Público de Contas

Existe um imenso debate jurisprudencial e doutrinário quanto à autonomia do Ministério Público de Contas, seja ela funcional,

---

[266] BRASIL. Supremo Tribunal Federal. ADI 3.192-9 Espírito Santo. Rel. Min. Eros Grau. Tribunal Pleno. Julg. 24.05.2006. Brasília, 24 maio 2006. *DJ*, 18.08.2006. Disponível em: http://redir.stf. jus.br/paginadorpub/paginador.jsp?docTP=AC&docID=363333. Acesso em: 15 ago. 2019.

administrativa ou financeira, principalmente após sua institucionalização constitucional.

Importante frisar que o *Parquet* de Contas atua junto ao Tribunal de Contas da mesma forma que o Ministério Público ordinário atua no Poder Judiciário, ou seja: apesar de estarem lado a lado, não se confundem em suas atribuições.

Nos primeiros anos após a promulgação da Lei Maior de 1988, as decisões eram proferidas em sentido restritivo e contrário à independência do *Parquet* de Contas, exemplo disso é a ADI 160-4:

> EMENTA: 1 – MINISTÉRIO PÚBLICO ESPECIAL JUNTO AOS TRIBUNAIS DE CONTAS.
> *Não lhe confere, a Constituição Federal, autonomia administrativa.* Precedente: 789.
> Também em sua organização, ou estruturalmente, não é ele dotado de autonomia funcional (como sucede ao Ministério Público comum), pertencendo, individualmente, a seus membros, essa prerrogativa, nela compreendida a plena independência de atuação perante os poderes do Estado, a começar pela Corte junto à qual oficiam (Constituição, artigos 130 e 75). (Grifo nosso)[267]

No presente caso, o relator defendia que aos membros do Ministério Público de Contas eram atribuídos os direitos e garantias que são assegurados aos membros do *Parquet* ordinário, todavia, ao órgão em si, não era conferida estrutura ou prerrogativa para gozar de quadro funcional e próprio de servidores.

De igual maneira foi o julgamento da ADI 2.378-1/GO, de relatoria do Ministro Maurício Corrêa, afirmando, no corpo do voto, que o Ministério Público de Contas integra o próprio Tribunal de Contas, não gozando de autonomia administrativa e financeira:

> EMENTA: MINISTÉRIO PÚBLICO JUNTO AO TRIBUNAL DE CONTAS DO ESTADO DE GOIÁS. EC Nº 23/98. INCONSTITUCIONALIDADE.
> 1. Esta Corte já firmou orientação no sentido de que o Ministério Público que atua junto aos Tribunais de Contas não dispõe de fisionomia institucional própria (ADI 789, CELSO DE MELLO, *DJ* DE 19.12.94).
> 2. As expressões contidas no ato legislativo estadual que estendem ao Ministério Público junto ao Tribunal de Contas do Estado as prerrogativas

---

[267] BRASIL. Supremo Tribunal Federal. ADI 160-4 Tocantins. Rel. Min. Octavio Gallotti. Tribunal Pleno. Julg. 23.04.1998. Brasília, 23 abr. 1998. *DJ*, 20.11.1998. Disponível em: http://redir.stf. jus.br/paginadorpub/paginador.jsp?docTP=AC&docID=266228. Acesso em: 15 ago. 2019.

do Ministério Público comum, *sobretudo às relativas "à autonomia adminis-trativa e financeira, à escolha, nomeação e destituição de seu titular e à iniciativa de sua lei de organização" são inconstitucionais,* visto que incompatíveis com a regra do artigo 130 da Constituição Federal. (Grifo nosso).[268]

Nesse mesmo sentido, segundo o entendimento do doutrinador Hélio Saul Mileski:

> embora o Ministério Público junto ao Tribunal de Contas seja especial, aplicando-se-lhe princípios constitucionais próprios à atividade – unidade, indivisibilidade e independência funcional –, *não possui autonomia administrativa e financeira,* nem quanto à escolha, nomeação e destituição de seu titular, não tendo, por consequência, a iniciativa de sua lei de organização, conforme orientação mantida em sólida jurisprudência do Supremo Tribunal Federal. (Grifo nosso)[269]

A discutida falta de autonomia financeira e administrativa do Ministério Público de Contas consequentemente influencia na autonomia funcional do órgão, mitigando sua atuação de legítimo guardião dos interesses públicos – neste caso, com foco no controle externo – junto aos Tribunais de Contas.

Portanto, devemos ter como premissa que "o Ministério Público Especial é instituição permanente, essencial à função de controle externo do Estado, incumbindo-lhe a defesa da ordem jurídica, do regime democrático, dos interesses e direitos subjetivos individuais e coletivos".[270]

Assim sendo, não é cabível aceitar que um órgão de extração constitucional, instituído no capítulo do Ministério Público, não detenha a mesma autonomia institucional plena do *Parquet* ordinário e, para que realmente a tenha, necessita de autonomia financeira e administrativa, o que não ocorre em alguns estados brasileiros.

No atual cenário econômico, o *Parquet* especial, principalmente por meio de sua função *custos legis* para o combate à corrupção pública,

---

[268] BRASIL. Supremo Tribunal Federal. ADI 2.378-1 Goiás. Rel. Min. Maurício Corrêa. Tribunal Pleno. Julg. 22.03.2001. Brasília, 22 mar. 2001. *DJ*, 05.04.2002. Disponível em: http://redir.stf. jus.br/paginadorpub/paginador.jsp?docTP=AC&docID=347571. Acesso em: 15 ago. 2019.

[269] MILESKI, Hélio Saul. *O controle da gestão pública*. São Paulo: Revista dos Tribunais, 2003. p. 228.

[270] GOULART, Celestino; GUIMARÃES, Fernando Augusto Mello. *O Ministério Público Especial e seus Princípios Fundamentais*. [*S.l.*], [s.d.], 31 p. Disponível em: http://mpc.ba.gov.br/m/wp-content/uploads/2014/12/OMPEEPRINCIPIO.pdf. Acesso em: 15 ago. 2019.

amplia o alcance e qualidade da fiscalização da Administração Pública exercida pelos Tribunais de Contas.

A título de exemplo de seu efetivo desempenho na fiscalização da gestão pública, o Ministério Público de Contas do Estado do Amazonas, por meio de Representação, pediu a suspensão de contratos de cantores, que gerariam gastos ao município de Coari no valor de R$ 1 milhão enquanto a população carece de direitos básicos fundamentais, como saúde.[271]

Atualmente, as doutrinas e juristas têm se posicionado de modo a construir efetivamente a legítima autonomia funcional – ou seja, autonomia financeira e administrativa – do Ministério Público de Contas:

> A seção constante do capítulo IV que trata das "Funções Essenciais à Justiça" começa por definir, no art. 127, o que é o Ministério Público – que se pode chamar de institucional para evitar confusões – da seguinte forma: "O Ministério Público é instituição permanente, essencial a função jurisdicional do Estado, incumbindo-lhe a defesa da ordem jurídica, do regime democrático e dos interesses sociais e individuais indisponíveis" (BRASIL, 2012b).
>
> Dessa nobre e ampla competência constitucional é que se extraem as relativas ao controle e fiscalização de contas. *Entre estas estão as que se referem à autonomia funcional e administrativa.* (Grifo nosso)[272]

> 10. O fato de o Ministério Público Especial compartilhar a intimidade jurisdicional dos Tribunais de Contas, por si só, *não tem o atributo de impossibilitar de ser dotado de autonomia e financeira, nos moldes do perfil institucional-orgânico do Ministério Público comum.*
>
> 11. *A autonomia funcional e administrativa, é de aplicação independentemente de legislação regulamentadora.* A autonomia funcional inerente ao *Parquet* especial tem como atributo não só liberdade de manifestação e organização de suas atividades, mas, sobretudo, a impossibilidade de ingerência ou interferência de qualquer dos Poderes e da Corte de Contas que compartilhe a mesma intimidade de jurisdição. (Grifos nossos)[273]

---

[271] CASTRO, Alisson. MPC pede suspensão de gastos de R$ 1 mi com artistas em Coari. *D24am*, 27 jun. 2018. Disponível em: http://d24am.com/politica/mpc-pede-suspensao-de-gastos-de-r-1-mi-com-artistas-em-coari/. Acesso em: 15 ago. 2019.

[272] RIBAS JUNIOR, Salomão. *Corrupção pública e privada*. Belo Horizonte: Fórum, 2014. p. 293-294.

[273] GOULART, Celestino; GUIMARÃES, Fernando Augusto Mello. *O Ministério Público Especial e seus Princípios Fundamentais*. [S.l.], [s.d.], 31 p. Disponível em: http://mpc.ba.gov.br/m/wp-content/uploads/2014/12/OMPEEPRINCIPIO.pdf. Acesso em: 15 ago. 2019.

Nota-se que sua função em prol da sociedade é tão contundente que os maiores afetados – os corruptos –, tentam restringir e reprimir a atuação ministerial de Contas, todavia, diante de sua construção e constante evolução histórica, o *Parquet* de Contas vem conquistando seu espaço e impedindo limitações em sua atuação.

Sob esse prisma, o Tribunal de Justiça do Paraná barrou grave violação à autonomia institucional do *Parquet* de Contas de seu Estado:

> O Tribunal de Justiça do Estado do Paraná expediu, no final da tarde desta quarta-feira (16), duas determinações à Presidência do Tribunal de Contas do Estado do Paraná para que não dê encaminhamento à proposição administrativa com "condão de afetar a autonomia funcional e a independência inerentes ao exercício das funções dos membros do Ministério Público de Contas em descumprimento ao art. 130 da Constituição Federal". (MCI 1451707-2/01).
>
> Para o Des. Carvílio Silveira Filho, do Órgão Especial do TJ-PR, que examinou a liminar proferida, a "redução do número de membros de carreira de Estado, seja de qual natureza for, implica, objetivamente, em modificação da dinâmica funcional dos seus agentes públicos".
>
> Noutra decisão, da lavra do Des. Luís Carlos Xavier (MS 1483986-0), também integrante do Órgão Especial da Casa de Justiça paranaense, consignou-se determinação "ao Presidente do Tribunal de Contas que se abstenha de apresentar ao Tribunal Pleno qualquer ato ou proposição que, não havendo sido deflagrado pelo seu Procurador-Geral, venha a influir na estrutura administrativa do Ministério Público de Contas".[274]

À guisa de conclusão, verificamos que um órgão submisso não exerce seus atributos de forma livre e imparcial. Além disso, percebemos que a falta de autonomia administrativa e financeira do Ministério Público de Contas contraria o que a Constituição Federal de 1988 dispõe sobre a independência funcional órgão, pois se esses Ministérios Públicos especiais fossem sujeitos ao Tribunal no qual atuam, sua função fundamental estaria prejudicada, mesmo porque, como visto acima, o *Parquet,* em defesa da supremacia do interesse público, pode recorrer das decisões dos Tribunais.

Dessa forma, em análise sistemática e completa, resta demonstrado que a Carta Magna serviu para instrumentalizar o *Parquet* de Contas e

---

[274] BRASIL. Tribunal de Contas do Estado do Paraná. TRIBUNAL de Justiça impede retrocesso no Ministério Público de Contas. *Portal do MPC-PR,* 17 dez. 2015. Disponível em: http://www.mpc.pr.gov.br/tribunal-de-justica-impede-retrocesso-no-ministerio-publico-de-contas/. Acesso em: 15 ago. 2019.

conferir sua atuação perante as Cortes de Contas com o fim de fiscalizar a aplicação da lei, defender os interesses da sociedade e velar pela ordem jurídica, contribuindo para efetivação do direito fundamental ao bom governo, não podendo as leis infraconstitucionais limitarem sua função essencial à justiça.

CAPÍTULO 3

A FUNÇÃO SOCIAL DOS TRIBUNAIS DE CONTAS E DO MINISTÉRIO PÚBLICO DE CONTAS

De acordo com o *Dicionário Etimológico*,[275] a palavra "função" provém do latim *functus*, que, por sua vez, deriva do verbo *fungor*. Traduzindo para o português, *functus* significa *interpretar*, ou seja, significa falar sobre assunto do qual se conhece ou ato de cumprir um encargo. Já no dicionário *online*[276] de português, encontramos a seguinte definição para "função": "obrigação que se deve executar (…) ofício, o trabalho desempenhado por alguém".

No que concerne à palavra "social", o dicionário supracitado determina que se trata de "Sociável; que prefere estar na companhia de outras pessoas".[277]

Considerando as definições acima e colocando as palavras "função" e "social" juntas, temos que nós também cumprimos uma função social na medida em que conseguimos desenvolver as nossas potencialidades.

Desse modo, compreendido o sentido (ou os sentidos, no plural) da palavra "função" e do termo "social", cumpre-nos buscar saber o que está compreendido na expressão "função social".

---

[275] FUNÇÃO. *In:* DICIONÁRIO Etimológico. Disponível em www.dicionarioetimologico.com. br/funcao/. Acesso em: 15 ago. 2019.

[276] FUNÇÃO. *In:* DICIONÁRIO Online de Português. Disponível em: https://www.dicio.com. br/funcao/. Acesso em: 15 ago. 2019.

[277] SOCIAL. *In:* DICIONÁRIO Online de Português. Disponível em: https://www.dicio.com. br/social/. Acesso em: 15 ago. 2019.

Niccola Abbagnano ensina que

> (in. *Function; fr. Fonction; al. Funktion; it. Funzione)*. Esse termo tem duas significações fundamentais:
> 1ª Operação. Neste significado o termo corresponde à palavra grega *ergon* (...) Aristóteles emprega esse termo com o mesmo sentido, quando, em *Ética a Nicômaco*, procura descobrir qual é a função ou a operação própria do homem como ser racional (Et. Nic., I,7). (...) Em outras palavras, os conceitos são função porque são atividade, operações, e não modificações passivas como as impressões sensíveis. A função conceptual é definida por Kant como "unidade do ato de ordenar diversas representações sob uma representação comum". A significação de operação ou de ação dirigida para um fim e capaz de realizá-lo predomina em todas essas noções.
> 2ª Relação. (...) Desse ponto de vista, função é a operação de aplicar efetivamente a regra que interliga as variações de dois conjuntos de quantidades de tal modo que se encontrem os valores de algumas dessas quantidades quando os outros são dados.[278]

De fato, quem tem função, tem alguma incumbência a cumprir. Trata-se, portanto, de um exercício; e, realmente, se formos analisar, tudo aquilo que já existe cumpre uma determinada função. Naturalmente, se considerarmos que tudo existe com o fim de atender à sociedade, compreenderemos que não apenas o direito, mas tudo na realidade fática, existe e foi criado para, ao cumprir o objetivo pelo qual surgiu, servir à sociedade.

Francisco José Carvalho,[279] em obra intitulada *Teoria da função social do Direito*, explica que se entende por função a qualidade e a atribuição que algo tem de atender ou desempenhar. Função é, portanto, uma atribuição com vistas a atender a um objetivo ou a uma finalidade que está contida no que o autor chamou de "estrutura dogmática de si mesma".

No plano jurídico, esse autor define "função social" como

> a qualidade e a atribuição dos seres, das coisas, dos objetos, dos bens, institutos e instituições, organismos e organizações aos quais a norma jurídica atribui uma missão de ser e representar para alguém que delas

---

[278] ABBAGNANO, Nicola. *Dicionário de Filosofia*. 6. ed.; 2. reimp.. São Paulo: Martins Fontes, 2012.

[279] CARVALHO, Francisco José. *Teoria da função social do Direito*. Curitiba: Juruá, 2013. p. 118.

é titular e para aqueles que estão ao seu redor e que participam direta ou indiretamente de seus efeitos.[280]

Assim, o Direito é dotado de função social, na medida em que é criado para servir como direcionamento ou, como a doutrina ensina, funcionar como regra de ação para o comportamento das pessoas, sejam elas físicas ou jurídicas, que compõe a própria sociedade que positiva esse direito.

Em uma sociedade, os indivíduos que a compõem são dotados de pensamentos e interesses próprios que, por vezes, convergem, mas também divergem. Assim, para que o respeito e a paz social possam ser uma realidade, ainda que não absoluta, é preciso que existam normas orientativas de conduta, direcionando os sujeitos de direito para evitar que o conflito se instaure.

Por isso, o Direito é necessário e, por meio do Estado, é aplicado, tendo como principal missão permitir que cada integrante da sociedade possa cumprir a sua função individual e, ao mesmo tempo, fazer valer a própria função social do Direito.

Nesse sentido, Tércio Sampaio Ferraz aduz que:

> (...) as expressões "fins sociais" e "bem comum" são entendidas como sínteses éticas da vida em comunidade. Sua menção pressupõe uma unidade de objetivos do comportamento social do homem. Os "fins sociais" são ditos do direito, em todas as manifestações normativas faz-se mister encontrar o seu fim, e este não poderá ser antissocial. Quanto ao bem comum, não se trata de um fim do direito mas da própria vida social.[281]

Logo, faz-se mister observar se todos os integrantes de uma sociedade caminham em prol do que entendem ser o bem comum. Este é o desejo dos entes sociais, que constitui, também, a finalidade social do ordenamento jurídico contemporâneo.

Desse modo, a compreensão do sentido de "função social" deverá pairar sobre uma medida que busca harmonizar as relações jurídicas com o escopo de atingir a ordem social, voltada para o bem comum e para a solidariedade social, em busca de paz e justiça.

---

[280] *Ibidem*, p. 118.
[281] FERRAZ JUNIOR, Tércio Sampaio. *Introdução ao Estudo do Direito*. 9. ed. São Paulo: Atlas, [s.d.]. p. 265.

É cediço que o Estado existe para fazer valer os direitos dos cidadãos e exigir o cumprimento de seus deveres e, além disso, que a função primeira do direito é fazer justiça. Para tanto, porém, é preciso que todos ajam com justiça. Assim, para Francisco José Carvalho:

> A função social é o exercício da atividade, o ônus ou o bônus imposto pela lei ou pelas regras de experiência comum de alguém, em face de outrem, ou deste, em face de uma coisa.
> A função social do direito será um ônus caso o titular do direito subjetivo não cumpra a ordem legal ou o compromisso assumido numa ou noutra constatação. Nesses casos, a regra de direito concernente às obrigações e aos deveres que decorrem do fato de ser titular de alguma coisa, convoca o devedor para tomar uma ação positiva tendente a cumprir a obrigação legal ou aquela ajustada no tráfego jurídico.[282]

Dessa maneira, o Estado age conduzindo os indivíduos em prol da paz e do bem-estar coletivo, fazendo uso de sua força imperativa, instrumentalizando o sujeito de direitos a fim de possibilitar que ele tenha o seu direito observado.

Complementando o raciocínio exposto, citamos, ainda, o posicionamento de Karl Renner:

> A função de um direito *in rem* não é revelada apenas por uma *persona* ou *res*, nem pelo poder legal da *persona* sobre a *res*, que é meramente liberdade de ação concedida pela lei. Sua função é revelada pelo uso ativo do direito, na maneira do exercício – que na maioria dos casos fica fora da esfera da lei. (...) O exercício do direito, entretanto, não é apenas de relevância social, ele próprio é determinado pela sociedade. O camponês isolado decide, a seu prazer, como utilizar sua terra, mas o produtor capitalista é motivado pela posição no mercado, pela sociedade. Legalmente livre, ele é economicamente preso, e seus liames são formados pela relação entre ele próprio e todos os demais objetos-propriedades. Desde que o exercício de um direito não é determinado pela lei mas por fatos fora da esfera legal, a lei perde controle da matéria.[283]

Os pressupostos necessários e indispensáveis para uma vida harmônica em sociedade são fornecidos, portanto, pela lei. Por esse

---

[282] CARVALHO, Francisco José. *Op. cit.*, p. 118.

[283] RENNER, Karl. Instituições legais e estrutura econômica (1980). *In*: FALCÃO, Joaquim; SOUTO, Cláudio (Org.). *Sociologia e direito*. 2. ed. São Paulo: Thompson Pioneira, 2002, p. 147-157.

motivo, Francisco Carvalho afirma que a função social não pode estar vinculada apenas à ideia de contrato, propriedade, empresa, enfim, mas deve estar ligada a todo e qualquer instituto jurídico, seja de direito público ou privado, que envolva direitos inerentes à sociedade.

O autor ainda prossegue explicando que o legislador, ao definir função social, teve como objetivo alcançar toda a coletividade sem, porém, abandonar, no plano da estrutura da norma, o indivíduo.

Dando sequência ao raciocínio, no que diz respeito ao direito, sua função social reside no conteúdo da norma jurídica, enquanto a função social desta consiste em atingir o objetivo/fim almejado pelo legislador ao criar a norma. Assim, quando a norma produz os efeitos por ela esperados, entendemos que a sua função social foi cumprida. Ademais, consideramos que não existe norma individual, já que o indivíduo nasceu para viver em sociedade. Por esse motivo, toda norma é social, coletiva, visto que não haveria necessidade de normas se o indivíduo não tivesse com quem interagir.

Dessa forma, o direito surgiu com a função específica de nortear o indivíduo e, até mesmo, o próprio Estado, para que estes cumpram devidamente suas obrigações de maneira voluntária e pacífica. Todavia, caso isso não seja possível, o próprio Estado irá conceder ao indivíduo lesado os instrumentos legais necessários para que ele possa buscar seus direitos coercitivamente. Isso porque, quando um indivíduo não cumpre com suas obrigações legais na sociedade em que se encontra inserido, ele tumultua a paz social, quebrando as regras da sociedade. Esse comportamento autoriza o Estado a agir, mediante a solicitação de qualquer interessado que se sinta prejudicado, a fim de impor uma sanção para o que desobedeceu às regras e, dessa forma, fazer com que a paz social volte a imperar, mantendo o bem-estar coletivo.

Ainda em relação à questão da função social, muito se fala acerca da função social dos contratos, ou da função social da empresa, bem como da função social da propriedade, dentre outras coisas. Apesar disso, não temos ainda uma definição concreta do que se pode entender pela terminologia "função social". Isso se dá, possivelmente, porque todos os que já tentaram conceituar, não conseguiram fazer de forma neutra, sem qualquer cunho político, ideológico ou econômico.

Sendo assim, por ora, só podemos afirmar que se compreende por *função social* o conjunto de direitos e obrigações (que são de interesse da sociedade) de uma pessoa, física ou jurídica, em sua atividade específica.

3.1 Função social manifestada na interação institucional

Ainda no que diz respeito à função social dos Tribunais de Contas e do Ministério Público de Contas no combate à corrupção, com fins de se avaliar a eficácia desses órgãos públicos, não poderíamos deixar de falar sobre as Redes de Controle, os Fóruns e os Movimentos de Combate à Corrupção, como ações de interação institucional entre os entes da Administração Pública.

Segundo o professor Antônio Carlos Ribeiro,[284] a interação institucional é um mecanismo de *accountability* da política brasileira:

> Hoje, no Brasil a percepção sobre a importância da interação entre os mecanismos de controle transformou-se em uma ação no mundo real e deu origem a um "movimento" para motivar a ação integrada dos agentes de controle da política: os Fóruns Permanentes de Combate à Corrupção (FOCCOs)
>
> (...)
>
> Vale lembrar que a iniciativa dos Fóruns remete ao desafio de superar as dificuldades advindas de um ambiente habitado por organizações tradicionalmente marcadas por uma cultura institucional centralizadora e de isolamento, o que dificulta, em tese, qualquer tentativa de integração entre esses atores, ainda que haja muito atores dispostos a caminhar nesta direção
>
> (...)
>
> Os Fóruns Permanentes de Combate à Corrupção (FOCCOs) foram criados com objetivo de incentivar o planejamento de ações conjuntas de fiscalização e de promoção da transparência, bem como facilitar o compartilhamento de informações entre as organizações participantes. (...) Este movimento favoreceu o aumento das oportunidades de interação entre os agentes da *accountability*.

Ribeiro também esclarece que o primeiro FOCCO foi criado no Estado da Paraíba em 2005. Inicialmente, a ideia da interação institucional se espalhou pelas regiões Norte e Nordeste, tendo o movimento ganhado o restante do território nacional somente após o Tribunal de Contas da União (TCU) orientar suas representações nos Estados a constituírem/integrarem as Redes de Controle da Gestão Pública (RCGP) em todas

---

[284] RIBEIRO, Antônio Carlos. A integração como estratégia de combate à corrupção: conexões entre agentes públicos e civis em três estados do nordeste brasileiro. *In*: SEMINÁRIO INTERNACIONAL DE CIÊNCIA POLÍTICA – ESTADO E DEMOCRACIA EM MUDANÇA NO SÉCULO XXI, 1., 2015, Porto Alegre. *Anais...* Porto Alegre: [s.n.], 2015. p. 1-24.

as unidades da federação. Tais redes foram inspiradas na experiência dos FOCCOs, sendo que, nos estados em que os Fóruns já haviam sido implementados, as Redes de Controle passaram a ser representadas pelos FOCCOs ou MARCCOs.

No próprio *site* da Rede encontramos as informações necessárias para compreender os objetivos para os quais ela foi criada:

> A Rede de Controle é um centro decisório interorganizacional, que visa aprimorar a efetividade da função de controle do Estado sobre a gestão pública. A Rede tem como principal objetivo o desenvolvimento de ações direcionadas à fiscalização da gestão pública, ao diagnóstico e combate à corrupção, ao incentivo e fortalecimento do controle social, ao compartilhamento de informações e documentos, ao intercâmbio de experiências e à capacitação dos seus quadros.
>
> Para atingir esse objetivo, a estratégia adotada é a de ampliar e aprimorar, de modo expresso e efetivo, a articulação de parcerias entre os órgãos públicos e as entidades, nas diversas esferas da Administração Pública, mediante a formação de rede de âmbito estadual e federal, bem como a interação da rede formada pelos signatários do acordo estadual com a Rede de Controle da Gestão Pública.[285]

Assim, a Rede de Controle surgiu como fruto de um Protocolo de Intenções que foi firmado no dia 25 de março de 2009 e é proveniente da preocupação com a qualidade de serviços prestados à sociedade por meio das instituições públicas.

Com relação às suas finalidades, a Rede procura desenvolver ações com o intuito de fiscalizar a administração pública, fortalecer o combate à corrupção, incentivar o controle social, compartilhar informações e, ainda, capacitar os agentes públicos, em busca de maior eficácia no exercício do controle externo.

Dentre os que assinaram o Protocolo de Intenções no intuito de funcionar como parceiros das Redes de Controle estão: a Câmara dos Deputados e o Senado Federal, o Conselho a Justiça Federal, o Tribunal Superior Eleitoral, o Conselho Nacional de Justiça, o Ministério Público Federal, a Advocacia-Geral da União, os Ministérios da Fazenda e da Justiça, o Ministério da Previdência Social, o Banco do Brasil, o Tribunal de Contas da União, dentre outros.

Além das reuniões mensais, a Rede promove congressos, seminários, palestras e cursos visando a fomentar o aumento da transparência,

---

[285] Cf. http://www.rededecontrole.gov.br/rede-de-controle/inicio.htm. Acesso em: 15 ago. 2019.

aprimorar os serviços públicos, melhorar a governança dos recursos públicos e, consequentemente, melhorar a vida das pessoas.

No ano de 2016, as ações das Redes cresceram no Brasil. Houve um considerável incremento na sua visibilidade e, por óbvio, também em suas ações, o que resultou em um relevante aumento do número de parceiros. A título de exemplo, durante esse período, a Rede de Controle do Estado de Mato Grosso elaborou um planejamento estratégico, buscando estabelecer objetivos organizacionais de curto, médio e longo prazos. Atualmente, as Redes e os demais Movimentos e Fóruns estaduais de combate à corrupção estão trabalhando em sintonia com os objetivos traçados na XV Reunião Plenária da ENCCLA (Estratégia Nacional de Combate à Corrupção e à Lavagem de dinheiro).

Essa função social manifestada na interação institucional também pode ser observada nas ações do Tribunal de Contas do Estado de Mato Grosso (TCE/MT) em busca do aprimoramento das técnicas de gestão pública de seus jurisdicionados. No ano de 2012, foi instituído o Programa de Desenvolvimento Institucional Integrado (PDI), cujo objetivo é melhorar a eficácia e a eficiência dos serviços públicos, estimulando novas práticas de relacionamento entre a sociedade (titular do controle social e usuária de serviços públicos) e o Estado (titular da gestão pública e prestador de serviços públicos). Uma das principais ações do PDI é o projeto de incentivo ao acesso à informação e a consciência cidadã e o Plano de Desenvolvimento é composto de cinco importantes projetos:

- Apoio ao planejamento estratégico;
- Incentivo ao acesso à informação e à consciência cidadã;
- Orientação por meio de cursos presenciais e a distância;
- Controle gerencial utilizando o sistema Geo-Obras;
- Modernização institucional.

Por meio do Plano de Desenvolvimento Institucional, o TCE/MT busca a integralização de suas ações no intuito de melhorar e tornar mais eficaz a aplicação dos recursos públicos, objetivando elevar o nível qualitativo das políticas públicas de interesse social. Antes focado na análise da legalidade das contas públicas, no controle de processos e, subsequentemente, acompanhando as mudanças significativas promovidas pelo Estado, o TCE atual passou, após a implementação do PDI, a atuar também na avaliação das políticas públicas.

Além disso, outra mudança de concepção se deu no sentido de se reconhecer que o controle externo não existe por si só, precisando coexistir, de maneira articulada com o controle interno, com o controle jurisdicional e, talvez, o mais importante controle exercido em um Estado Democrático de Direito, que é o controle social.

E, em decorrência dessa mudança de conceitos, o Tribunal buscou uma aproximação cada vez maior com a sociedade por meio do desenvolvimento de um conjunto de ações, como o TCE Estudantil e a Consciência Cidadã, que apresentam o Controle Externo para a sociedade e estimulam a ativa participação no Controle Social.

Para tanto, o TCE/MT também disponibiliza ferramentas que permitem o acompanhamento da aplicação dos recursos públicos e da efetividade das políticas públicas por parte dos cidadãos. Instrumentos como Geo-Obras, Espaço Cidadão e o Portal Transparência foram criados com o objetivo de servirem de canais de acesso para o cidadão encontrar as informações das quais necessita para exercer o seu controle como parte integrante de uma sociedade organizada.

Essas ações estimulam o exercício da prestação responsável de contas, *accountability*, provocando necessariamente o aumento dos níveis de governança pública na mesma medida em que se amplia o desconforto não só da sociedade com relação à administração do Estado mas, também, do Estado, com relação ao controle exercido pela sociedade. Assim, o controle social deixa de ser visto apenas como uma espécie de fiscalização dos recursos públicos, passando a intervir, consideravelmente, nos aspectos da qualidade da operacionalização das políticas públicas realizadas.

Em obra denominada *Os Conselhos Municipais de Políticas Públicas de Mato Grosso: mapeamento, desempenho e perspectivas*, Cassyra Vuolo, Rose da Silva e Bartolomeu Sousa concluem afirmando que

> Estamos diante de novos caminhos, cujos processos estão em aperfeiçoamento, mas que precisam ser implantados pelos gestores públicos, incorporados pela sociedade e estimulados pelos Tribunais de Contas do Brasil. Um diálogo democrático e republicano, ainda pouco efetivado, mas possível e necessário que pretende se lançar daqui para novos horizontes.[286]

---

[286] VUOLO, Cassyra Lúcia Corrêa Barros; SILVA, Rose da; SOUSA, Bartolomeu. *Os Conselhos Municipais de Políticas Públicas em Mato Grosso*: mapeamento, desempenho e perspectivas. Cuiabá: Publicontas, 2017. p. 119.

Seguindo esse raciocínio, a qualidade das políticas públicas não reside só na sua implementação, mas também na sua análise e avaliação, de modo a verificar se cumprem ou não a sua finalidade. É função da governança pública identificar as deficientes e evitar, assim, a continuidade de políticas desnecessárias ou insatisfatórias na efetivação de direitos fundamentais.

Já em relação ao Controle Externo, este deve também estreitar o relacionamento institucional com o Controle Jurisdicional, principalmente em relação às ações de judicialização de políticas públicas.

Nesse sentido, está em andamento um processo de auditoria, ainda sob sigilo, noticiado pela imprensa local, instaurado pelo Tribunal de Contas do Estado de Mato Grosso.[287] A investigação tem por objeto a análise fatos relacionados ao cumprimento de 28 ações judiciais que resultaram em internações de pacientes em hospitais particulares.

Nos trabalhos preliminares, foram detectados pelos auditores de controle externo indícios de superfaturamento de R$ 4,88 milhões em apenas um atendimento realizado por um hospital de Cuiabá. Também foram detectados sobrepreços no serviço de *home care* para pacientes que recebem atendimento em suas casas. Vários hospitais e empresas da área de saúde estão sendo investigados como responsáveis pelas irregularidades.

Também é objeto dessa auditoria o caso de um paciente que permaneceu internado por quase cinco meses, entre os dias 1º de abril e 24 de agosto de 2014, diagnosticado com um tumor cerebral. Ele foi submetido a várias cirurgias, sendo o valor total cobrado pelo atendimento no montante de R$ 1.681.586,09. Porém, segundo o TCE, o valor de referência para esta internação deveria ser de R$ 762.382,73.

A fim de verificar se as irregularidades realmente se deram, os técnicos do TCE analisaram as diferenças entre os valores pagos pelos cofres públicos e os valores praticados no mercado em relação aos honorários dos profissionais da saúde, tendo sido verificado que as notas fiscais emitidas pelos prestadores de serviços médicos demonstram que houve um superfaturamento de 68% em relação aos valores praticados no mercado.

---

[287] HEITOR, Leonardo. FOLHAMAX: Auditoria do TCE descobre rombo milionário em atendimentos por ordem judicial em MT. *Portal do SISMA/MT*, 18 jun. 2018. Disponível em: https://sismamt.org.br/27554/folhamax-auditoria-do-tce-descobre-rombo-milionario-em-atendimentos-por-ordem-judicial-em-mt. Acesso em: 15 ago. 2019.

Embora o TCE/MT ainda não tenha concluído a auditoria, o deslinde dessa investigação será um importante instrumento que oportunizará correção das falhas do sistema de governança pública.

Porém, sabemos que o problema da judicialização é complexo, pois, de um lado, envolve a sociedade demandante, a Defensoria Pública, a Advocacia privada ou o Ministério Público como representantes dela e, do lado oposto, o Estado – representado pela Procuradoria-Geral –, tentando dizer que não há orçamento para atender a todas as demandas. Por sua vez, o Poder Judiciário cerca-se de instrumentos técnicos adequados para analisar individualmente cada demanda apresentada pelos cidadãos.

Sobre a questão da judicialização, como exemplo, vimos que a auditoria, ainda que em fase preliminar, apontou que os prestadores de serviços objeto das demandas judiciais aproveitaram a ausência de regulamentação para enriquecer ilicitamente (decisão judicial não está sujeita às regras das leis de licitação). Percebe-se, portanto, que esse é mais um fator de risco orçamentário a ser contabilizado nos processos de judicialização das políticas públicas: fraudes ocultas dentro dos processos judiciais.

3.2 Função social manifestada na interação social

Considerado como um instituto inovador, o controle social faz parte do Estado contemporâneo e surge como um efeito ou uma consequência da transparência e da participação popular.

Com sua concretização profundamente vinculada ao controle externo e judicial do Estado, o controle social é uma característica forte das democracias mais tradicionais, tendo ganhado forças no Brasil a partir da promulgação da Constituição da República.

Trata-se, neste aspecto, de uma busca pelo fortalecimento e uma espécie de reconfiguração do Estado Democrático de Direito, por meio de uma nova espécie de gestão pública, com a participação ativa da sociedade.

Em que pese a ausência de referência expressa no texto constitucional, o controle social é subentendido no disposto no artigo 74, §2º, que determina que: "Qualquer cidadão, partido político, associação ou sindicato é parte legítima para, na forma da lei, denunciar irregularidades ou ilegalidades perante o Tribunal de Contas da União".

Contudo, no dia a dia, ainda precisamos caminhar um pouco para alcançar os resultados esperados no que tange a essa espécie de controle. Apesar da existência de instrumentos próprios para a sua aplicabilidade, o controle social ainda está longe de se mostrar eficaz, talvez por faltar um pouco mais de consciência política ou de informações claras a respeito.

A doutrina nos ensina que a origem do controle, como já analisamos acima, é incerta e bastante recente. De fato, trata-se de um instrumento que surgiu no Estado Democrático de Direito, visto que durante o Estado Absolutista não havia cabimento para qualquer instrumento similar ao controle, pelo contrário, tendo em vista que o poder era soberano.

Com o passar do tempo e considerando o entendimento apresentado por Montesquieu,[288] de que o detentor de poder tende a abusar dele, começaram a surgir entendimentos com vistas à limitação dos poderes do gestor público que, mais à frente, começaram a ser denominados de controle da Administração Pública.

De início, a participação do povo na administração pública se dava unicamente por meio da eleição de seus representantes. Essa era a única forma de participação social com vistas à realização da democracia.

O exercício da cidadania, por meio do voto direto era, até então, o único modo de participação social existente. Todavia, a democracia exercida por meio de participação direta do povo não é inovação, tendo existido em épocas remotas, em países como, por exemplo, a Grécia, onde o povo participava diretamente das decisões.

Mais adiante, com o surgimento da democracia representativa com base na participação indireta da sociedade por meio de representantes por ela escolhidos, começou a surgir uma suposição de que os cidadãos, a partir daí, teriam seus interesses observados diante da possível convergência entre as preferências da sociedade (representada) e as ações praticadas por seus representantes, o que, hoje temos consciência, não se deu da maneira esperada.

Porém, é notório que o gestor público tem a obrigação de atuar com esmero, zelando, sempre, pelo uso eficiente dos recursos a ele conferidos pela sociedade, visto que são um patrimônio coletivo, ou seja, de coisa pública.

---

[288] MONTESQUIEU. *O Espírito das Leis*. Tradução de Cristina Murachco. 2. ed.; 2 reimp. São Paulo: Martins Fontes, 2000.

Portanto, é imperioso um controle mais eficaz, razão pela qual surgiu o que se convencionou chamar de "participação semidireta", por meio de uma atuação mais ativa da sociedade. Assim, a democracia participativa surgiu como uma espécie de alternativa diante do impasse do sistema representativo até então existente.

Por sua vez, o controle se caracteriza como instrumento que tem como objetivo garantir as finalidades do Estado e, ao mesmo tempo, os direitos subjetivos dos cidadãos. Diante desta definição, depreende-se que o controle da administração é gênero do qual surgem diversas modalidades (conforme já analisamos acima) e, no tocante à posição do órgão controlador, temos os controles externo, interno e social.

Anteriormente no texto, já abordamos os controles externo e interno, demonstrando sua base constitucional. Contudo, no que concerne ao controle social, impende reconhecer que se trata, ainda, de um desafio.

O controle social pressupõe autogestão e uma gestão mais próxima do patrimônio que pertence à própria sociedade, de modo a enfraquecer os limites existentes entre o Estado e a sociedade, permitindo que esta participe da administração do patrimônio público de forma mais atuante.

Acerca do controle social, Diogo de Figueiredo Moreira Neto afirma que:

> A participação e a consensualidade tornaram-se decisivas para as democracias contemporâneas, pois contribuem para aprimorar a governabilidade (eficiência); propiciam mais freios contra o abuso (legalidade); garantem a atenção a todos os interesses (justiça); proporcionam decisão mais sábia e prudente (legitimidade); desenvolvem a responsabilidade das pessoas (civismo); e tornam os comandos estatais mais aceitáveis e facilmente obedecidos (ordem).[289]

Inúmeros são os dispositivos legais que justificam a participação social no controle do poder público. Podemos citar, dentre muitos, o artigo 5º da Constituição da República em seus incisos: XIV (assegurado a todos o acesso à informação); XXXIV, alínea "a" (defesa contra a ilegalidade e o abuso do poder); XXXIV (direito a certidões); LXX (mandado de segurança coletivo), LXXII (possibilita a concessão

---

[289] MOREIRA NETO, Diogo de Figueiredo. *Mutações do direito administrativo*. 2. ed. Rio de Janeiro: Renovar, 2001. p. 41.

de *habeas data*), LXXIII (ação popular que vise a anular ato lesivo ao patrimônio público, à moralidade administrativa, ao meio ambiente e ao patrimônio histórico e cultural).

No mesmo sentido, o art. 10, da CF/88, prevê a participação de trabalhadores nos colegiados de órgãos públicos, em busca da definição de interesses profissionais e previdenciários); já o art. 29, inciso XIII, e o art. 61, §2º, tratam do exercício da soberania popular na proposição de projetos de lei de interesses coletivos. Por fim, o art. 74, §2º, determina que "qualquer cidadão é parte legítima para denunciar irregularidades e ilegalidades perante o Tribunal de Contas da União".

Importante salientar que o controle social não pode ser visto apenas como uma espécie de expressão do direito subjetivo já que se trata, também, da expressão de um direito político, uma vez que, seja qual for a forma de manifestação, o objetivo do indivíduo é o de desfrutar de uma situação jurídica positiva frente ao Estado, em busca de apurar as irregularidades.

No entanto, por outro lado, não podemos afirmar também que o exercício do controle social significa uma espécie de transferência do poder público para o privado. Seja qual for a maneira de ser exercido (por denúncia, por representação, por reclamação etc.), a finalidade do particular que faz uso dessa espécie de controle é a de apurar as responsabilidades do gestores, fazendo uso de uma situação ativa referente ao exercício do poder público e sua gestão.

No controle social, o particular peticiona ao poder público usando as faculdades de controle existentes, estando vinculado ao exercício da cidadania, aos instrumentos da democracia e da participação popular, com vistas a fiscalizar as ações exercidas pelo poder público na gestão daquilo que, originariamente, compete ao próprio povo, que é o patrimônio público.

Dessa forma, a participação social no controle da administração pública proporciona um desenvolvimento autônomo da sociedade, independente do envolvimento do poder público. Trata-se, como bem ensina Evandro Martins Guerra,[290] de um processo inverso ao da estatização da sociedade. Algo como o que o autor chama de uma espécie de socialização do Estado.

---

[290] GUERRA, Evandro Martins. Controle sistêmico: a interação entre os controles interno, externo e social. *Fórum de Contratação e Gestão Pública*, Belo Horizonte: Editora Fórum, ano 7, n. 82, out. 2008.

Portanto, o controle social consiste na participação da sociedade, no seu acompanhamento, mediante a cobrança e a fiscalização da gestão realizada pela administração pública. Desse modo, cabe reiterar, é um grande desafio frente à falta de consciência política, de esclarecimento e, muitas vezes, de informação, da população, ainda nos dias atuais. Essa participação da sociedade por meio do controle social se dá em quatro níveis distintos, a saber:

1º – o primeiro nível se refere à participação informativa (vinculada ao princípio da publicidade), por meio do qual o Estado garante dar ciência aos cidadãos das decisões tomadas, bem como das motivações para tais e tudo o mais que acontece em sua esfera de atuação.

2º – em um segundo momento, se dá no nível das decisões já tomadas, temos a participação que pode se dar, tanto por meio de simples informações com relação aos processos, caminhando entre a colaboração referente aos mesmos, até as delegações de execução;

3º – no terceiro plano, a participação social se dá por meio de consultas realizadas a indivíduos ou instituições com interesse em assuntos determinados, a fim de embasar uma tomada de decisão, por meio de debates, coleta de opiniões, etc.

4º – por fim, tem-se a própria decisão do Estado que só pode ser instituída por lei e, neste passo, surgem níveis diferentes de gradação no que tange à participação dos cidadãos que podem ir da provocação da administração pública, em busca de provocar uma discussão, com consequente tomada de decisão, até a uma espécie de co-decisão por voto e, inclusive, veto, em audiências públicas e conselhos deliberativos, como ensina Evandro Martins Guerra.[291]

No que concerne aos instrumentos utilizados para o exercício do controle social, adotando o critério funcional, podemos dividi-lo em três categorias:

a) mecanismos de participação legislativa, tais como o plebiscito, o referendo, a iniciativa e o veto popular, dentre outros;

b) mecanismos de participação jurisdicional como a provocação jurisdicional por meio da propositura de ações como o mandado de segurança, ação popular, ação civil pública, ação de inconstitucionalidade etc., ou mediante o acesso dos cidadãos e entidades aos órgãos que exercem a jurisdição.

---

[291] *Op. cit.*

Além desses, temos, ainda, a ouvidoria como uma forma de controle social no campo judicial, por meio da qual o cidadão pode expor suas reclamações e sugestões para a melhoria dos processos;

c) mecanismos de participação administrativa, que buscam dar legitimidade aos atos da administração, auxiliando no controle da legalidade dos seus atos, dentre os quais podemos destacar a coleta de opinião, o debate público e audiência pública, as modalidades de assessoria externa e o orçamento participativo.

Ainda no que concerne aos instrumentos de participação administrativa, ressaltamos, aqui, as três formas consideradas provocações de controle social, quais sejam: a provocação de inquérito civil, a denúncia aos Tribunais de Contas e a reclamação quanto à prestação de serviços públicos.

A provocação de inquérito civil é permitida a qualquer um que tenha elementos, que possam ser tidos por relevantes, com relação ao descumprimento de direitos difusos, mediante representação junto ao Ministério Público, a fim de possibilitar que ele apresente a devida Ação Civil Pública.

Por sua vez, a denúncia aos Tribunais de Contas, com previsão legal no artigo 74, §2º, da Constituição, possibilita a apresentação de irregularidades e ilegalidades, perante o Tribunal de Contas, por meio de qualquer cidadão, partido político, associação ou sindicato. Apresentada a denúncia e verificados os requisitos de admissibilidade, será instaurado processo administrativo para fins de fiscalização a respeito do objeto da denúncia, que poderá acarretar sanções em casos de confirmação de malversação do patrimônio público, ilegalidade, abuso de poder etc.

Por fim, temos, ainda, como participação popular no controle social, a reclamação quanto à prestação de serviços públicos (Lei nº 13.460/17).

Além desses instrumentos, alguns doutrinadores apresentam, ainda, aqueles que podem ser considerados genéricos, por servirem às três categorias supramencionadas. Chamados polivalentes, os institutos da representação política, da publicidade, da informação, da certidão e da petição, são fundamentais para o exercício e a manutenção do Estado Democrático de Direito.

Contudo, para que o controle social produza os frutos almejados, faz-se mister que o controle externo abra as portas para as diversas manifestações populares, previstas em lei e, ainda, que desenvolva canais de comunicação, informando a sociedade a respeito de tais canais, bem como dando as orientações necessárias para a apresentação das denúncias.

Para tanto, faz-se necessária a criação de ouvidorias, de espaços virtuais, ou qualquer outra espécie de abertura de canal, que possibilite o exercício do controle por parte do cidadão.

O exercício do controle social está intimamente ligado à transparência, e a razão se encontra no fato de terem, ambos, o mesmo fator originário: o surgimento do Estado pós-moderno como uma espécie de Estado plural e participativo que, por sua vez, deu origem ao que conhecemos atualmente pela nomenclatura de *Estado Democrático de Direito.*

Walace Paiva Junior[292] corrobora o entendimento acima quando ensina que a participação da população na gestão pública constitui um dos princípios fundamentais do Estado Democrático do Direito, servindo, ainda, como traço distintivo entre o Estado de Direito Democrático e o Estado de Direito Social, visto que ela diminui, segundo o autor, a distância entre a sociedade e o Estado.

Desse modo, considerando o direito de acesso à informação como pressuposto necessário para a participação popular, depreende-se do exposto acima que a transparência vem se tornando, a cada dia, um valor necessário e cada vez mais em ascensão, já que não há que se falar em participação popular sem que exista um mínimo de transparência na prática dos atos levados a cabo pelo poder público.

Para que a sociedade possa exercer seu papel no controle dos atos de gestão pública, é preciso que conheça e tenha as informações necessárias para acompanhá-los, daí a necessidade da transparência.

Além disso, em um Estado Democrático de Direito, não se admite um governo fechado, que não dê satisfação de seus atos em uma espécie de "arrogância governamental". Pelo contrário, compete ao poder público o dever de expor, com transparência e clareza, as políticas públicas estabelecidas em prol do interesse coletivo, bem como a situação das contas públicas.

---

[292] MARTINS JÚNIOR, Walace Paiva. *Transparência administrativa*: publicidade, motivação e participação popular. São Paulo: Saraiva, 2004. p. 296.

Obviamente que a sociedade só terá condições de participar e, consequentemente, de exercer seu papel no controle social, se tiver o conhecimento necessário da atuação do poder público. Helio Saul Mileski[293] aduz, a esse respeito, que

> Portanto, a transparência da ação governamental motiva as autoridades públicas para um comportamento de maior responsabilidade para os atos de governo, resultando em adoção de políticas públicas e fiscais mais confiáveis, reduzindo a possibilidade de ocorrência de crise ou de gravidade das crises. Além do mais, torna-se fator relevante para a participação popular (...)

Assim, podemos afirmar que a transparência nada mais é do que um pressuposto essencial para o exercício do controle social que, por sua vez, tem se transformado, pouco a pouco, em um novo meio de controle, ainda que em caráter suplementar.

De fato, no controle social, o cidadão é o agente executor das ações de controle, necessitando acompanhar os atos governamentais que, por sua vez, precisam gozar de suficiente transparência, a fim de garantir o regular exercício do direito fundamental ao controle social.

Helio Mileski nos chama a atenção para o fato de que houve, no Direito Brasileiro, a adoção do controle social já no preâmbulo da Constituição de 1988, sendo mais adiante, em seu artigo 1º e demais, reafirmada esta espécie de controle da gestão pública.

No que tange às licitações e contratos administrativos, encontramos sua previsão na própria Lei nº 8.666/93 cuidando para que a Administração Pública observe os princípios constitucionais.

Um pouco mais adiante, em 2004, com a publicação da Lei nº 11.079, que regulamenta normas gerais para licitação e contratação de parcerias público-privadas, temos, também, a regulamentação voltada ao controle social que, neste caso, deverá se dar em dois momento distintos, sendo, o primeiro, aquele que acontece antes do procedimento licitatório: momento em que a Administração Pública deverá submeter a minuta do edital e do contrato de parceria público-privada a uma consulta pública através da publicação dos mesmos em jornais de grande circulação, devendo, desde já, justificar as razões para tais contratações, a identificação do objeto, o prazo de duração do contrato, o valor

---

[293] MILESKI, Helio Saul. *O Estado contemporâneo e a corrupção*. Belo Horizonte: Fórum, 2015. p. 326 e p. 327.

estimado e, ainda, fixar prazo mínimo de 30 dias para recebimento de sugestões. Quanto ao segundo momento, dar-se-á durante as execuções do contrato, por meio do acompanhamento dos cidadãos.

Porém, apesar de todos esses aspectos reguladores do controle social, a doutrina aponta para a importância da transparência no que tange ao controle dos atos administrativos por parte da sociedade, em busca do estabelecimento de uma boa governança, pautada na confiança.

E essa necessidade de transparência na prática administrativa dos atos públicos foi introduzida, no Direito Brasileiro, pela Lei de Responsabilidade Fiscal (Lei Complementar nº 101/2000 – art. 48) ao determinar a obrigatoriedade de ampla divulgação dos procedimentos concernentes ao sistema orçamentário, exigindo, ainda, a participação popular e a realização de audiências públicas durante a elaboração e discussão dos planos da lei de diretrizes orçamentárias e dos orçamentos públicos.

Mileski explica que

> A transparência e a participação popular na gestão fiscal têm formação idealizada e inspirada no *accountability*, devendo servir para um controle de resultados e de adequação dos meios utilizados para o cumprimento da política fiscal, sem descurar do controle sobre o uso inadequado da discricionariedade.[294]

O autor supramencionado explica, ainda, que, na Espanha, o controle social é facilitado por meio da figura do "Defensor do povo", instrumento criado pelo direito público por meio do qual qualquer pessoa que tenha legítimo interesse pode, sem qualquer espécie de restrição, requerer esclarecimento de atos e resoluções da Administração Pública referentes a direitos fundamentais do cidadão.

E, seguindo o raciocínio do doutrinador, importa, aqui, reiterar que o controle social está diretamente ligado ao Estado Democrático de Direito, de maneira que impende realizar uma avaliação do nível de democratização estatal, somada a aspectos políticos e culturais de determinada sociedade, a fim de se ter ciência acerca dos elementos que formam e/ou permitem o controle social e sua real efetividade.

São aspectos políticos e culturais da sociedade que possuem o condão de orientar o comportamento e a ação dos indivíduos em busca de acompanhar a regularidade dos atos praticados pelo poder público.

---

[294] MILESKI, Helio Saul. *Op. cit.*, p. 331.

Dessa forma, concordamos com o raciocínio apresentado por Anna Maria Campos

> Quando as atividades governamentais se expandem e aumenta a intervenção do governo na vida do cidadão, a preservação dos direitos democráticos requer necessariamente a expansão dos limites da arena em que se exerce o controle. O problema do controle assume, de fato, uma dimensão de legitimidade. Quem controla o controlador? Pode essa tarefa ficar nas mãos do Estado? Em termos ideais, tal controle constituiria prerrogativa essencial dos cidadãos: não dos cidadãos individualmente, mas da cidadania organizada. Isso porque, a despeito de sua legitimidade, as reivindicações individuais não dispõem da força necessária para conter o abuso do poder por parte do governo. O ponto a enfatizar, mais uma vez, é que um controle efetivo é consequência da cidadania organizada; uma sociedade desmobilizada não será capaz de garantir a *accountability*.[295]

Depreende-se do contexto apresentado, que necessário se faz, em um primeiro momento, além de informações e orientações necessárias, que exista uma organização da sociedade. As informações são necessárias porque o cidadão precisa ter conhecimento de seus direitos para que possa exigi-los com eficácia, legitimidade e responsabilidade. Mas a cobrança realizada por um indivíduo, isoladamente, não tem força no que tange ao controle dos atos públicos. O interesse individual não possui relevada importância frente ao interesse coletivo. Desse modo, é preciso uma sociedade devidamente organizada para estabelecer esse relacionamento com o governo, mediante a possível participação nas decisões políticas, a fim de exercer, corretamente, o controle das ações realizadas pelo Estado em busca de satisfação dos interesses públicos.

Todavia, em 1987, Anna Maria Campos já demonstrava um fato que, infelizmente, ainda nos acompanha, interferindo na eficácia maior do controle social: "(...) o povo brasileiro mostra vocação maior para ser ajudado do que para exibir autoconfiança. Como consequência, abre os braços ao paternalismo, uma forma disfarçada de autoritarismo".[296]

De fato, existe um comportamento de quase vitimismo por parte da sociedade brasileira, que prefere pedir e reclamar, em vez de tomar atitude, informar-se, adotar um comportamento mais ativo no exercício

---

[295] CAMPOS, Anna Maria. *Accountability: quando poderemos traduzi-la para o português?* Trabalho realizado em julho de 1987, como contribuição brasileira a uma coletânea de texto: JABRA, Joseph G; DWIVEDI O. P. *Public service accountability*: a comparative perspective. Connecticut: Kumarian Press, 1989 *apud* MILESKI, Hélio Saul. *Op. cit.*, p. 332.

[296] CAMPOS, Anna Maria. *Op. cit.*

do controle dos atos praticados pelo poder público em prol dos seus próprios interesses. A posição da sociedade brasileira era, e ainda é, de comodismo. Uma posição passiva, embora já um pouco mais atuante do que a de alguns anos atrás. Entretanto, essa posição ainda está longe de ser considerada dinâmica, ativa e propiciadora de um efetivo, justo e eficaz controle social dos atos de gestão pública.

A sociedade evoluiu, sim. Porém, as notícias e os fatos demonstram que ainda é preciso caminhar. Necessitamos de uma maior evolução da consciência popular como condição para uma democracia mais participativa por meio de uma sociedade verdadeiramente atuante. Esse desenvolvimento de uma espécie de consciência popular, aliado a um amadurecimento político social, é imprescindível para que a sociedade possa exigir transparência dos atos governamentais, possa ter efetiva participação (com verdadeiro poder de influência) nos atos de gestão pública, a fim de exercer um real controle social quanto aos atos praticados pelo poder público.

Diante do já exposto, compete questionar se é possível aos órgãos públicos, no exercício do controle institucional, oferecer alguma espécie de auxílio, em busca desse desenvolvimento da consciência popular abordado. E a resposta é simples: não só pode, como deve! E isso pode ser feito por meio do exercício de suas próprias funções controladoras, de modo a garantir transparência, estimulando, ainda, a participação popular.

Nesse sentido, algumas ações práticas também podem ser realizadas, tais como:

a) a promoção de diversos Encontros Regionais de Controle, buscando troca de ideias, informações e orientações por parte dos órgãos de controle institucionais e os cidadãos (responsável pelo controle social);

b) o exercício de ações que permitem agilizar a ação controladora por parte dos órgãos públicos, informatizando e informando de maneira ágil, e cada vez mais transparente, a população;

c) a mudança do sistema de controle realizado, de *posteriori*, para cada vez mais *a priori*, por meio de um sistema de acompanhamento da execução orçamentária mais consultiva, instrutiva e, portanto, mais preventiva;

d) o fortalecimento da ouvidoria, que é o meio pelo qual qualquer cidadão, partido político ou organismo da sociedade, pode realizar denúncia de fatos considerados irregulares e ilegais, com a modernização de seus sistemas e o reforço na transmissão de informações, permitindo, ao cidadão denunciante, o acompanhamento detalhado dos atos provenientes de sua denúncia e os processos instaurados.

Percebemos, portanto, que controle social exercido pela sociedade, em geral, não se esgota em si mesmo, como afirma Helio Saul Mileski,[297] tampouco possui a função substitutiva com relação ao controle institucional.

Na realidade, o controle social complementa o controle institucional em seus aspectos interno e externo e, consequentemente, a eficácia do controle social está intimamente ligada ao controle institucional; isso porque, no intuito de colocar em prática as sanções aplicáveis às irregularidades apontadas no controle social, é preciso, em primeiro lugar, acionar justamente a Administração Pública.

O mesmo se dá quando se pretende a correção das falhas apontadas pelo controle social ou quando se busca realizar uma representação ou denunciar fatos aos Tribunais de Contas ou Ministério Público.

Neste sentido, Juarez Freitas se manifesta da seguinte forma:

> O controle social do orçamento público deve, no prisma adotado, assumir condição eminentemente suprapartidária, mostrando-se avesso a qualquer manipulação. Não deve, pois, ser exercido com a mácula de interferências espúrias de natureza grupuscular. Ademais, o controle social, isto é, o controle que a sociedade, ela mesma, exerce sobre a discussão, a elaboração e a implantação do orçamento, precisa, antes de mais nada, servir como robustecimento dos demais controles energizando-os. Não deve ser excludente, nem pretender ocupar lugar superior ou olímpico, porquanto o controle social carece também de mediação e precisa ser institucionalizado e constantemente legitimado. Deve ser universal sem se arvorar em infalível, pois não traduz a vontade geral de modo perfeito, sendo, de certo modo, também parcial. Por razões dialéticas, o interesse público estará, invariavelmente, em que o controle social seja legitimamente controlado, lembrando que o melhor controle é o capaz de incluir todos os outros.[298]

Percebe-se, assim, que o controle social não se sobrepõe a quaisquer outros, mas também não os exclui (e tampouco deveria); não

---

[297] MILESKI, Helio Saul. *Op. cit*, p. 338.
[298] FREITAS, Juarez. O controle social do orçamento público. *Interesse Público*, São Paulo, ano 3, n. 11, p. 13-26, jul./set. 2001.

exclui, principalmente, o controle institucional, visto que sua eficácia depende dele.

É fato que o controle social é independente e autônomo, mas a sua eficácia só é real no sentido de fazer valer suas constatações, diante da validade do controle institucional, sendo, portanto, dele dependente. Constata-se, dessa forma, que o controle social deve funcionar como um aliado do controle institucional, de maneira que a atuação dessas duas espécies deve se apresentar, sempre que possível, de maneira conjugada. Posto isso, o controle realizado pela sociedade deve passar a ser visto, cada vez mais, como um elemento de apoio do controle institucional, em busca de garantir maior transparência nos atos do governo, de estimular e fazer com que o Estado possibilite o fortalecimento da participação social, a fim de tornar o controle social um verdadeiro e constante aliado da função fiscalizadora do governo.

3.3 Função social expressa na promoção da efetividade das políticas públicas

Neste ponto, cumpre analisar a questão do controle da eficiência das políticas públicas, tendo em vista que a diminuição da intervenção do Estado e a maior cobrança para que o poder público apresente um orçamento mais equilibrado, aliadas à falta de políticas que possam promover e, ainda, permitir um maior desenvolvimento econômico somado à inclusão social, acarretaram diversos estudos acerca da implementação, bem como do processo decisório de políticas públicas para cumprir essas tarefas.

No entanto, por se tratar de algo ainda recente, algumas dúvidas permanecem, tais como: O que são as políticas públicas? Poderíamos considerá-las como políticas sociais?

No Brasil, o uso indiscriminado da palavra "política", usada para tratar de competição partidária da mesma forma que para falar da formulação de estratégias públicas, coopera em muito para certa dificuldade em se estipular uma definição precisa a respeito do que, de fato, se pode compreender por "políticas públicas".

Segundo Theodoulou,[299] faz-se necessário iniciar o contato com a ideia de políticas públicas menos a partir de um conceito único e mais

---

[299] THEODOLOU, Stella Z. How public policy is made. *In*: THEODOLOU, Stella Z; CHAN, Mathew. *A Public Policy*: The Essential Readings. Upper Saddle River, New Jersey: Prentice Hall, 2005. p. 86-97.

a partir de alguns elementos comuns que estarão presentes, ainda que com ênfases diferenciadas, quais sejam:

a) As *políticas públicas* devem distinguir entre o que o governo pretende fazer e o que ele realmente faz, visto que a omissão do governo é tão importante quanto a sua ação;

b) No plano ideal, *políticas públicas* envolve todos os níveis de governo não se restringindo ao que a doutrina chama de "*atores formais*".

c) Trata-se de um tema que "*invade a ação governamental*", não se limitando à legislação, a ordens executivas, a regras ou regulação e, tampouco, a instrumentos formais de agir do poder público;

d) Envolvem um *curso de ação intencional*, com fins específicos;

e) Envolvem, também, um processo em desenvolvimento, visto que compreendem, ainda, ações subsequentes de implementação, apoio e avaliação.

Assim, a autora conceitua políticas públicas como decisões que "se constroem a partir do signo da multiplicidade, e hão de ser entendidas numa perspectiva de continuidade, de projeção para o futuro, de resultados almejados, e de obrigações que se tenha, por instrumentais ao alcance desses mesmos efeitos".[300]

Contudo, a ideia de multiplicidade e continuidade é recente. Até pouco tempo atrás, as políticas públicas obedeciam a uma lógica pontual, que era determinada no tempo, em busca de uma única resposta, muito mais do que o reconhecimento, atual, da existência de diversas e diferentes possibilidades.

Pode-se assumir que o berço das políticas públicas reside nos Estados Unidos e surge em meio a uma reflexão acerca das ações do governo, e não do Estado, distinguindo-as de modo a afirmar que se entende por Governo o grupo vencedor nas eleições e que, portanto, detém o poder, ao passo que se entende por Estado a estrutura, ou seja, a instituição que o governo, por sua vez, representa. Por sua vez, conforme definição doutrinária clássica: Estado é a nação politicamente organizada.

Portanto, por envolver aspectos sociológicos, políticos e econômicos, o estudo acerca das políticas públicas é naturalmente multidisciplinar.

---

[300] *Ibidem*, p. 35.

Sendo assim, podemos dizer que se entende por políticas públicas a área de conhecimento que tem como escopo provocar ações, por parte do Governo (ou, ao menos, analisar as ações já praticadas pelo Governo), em busca de propor mudanças ou correções em prol da melhor observância dos direitos fundamentais, dos indivíduos inseridos na sociedade.

A doutrina define como sendo o estágio em que os governos apresentam seus propósitos e plataformas eleitorais, por meio de programas e/ou ações práticas, que poderão gerar, como efeito, a modificação da realidade fática.

No que concerne ao ciclo da política pública, constitui, este, um processo dinâmico, que consiste em, primeiramente, definir a agenda, por meio do reconhecimento de um problema (buracos no asfalto ou rachaduras em viadutos recém-construídos), passando, em seguida, para a construção política da necessidade de resolução deste problema e pelos participantes envolvidos (podem ser os políticos, a mídia, grupos sociais interessados etc.). Por fim, no último estágio, procura-se identificar as alternativas possíveis e avaliar as opções existentes, a fim de selecioná-las e implementá-las para, finalmente, avaliá-las.

Sob essa perspectiva apresentada, podemos dizer que os principais elementos das políticas públicas são:

- em primeiro lugar, a diferença estabelecida entre o que o Governo pretende fazer e o que, efetivamente, faz;
- o envolvimento dos atores formais e informais;
- a abrangência, já que não se limita a leis e regras;
- a ação intencional e de longo prazo;
- o processo que, por sua vez, envolve decisão, proposição, implementação, execução e avaliação;
- a sua distinção com relação às políticas sociais, que são, na realidade, espécies de políticas públicas;

No que se refere à contribuição dos Tribunais de Contas a respeito das políticas públicas, entende-se que a união entre as ações de controle exercidas pela Corte de Contas, ligadas à diminuição da distância das relações deste com a sociedade, torna mais democrática a fiscalização dos gastos públicos e, ainda, gera o aumento da efetividade das políticas sociais e dos serviços prestados pelo poder público.

Segundo o art. 3º da Constituição da República, os objetivos fundamentais do Estado brasileiro são:

I. Construir uma sociedade livre, justa e solidária;
II. Garantir o desenvolvimento nacional;
III. Erradicar a pobreza e a marginalização e reduzir as desigualdades sociais e regionais;
IV. Promover o bem de todos, sem preconceitos de origem, raça, sexo, cor, idade e quaisquer outras formas de discriminação;

Considerando o exposto, compete ao Estado se instrumentalizar a fim de alcançar tais objetivos. Para tanto, são estabelecidos conjuntos de diretrizes e ações, devidamente sistematizadas, com vistas a assegurar o alcance desses objetivos.

Tais objetivos aumentam, em muito, os desafios para a gestão pública e, ainda, colocam em destaque a importância de uma avaliação das ações praticadas pelo poder público.

Portanto, é inquestionável a importância do trabalho realizado pelos Tribunais de Contas e do Ministério Público de Contas no que se refere às políticas públicas, já que esses órgãos desempenham, sem sombra de dúvidas, importante papel na promoção e no desenvolvimento de uma verdadeira democracia, pois atuam por meio da fiscalização da utilização dos recursos púbicos que, provenientes dos cidadãos, representam as fontes financeiras que sustentam os programas governamentais.

Por determinação da lei, o julgamento das contas é da competência do Congresso Nacional, devendo estas ser prestadas anualmente pelo Presidente da República. No entanto, a apreciação prévia dessas contas compete aos Tribunais de Contas em seu trabalho de avaliação das políticas públicas.

Dessa forma, cabe aos Tribunais de Contas, no controle da eficiência das políticas públicas, buscar não só a análise da legalidade dos atos, estritamente falando, mas também a melhoria dos resultados dos programas públicos implantados, tendo em vista que é da competência dos Tribunais de Contas aferir não só se os programas sociais estão em conformidade com o previsto na legislação, mas também buscar otimizar os seus resultados, em prol do bem-estar coletivo.

No que concerne às políticas públicas, o Tribunal de Contas provoca (induz que determinado problema seja inserido na agenda política), exerce auditoria de conformidade (atuando de maneira tipicamente sancionadora) e, por fim, busca resultados e eficiência da gestão por meio da auditoria operacional, também conhecida como auditoria governamental, gerencial, ou auditoria de programas, ou de resultados.

E em que consiste a auditoria operacional? Basicamente, na avaliação do cumprimento dos programas e ações de governo, bem como do desempenho dos órgãos e entidades, no que diz respeito aos seus objetivos, metas e prioridades, além do que se refere à alocação e ao uso dos recursos públicos. Seu escopo é fiscalizar o gasto público sob o ponto de vista da economicidade, eficiência, eficácia e efetividade, a fim de identificar os pontos-chave necessários para o aperfeiçoamento da gestão pública.

Arlindo Carvalho Rocha assim define a auditoria operacional:

> O conceito que mais se aproxima do que deva ser uma auditoria operacional, dentro do enfoque do Controle Externo, entretanto, é aquele que concebe a Auditoria Operacional como uma avaliação da eficácia de uma entidade em cumprir seus objetivos, programas e metas, e da legalidade, economicidade e eficiência na administração de seus recursos. (...) Preliminarmente, cabe ressaltar que a auditoria operacional é uma evolução natural da auditoria tradicional, que deixou de ser especificamente contábil para tornar-se abrangente, acrescentando à verificação da legalidade e correção dos registros contábeis, a determinação da economicidade e eficácia das entidades.[301]

Nessa espécie de fiscalização (auditoria operacional), as deficiências que o Tribunal identifica são demonstradas por meio da apresentação de um plano de ação, elaborado pelo gestor, que deve indicar os responsáveis, as atividades realizadas, bem como os prazos para a implementação das recomendações formuladas.

Assim, podemos afirmar que, por meio de determinados parâmetros de avaliação, os Tribunais de Contas agem proativamente de modo a orientar e direcionar a atividade administrativa, traçando um lineamento necessário em prol de um resultado mais eficiente e pela qualidade das despesas públicas.

---

[301] ROCHA, Arlindo Carvalho. A função da Auditoria Operacional na avaliação e no controle de entidades governamentais. *Revista do Tribunal de Contas da União*, n. 44, p. 67-69, abr./ jun. 1990. Disponível em: http://www.betatreinamento.com.br/visita/Funcao%20da%20 Audit%20Op.htm. Acesso em: 19 ago. 2019.

Mesmo porque é também função dos Tribunais de Contas, mormente nos dias atuais, fomentar uma gestão responsável dos serviços e patrimônio público, de modo a obter um resultado realmente eficaz, eficiente e efetivo.

Assim, garantir a eficiência da gestão e a efetividade das políticas públicas de modo a permitir que estas, devidamente aplicadas, realizem a mudança necessária na realidade dos cidadãos é, ao lado do combate à corrupção, um dos grandes desafios dos Tribunais de Contas.

As auditorias operacionais, apesar de não serem consideradas assunto novo, são técnicas relativamente recentes, empregadas pelos Tribunais de Contas da União desde meados dos anos 1990.

Portanto, a adoção dessa espécie de auditoria se dá frente à necessidade de um controle e avaliação permanentes com relação ao desempenho das entidades do governo, tomando por base aspectos éticos e morais, com vistas a fornecer à coletividade satisfações com relação ao correto emprego dos recursos públicos sob a sua responsabilidade, respeitando um dos princípios fundamentais que determinam a necessidade e a obrigação, do poder público, de prestar contas de suas ações.

Assim sendo, a efetivação das políticas públicas faz parte das funções dos Tribunais de Contas e pode ser realizada pelo exercício de uma de suas competências e do Ministério Público de Contas, como fiscal da lei.

Porém, a questão que importa, no tocante à efetivação das políticas públicas pelo Tribunal de Contas, é: Em que momento tal controle se realiza?

Sabrina Nunes Iocken[302] defende que esse controle acontece quando do exercício de determinadas funções, que ela denomina *provocação, comprometimento* e *sancionatória*. A provocação se dá por meio de inserção de determinado problema, na agenda política, através de alertas ou estudos técnicos realizados. O comprometimento, por sua vez, ocorre quando da constatação de irregularidades que requerem, por parte do poder público, um compromisso que promova a correção e, finalmente, a aplicação de sanção, por meio de multas.

---

[302] IOCKEN, Sabrina Nunes. *As funções do Tribunal de Contas no controle de políticas públicas.* Orientador: João dos Passos Martins Neto. 2010. Dissertação (Mestrado em Direito) – Centro de Ciências Jurídicas, Universidade Federal de Santa Catarina, Florianópolis, 2010.

De qualquer modo, independentemente do momento a se realizar, as decisões proferidas pelos Tribunais de Contas deverão se pautar especificamente no valor atribuído aos conteúdos previamente especificados na Constituição Federal, que, por sua vez, são de conteúdo impositivo e vinculam-se diretamente aos direitos fundamentais e, consequentemente, à realização de seus fins.

Dentre as atribuições dos Tribunais de Contas, encontramos, ainda, a capacitação dos jurisdicionados para assuntos técnicos, fomentando discussões do controle público por parte da Administração Pública e constituindo também, como forma de atuação das Cortes de contas, na devida implementação das políticas públicas.

Podemos citar, ainda, como formas eficazes de transformar as políticas públicas em resultados factíveis de melhoria e desenvolvimento:

– Avaliações referentes à qualidade dos serviços públicos oferecidos, realizadas junto à comunidade local;

– Divulgação dos gastos e investimentos públicos de maneira ampla e, de fato, acessível;

– Realização de inspeções periódicas dos investimentos realizados com objetivo de verificar a capacidade de duração das obras públicas, dentre outros.

Necessário se faz, portanto, observar que cresce, a cada dia, a valorização do conteúdo das políticas públicas e, neste sentido:

(...) deve abarcar desde a análise dos motivos que tornam necessária determinada intervenção, o planejamento das ações para o desenvolvimento da iniciativa, a definição dos agentes encarregados de implementá-la, o levantamento das normas disciplinadoras pela qual será regida, até a fundamental avaliação de impactos, sejam potenciais – em uma avaliação *ex-ante*, que estabelece expectativas e justifica a aprovação da política – sejam reais, medidos durante ou após sua execução.[303]

Amplia-se, assim, o processo de fiscalização, devendo o Tribunal de Contas, também, realizar a chamada auditoria governamental e

---

[303] MENEGUIN, Fernando B; FREITAS, Igor Vilas Boas de. *Aplicação em avaliação de políticas públicas*: metodologia e estudos de casos. Textos para Discussão n. 123. Brasília: Núcleo de Estudos e Pesquisas do Senado, mar. 2013. Acesso em: https://www2.senado.leg.br/bdsf/bitstream/handle/id/243255/TD123-FernandoB.Meneguin_IgorVilasBoasdeFreitas.pdf?sequence=1&isAllowed=y. Acesso em: 29 ago. 2019.

operacional em busca de procurar acompanhar e, via de consequência, melhorar ou aperfeiçoar a eficiência das políticas públicas. Considerando as sábias palavras de Jorge Ulysses Jacoby Fernandes:[304]

> No novo milênio, tal como já prevê a atual Lei Orgânica do Tribunal de Contas de União e de todas as esferas de governo, os Tribunais de Contas analisam a eficiência dos órgãos jurisdicionados. Por esse motivo, no mundo inteiro, as entidades de fiscalização externa caminham por abandonar o controle contábil e buscar o controle gerencial, que não se limita a dizer se a despesa foi realizada de acordo com os critérios de validade da contabilidade, mas define a contabilidade analítica de custos e busca de resultados efetivos. Luz para o princípio da eficiência, colaborando com o processo decisório de políticas públicas, como o controle tradicionalmente estabelece o *feedback* para o sistema administrativo, o redirecionamento das ações programadas.

Ronaldo Chadid encerra seu estudo com a afirmação de que, diferentemente do que se dá com o Poder Judiciário, que tem informações limitadas acerca da atuação financeira da Administração Pública, em busca de conseguir efetivar a implementação das políticas públicas, os Tribunais de Contas possuem um verdadeiro aparato de informações para fins de identificação das reais prioridades da coletividade que, por sua vez, podem terminar com a revisão dos atos praticados pelos demais poderes. Isso, por si só, coloca os Tribunais de Contas em situação privilegiada no que concerne à efetivação das políticas públicas que, por seu lado, buscam o progresso e o crescimento nacionais.

Por fim, no que concerne à natureza jurídica das decisões dos Tribunais de Contas que fiscalizam o cumprimento das políticas públicas, respeitados os direitos fundamentais ao contraditório e à ampla defesa, conforme entendimento, também, do Superior Tribunal de Justiça, são elas impositivas, não consistindo em meras recomendações, mas, pelo contrário, vinculando a Administração Pública. Isso porque, como já falamos anteriormente, compete ao Poder Judiciário analisar aspectos da legalidade e do cumprimento do devido processo legal por parte dos Tribunais de Contas. No entanto, a questão pertinente ao mérito das decisões deve permanecer a critério deste órgão técnico, mediante sua análise exclusiva.

---

[304] FERNANDES, Jorge Ulysses Jacoby. *Tribunal de Contas do Brasil*: jurisdição e competência. 2. ed. Belo Horizonte: Fórum, 2005. p. 265.

CAPÍTULO 3
A FUNÇÃO SOCIAL DOS TRIBUNAIS DE CONTAS E DO MINISTÉRIO PÚBLICO DE CONTAS | 219

Nesta seara, salientamos que não há que se falar em transferência de responsabilidades em virtude da especificidade da análise técnica emanada dessas decisões e citamos o enunciado, de competência do TCU, referente ao Acórdão de nº 73 de 2014:[305]

> A recomendação emanada do Tribunal de Contas da União não representa mera sugestão, cuja implementação é deixada ao alvedrio do gestor destinatário da medida, pois tem como objetivo buscar o aprimoramento da gestão pública. Contudo, admite-se certa flexibilidade na sua implementação. Pode o administrador público atendê-la por meios diferentes daqueles recomendados, desde que demonstre o atingimento dos mesmos objetivos, ou, até mesmo, deixar de cumpri-la em razão de circunstâncias específicas devidamente motivadas. A regra, entretanto, é a implementação da recomendação, razão por que deve ser monitorada.

3.4 O Tribunal de Contas, o Ministério Público de Contas e o direito fundamental ao bom governo

Considerando o significado de "função", já apresentado no início deste capítulo, a saber, "o conjunto de direitos, obrigações e atribuições de uma pessoa em sua atividade específica", e considerando, ainda, a palavra "social" como o que interessa à sociedade, compreendemos a expressão "função social" como as atribuições de uma pessoa, em sua atividade específica, atribuições estas que interessam diretamente à sociedade.

Já vimos e nunca é demais ressaltar que, atualmente, muito se tem falado a respeito de função social: fala-se da função social da propriedade, da função social do contrato e da função social da empresa.

Por meio deste trabalho, contudo, objetivamos analisar a função social do Tribunal de Contas e do Ministério Público de Contas.

Conforme vimos, a finalidade do controle reside na análise do cumprimento das normas de direito; cumprimento este que deve se dar respeitando os princípios jurídicos, políticos e éticos da boa administração.

Desse modo, podemos afirmar que a função social desses dois órgãos de controle consiste em garantir a fiscalização e controle da gestão pública no exato e fiel cumprimento dos direitos e garantias

---

[305] BRASIL. Superior Tribunal de Justiça. *Acórdão nº 73/2014*. Rel. Augusto Sherman. Enunciado. Disponível em: https://contas.tcu.gov.br. Acesso em: 04 jul. 2018.

previstos na Constituição para o cidadão. Compete aos órgãos de controle a fiscalização da administração realizada pelo poder público, do patrimônio social, de interesse coletivo, de tal maneira que, atualmente, discute-se considerar um direito fundamental do cidadão a expressão hoje conhecida como "Bom Governo". Porém, em primeiro lugar, o que seria esse "Direito ao bom governo"?

Em texto intitulado "Direito Fundamental a um bom Governo", o professor Francisco Pedro Jucá[306] ensina que se trata do direito a um governo "capaz de produzir efeitos e resultados úteis e compatíveis com o desejado". Até mesmo porque um governo que não observa esse cuidado, acabando por transgredir e desviar dos valores sociais, consequentemente, por se encontrar no poder, impede que os direitos fundamentais venham a ser concretizados e, com isso, acarreta insegurança e um sentimento de instabilidade nos meios sociais e econômicos.

Helio Mileski[307] ensina, por sua vez, que a expressão "Bom Governo" não é clara e precisa e que, por isso, enseja diversos conceitos, definições e, até mesmo, perspectivas, podendo se referir a aspectos estruturais e de organização e, até mesmo, exigências pessoais e subjetivas dos indivíduos que compõem a sociedade.

De qualquer maneira, é fato que a estrutura tradicional da democracia está ruindo e não consegue mais cumprir o seu papel de intermediação política, visto que o distanciamento entre o Estado e os indivíduos que o compõem é visível. Não se vislumbra mais a relação tradicional de subordinação entre governo e governado, bem como não se percebe mais a reverência social compreendida, como bem ensina Jucá, enquanto uma espécie de *"unção"* pela escolha do seu representante.

A sociedade vem, de maneira gradativa, percebendo que temas considerados complexos, por serem ligados ao Estado e à Administração Pública, doravante são temas que lhe interessam, por estarem ligados à sua vida particular e produzirem efeitos que a impactam diretamente.

E se, por um lado, a participação social ganha forças e influencia cada vez mais as ações do governo, por outro, a responsabilidade da administração pública aumenta e a necessidade pela prática de atos eficientes, eficazes, com resultados concretos e visíveis, somados a uma

---

[306] JUCÁ, Francisco Pedro. Direito Fundamental a um bom Governo. *Revista Pensamento Jurídico*, São Paulo, v. 11, n. 12, jul./dez. 2017.

[307] MILESKI, Hélio Saul. *O Estado contemporâneo e a corrupção*. Belo Horizonte: Fórum, 2015. p. 149.

maior transparência, torna-se algo socialmente cobrado e, para o poder público, um dever imperioso a ser observado.

Assim, cresce a cobrança social pela fidelidade dos discursos políticos, das interpretações e das apresentações de dados e demais elementos que se encontram diretamente ligados à função do governo. Nesse sentido, percebe-se que a sociedade vem tomando, cada vez mais, consciência da importância da boa governabilidade e no seu papel garantidor desta.

Acerca disso, Francisco Jucá afirma que

> (...) é possível identificar que o governar não é mais aceito como fazer as coisas seguirem como sempre foram feitas, fazer o mesmo da mesma forma, suportando os problemas com resignação fatalista de que tudo é inelutável e, como tal, tem que ser suportado. Bem ao contrário, o que se vê é a irresignação e a busca pela mudança; é fato que ainda sem forma definida, mas, sem dúvidas, em evolução.[308]

Desse modo, é perceptível que a concepção de Estado vem sofrendo o que o autor chama de "mutação evolutiva" e, pouco a pouco, a subordinação, antes existente, vem cedendo espaço para um comportamento mais participativo, voltado para o diálogo, dando, por sua vez, legitimidade a esse governo atual, que se afasta cada vez mais dos moldes tradicionais.

A sociedade está cada vez mais atenta ao fato demonstrado por Ataliba Nogueira, em sua tese na Faculdade de Direito do Largo de São Francisco, de que "o Estado não é um fim em si mesmo",[309] trata-se, na realidade, de um instrumento – ou um meio – para alcançar os fins pretendidos por uma sociedade que compreende cada vez mais que não constitui um sistema autônomo, separado do Estado, mas que, pelo contrário, deve haver uma coexistência entre eles.

Com base nesse raciocínio, percebe-se, em sentido inverso, que um governo antiético e inepto viola um direito fundamental do cidadão, visto que o Estado só existe por um fim: existe para o homem, para garantir e observar os direitos do indivíduo inserido na sociedade. Portanto, é no homem que deve centrar toda a sua atenção e todo o seu esforço sob pena de ter o seu exercício considerado ilegítimo.

---

[308] JUCÁ, Francisco Pedro. *Op. cit.*, p. 114.
[309] *Apud* JUCÁ, Francisco Pedro. *Op. cit.*, p. 115.

A sociedade atual cobra cada vez mais resultados, transparência, responsabilidade, governabilidade responsiva.

Assim, atualmente, a boa governança exige uma visão social a fim de buscar identificar os interesses, desejos e demandas da sociedade, conduzindo o processo com a participação dos cidadãos e o respeito pelos mesmos.

O Bom Governo é aquele que tem esta competência e, mais do que isto, atua com eficiência, empregando técnicas e meios de governança para gerir as suas atividades e estruturas com a desejável eficiência para produzir resultados esperados ou, pelo menos próximo disto, respeitando os limites de possibilidades reais. Este último aspecto ganha importância crucial porque, como ao norte se referiu à base da organização social é a solidariedade entre os indivíduos que decorre da necessidade de sobrevivência. Entretanto, sem sempre tal é percebido com a clareza necessária e suficiente.[310]

Portanto, o bom governo implica não só buscar, mas também manter o equilíbrio entre fazer o máximo possível – dentro das reais possibilidades e disponibilidades –, procurando atuar de forma mais clara, transparente e ética, de modo a conceder, com a devida fidelidade, as informações necessárias aos verdadeiros detentores do poder público: o povo.

O direito ao bom governo tem como finalidade precípua um aprimoramento do desempenho da Administração Pública. Nesse aspecto, a doutrina se manifesta no sentido de afirmar que "o objetivo do bom governo é alcançar uma Administração eficiente, eficaz e de real efetivação dos direitos fundamentais do cidadão, garantindo a realização dos serviços de interesse geral".[311]

No dia 22 de agosto do ano 2000, foi publicado, no *Diário Oficial da União*, o que se convencionou chamar de Código de Conduta da Alta Administração Federal brasileira, que continha as seguintes disposições:

I – tornar claras as regras éticas de conduta das autoridades da Alta Administração Pública Federal, para que a sociedade possa aferir a integridade e a lisura do processo decisório governamental;

---

[310] JUCA, Francisco Pedro. *Op. cit.*, p. 119.
[311] MILESKI, Helio Saul. *O Estado contemporâneo e a corrupção*. Belo Horizonte: Fórum, 2015. p. 149.

II – contribuir para o aperfeiçoamento dos padrões éticos da Administração Pública Federal, a partir do exemplo dado pelas autoridades de nível hierárquico superior;
III – preservar a imagem e a reputação do administrador público, cuja conduta esteja de acordo com as normas éticas estabelecidas neste código;
IV – estabelecer regras básicas sobre conflitos de interesses públicos e privados e limitações às atividades profissionais posteriores ao exercício de cargo público;
V – minimizar a possibilidade de conflito entre o interesse privado e o dever funcional das autoridades públicas da Administração Pública Federal;
VI – criar mecanismo de consulta, destinado a possibilitar o prévio e pronto esclarecimento de dúvidas quanto à conduta ética do administrador;[312]

Perceptível, portanto que, atualmente, "o bem governar ultrapassa o limite da virtude e alcança o *status* de dever, e, como tal, exigível".[313]

Logo, hoje estamos diante de uma espécie de reposicionamento das figuras do Estado e do Homem, em que o Estado passou a ser considerado um instrumento por meio do qual se garantem os direitos do Homem.

Gustavo Binenbojm, a esse respeito, se manifesta dizendo que:

> É fácil constatar que a ideia de uma prioridade absoluta do coletivo sobre o individual (ou do público sobre o privado) é incompatível com o Estado democrático de direito. Tributária do segundo imperativo categórico kantiano, que considera cada pessoa como um fim em si mesmo, a noção de dignidade humana não se compadece com a instrumentalização das individualidades em proveito de um suposto "organismo superior". Como instrumento da emancipação moral e material dos indivíduos, condição de sua autonomia nas esferas públicas e privada. Dito de outra forma, o Estado, como entidade jurídico-política existe para viabilizar, de forma ordenada e racional, a persecução de projetos e objetivos próprios de cada indivíduo, independentemente das "razões de estado" que a comunidade política possa invocar. A dimensão transindividual, de inegável importância, não é dissociada nem necessariamente oposta aos interesses particulares, mas condição necessária de sua fruição em vida social, segundo critérios razoáveis e proporcionais.[314]

---

[312] MILESKI, Helio Saul. *Op. cit.*, p. 156.
[313] JUCÁ, Francisco Pedro. *Op. cit.*, p. 121.
[314] BINENBOJM, Gustavo. *Uma teoria do Direito Administrativo*: direitos fundamentais, democracia e constitucionalização. Rio de Janeiro: Renovar, 2006. p. 83.

A ideia de bom governo, portanto, vincula-se à capacidade de identificar as demandas necessárias, fornecendo as respostas e soluções para cada uma delas, de maneira clara, concreta e objetiva, como bem ensina Francisco Jucá.[315]

Jucá afirma, ainda, neste contexto, que:

> Assim, o governar deixa de ser apenas manter a ordem, garantir direitos individuais e sociais mínimos, regrar a ordem social e econômica em princípios e grandes linhas, mas ganha uma parcela do que se chama funcionalidade de gestão, porque não basta gerir nos padrões tradicionais, há de se ir além, gerir com competência e capacidade real de produzir resultados concretos, adotar padrões de boa governança, incorporar técnicas gerenciais aos seus processos.[316]

Ademais, o autor chama a nossa atenção para o fato de que o ponto crucial, neste contexto, refere-se à inclusão do indivíduo no processo social, político e econômico, no sentido de nivelar a sua capacidade contributiva mediante o retorno dos resultados almejados, de maneira concreta, real.

Logo, é preciso adotar uma gestão cada vez mais responsável e preocupada com os resultados e a eficácia dos interesses sociais. Para tanto, faz-se mister o estabelecimento e a consequente observância de limites que buscam sopesar e ponderar os interesses, as demandas e as expectativas sociais com a verdadeira possibilidade do Estado.

Francisco Jucá ainda explica, no artigo citado acima, que a primeira limitação que se faz necessária estabelecer em uma gestão responsável, refere-se às possibilidades materiais, visto que não se dispõe de tudo ao mesmo tempo, considerando a finitude e escassez do patrimônio público. Deve-se, portanto, estabelecer prioridades e partir do pressuposto de que não há direito absoluto e que os direitos fundamentais não podem ser utilizados como uma espécie de escudo para a prática de atividades ilícitas e irresponsáveis.

Não é porque se pretende resguardar direitos fundamentais que todos os demais devem ser desrespeitados, até porque o limite dos direitos fundamentais do cidadão reside no direito fundamental do seu próximo, de maneira que só se considera legítimo quando não ferir direito alheio, em um verdadeiro senso de reciprocidade, no sentido de

---

[315] JUCÁ, Francisco. *Op. cit.*, p. 122.
[316] *Ibidem*, p. 126.

que cada um pode exercer o seu direito até onde todos puderem, sem que isso acarrete uma desagregação social.

A linha entre o exercício do direito com responsabilidade e o abuso deste exercício é muito tênue e necessita ser observada com cuidado para que o direito não acabe consolidando o que se pode considerar, socialmente, como ilegítimo.

É papel crucial do Estado estabelecer e observar tais limitações, aproximando-se da sociedade em busca de uma gestão mais comprometida e eficaz. Sendo assim, de acordo com Francisco Jucá,[317] "o mau governo viola ou impede o exercício real (efetivo) de direitos fundamentais e, assim, portanto, pode-se concluir que o bom governo é direito fundamental na medida em que se torna possível o exercício de direitos no mundo da realidade".

Cabe ao governo manter e incentivar o diálogo com a sociedade, agindo de forma responsável e transparente, prestando contas de suas ações, no reconhecimento de que é instrumento para o efetivo exercício dos direitos da coletividade e que a desatenção Estatal a esta realidade, ou seja, a inépcia e o descuido do Governo no trato público acarretam grave violação ao um direito fundamental que a sociedade possui de ter um bom governo, que lhes permita o exercício daqueles direitos que lhes são inerentes, tais como a cidadania, a moradia e o direito a uma vida digna.

Tomamos a liberdade para citar mais um trecho do artigo de Francisco Pedro Jucá, a fim de embasar esse nosso raciocínio:

> (...) em não havendo Bom Governo tem-se a degradação da ambiência e o impedimento material real da efetivação de direitos fundamentais, o que se constitui no que chamamos de violação indireta porque acaba por negar ou obstar os efeitos reais dele, numa quase violação comissiva, ou, mais grave do que isto, impedindo a concretização de direitos, o que significa violação em si, apenas da sutil forma indireta, o que, a nosso ver, é a mais violenta e cruel forma de violação porque, embora mantenha aparências, na essência nega tais direitos na exata medida em que obsta essencialmente a sua concretização e efetivação, principalmente pelo desaparecimento dos meios e condições para tal, abrindo o espaço para a construção de limites de possibilidades artificiais, que torna possível a justificação absolutória do conceito aberto da "reserva do possível", quando é possível a identificação clara que o descuido, inépcia ou má-fé

---

[317] *Ibidem*, p. 130.

suprimiram o possível, construindo a impossibilidade, lesiva a tudo e a todos, deixando os direitos fundamentais como meras declarações formais, distantes da realidade, consolidando, assim, as distorções e defeitos da organização social que poderiam ser amenizados ou suprimidos, se o papel atribuído tivesse sido adequada e corretamente exercido, em conformidade com o Pacto Social e Político, materializado na constituição.[318]

Também é interessante, neste ponto, o posicionamento apresentado por Juarez Freitas,[319] segundo o qual a motivação é escudo do cidadão contra arbitrariedades e desvios invertebrados. Os vícios aparecem, consoante o entendimento do autor, quando a justificação se eclipsa. Dessa forma, antes de caminharmos para o fim deste trabalho, impede apresentar uma pequena e breve distinção a respeito dos princípios da prevenção e da precaução, que, conforme menciona o ilustre autor, deverão pautar a discricionariedade administrativa, em busca de um bom governo efetivo.

Por princípio da prevenção, entende-se o que determina à administração pública a obrigação de evitar danos, atribuindo-lhe o dever de agir de maneira preventiva, não se admitindo inércia de sua parte diante da previsibilidade de danos.

A palavra "prevenção" está ligada à ideia de cautela, de modo a ensejar uma atitude no sentido de evitar dano previsível.

Ao seu lado, de forma tão similar que gera confusão, está o princípio da precaução – também dotado de eficácia direta e imediata – e que gera para a administração pública o dever de evitar, dentro dos limites de suas atribuições e possibilidades orçamentárias, a produção de evento (ainda que supostamente) danoso, mediante um juízo de verossimilhança e de forte probabilidade, que possa acarretar dano desproporcional.

Assim, vemos que a diferença fundamental entre os dois princípios reside na previsibilidade do dano. O princípio da prevenção atua diante de dano previsível, enquanto o princípio da precaução vai mais além e se aplica ainda que não haja a certeza de que determinado evento possa causar danos. A intenção, aqui, não é apenas evitar que o dano ocorra (como acontece no princípio da prevenção), mas, mais do que isso, é evitar que exista qualquer risco para a sua ocorrência.

---

[318] *Ibidem*, p. 133.

[319] FREITAS, Juarez. Discricionariedade administrativa e o direito fundamental à boa administração. 2. ed. São Paulo: Malheiros, 2009. p. 50.

Havendo qualquer dúvida acerca da potencialidade do dano, aplica-se o princípio da precaução.

Perceptível, portanto, feitas as distinções necessárias, que o princípio da precaução demanda uma discricionariedade administrativa mais ampla, já que não há possibilidade de se determinar o dano, possibilitando, ao administrador, uma margem maior para sua atuação. Dessa forma, faz-se necessária uma atuação responsável, que não se deixe paralisar, mas que também não desconsidere as consequências possíveis. Assim sendo, é preciso observar até onde vão os limites da discricionariedade.

Desse modo, o autor supracitado nos chama a atenção para o fato de que o grande desafio atual, no que diz respeito aos limites da discricionariedade, refere-se ao que ele chama de "inovar conservando", ou seja, de estar atento, precavido, e prevendo as situações possíveis sem, contudo, deixar que o medo e o receio do dano sufoquem a ousadia:

Neste passo, o direito fundamental à boa administração pública é outra maneira de dizer direito ao desenvolvimento sustentável, que implica o exercício projetivo da discricionariedade com prevenção, precaução e real apreço a promoção do bem-estar das gerações presentes e futuras.[320] Diante de todo o exposto, cumpre ainda questionar: E qual o papel, nesta seara, dos órgãos de controle?

Obviamente que compete, aos órgãos de controle a fiscalização no cumprimento de tais direitos e deveres, na aproximação eficaz entre Estado e sociedade, Governante e Governado, em busca de uma gestão mais transparente e preocupada com as reais necessidades dos indivíduos que compõem a sociedade e que justificam sua própria existência.

Não podemos olvidar, também, que os Tribunais de Contas funcionam como verdadeiros guardiões da Lei de Responsabilidade Fiscal, zelando pela correta e justa aplicabilidade desta, tendo em vista que sua inobservância e consequente descumprimento impactam diretamente na eficácia do controle externo, por eles exercido.

Neste sentido citamos Bruno Dantas:

> O Tribunal de Contas da União é responsável por cuidar das contas nacionais, mas, sobretudo, assim como o Supremo Tribunal Federal é o guardião da Constituição, o Tribunal de Contas da União é o guardião da Lei de Responsabilidade Fiscal.[321]

---

[320] *Ibidem.*
[321] TCU DEVE SER o guardião da lei de responsabilidade fiscal, diz Bruno Dantas. *Consultor Jurídico*, 28 ago. 2015. Disponível em: https://www.conjur.com.br/2015-ago-28/tcu-guardiao-lei-responsabilidade-fiscal-dantas. Acesso em: 19 ago. 2019.

No exercício de suas funções, cabe aos órgãos de controle o cuidado não só no controle externo, mas também no próprio controle de seus atos, zelando por uma boa administração, uma boa governança, o que pressupõe, ainda, um fortalecimento das medidas que buscam levar as informações corretas para a sociedade, em respeito à transparência e à própria coletividade permitindo, dessa forma, o exercício correto, concreto e de resultados, do controle social, que, como já vimos, complementa o controle externo, visando a uma sociedade mais ética, mais justa, mais comprometida com os fins sociais e a preservação dos direitos fundamentais do indivíduo.

Utopia? Talvez. Mas, citando o jornalista e escritor uruguaio Eduardo Galeano,

> A utopia está lá no horizonte. Me aproximo dois passos, ela se afasta dois passos. Caminho dez passos e o horizonte corre dez passos. Por mais que eu caminhe, jamais alcançarei. Para que serve a utopia? Serve para isso: para que eu não deixe de caminhar.[322]

Assim, se considerarmos o fato de que é a própria utopia que nos leva a caminhar, pode ser que este seja o caminho. Não parar. Não estagnar. Mas também não retroagir. Evoluir em busca da construção de um caminho com menos "muros" que impeçam o exercício da cidadania, da solidariedade, do bom viver, e mais "pontes" com vistas a aproximar os indivíduos e, ainda, estes dos seus Governantes, somando esforços em prol do bem comum em um discurso que pode parecer retórico à primeira vista, mas que é factível e pode trazer bons resultados para a sociedade atual, se analisado e cumprido com a seriedade necessária.

Norberto Bobbio já dizia há um certo tempo que "o grande desafio hoje não é mais a enunciação dos direitos, mas a efetivação dos direitos enunciados". E essa é a função social dos órgãos de controle!

---

[322] Eduardo Galeano (1940-2015) foi um escritor e jornalista uruguaio, autor do livro *As veias abertas da América Latina,* uma obra que exerceu profunda influência no pensamento de esquerda latino-americano. Autor de mais de trinta livros, traduzidos para cerca de vinte idiomas, Galeano declarou, em 2014, que não se identificava mais com sua anticapitalista obra (*As veias abertas da América Latina*). Sobre ela, disse o autor: "Para mim, essa prosa da esquerda tradicional é extremamente árida, e meu físico já não a tolera". Em 2006, Eduardo Galeano ganhou o Prêmio Internacional de Direitos Humanos através da Global Exchange, instituição humanitária americana.

CONSIDERAÇÕES FINAIS

Diante do exposto, compreendemos que o cerne da função social está na superação do controle meramente formal, da fiscalização contábil, financeira, orçamentária, operacional e patrimonial da Administração Pública. Sendo assim, faz-se necessário ir além do controle da legalidade, da legitimidade, da economicidade, da aplicação das subvenções e da renúncia de receitas, analisando e acompanhando o resultado das políticas públicas, avaliando o desempenho da governança pública nos três níveis de governo (federal, estadual e municipal) com objetivo de, por meio do conhecimento técnico produzido nas atividades de auditorias, direcionar os gestores para o caminho da prática de uma gestão de resultados positivos.

A obtenção desse resultado está diretamente relacionada com a maneira como o Tribunal de Contas e o Ministério Público de Contas se relacionam com as demais Instituições – tanto sob uma perspectiva horizontal (por meio de parcerias fiscalizatórias, tais como a ENCCLA e a Rede de Controle, por exemplo; ou parcerias para capacitação da gestão pública, como o projeto Gestão Eficaz, o PDI, dentre outros), quanto sob uma perspectiva vertical, por meio de auditorias de desempenho e outros instrumentos afins.

Contudo, torna-se imperioso passar do campo de análise e discussão, buscando atitudes mais pragmáticas e mais objetivas em favor dessa concretização de direitos. Há um conflito de agência que se estabelece no ambiente da governança, seja ela pública ou privada. No setor público, os contribuintes, agentes outorgantes do modelo de governança, canalizam recursos para o Estado, capitalizando-o, para que ele possa produzir bens e serviços de interesse público. A expectativa do cidadão é o bom governo e, assim como na governança privada, na qual os acionistas contam com as auditorias independentes para referendar as demonstrações contábeis, no setor público esse papel fica ao encargo dos Tribunais de Contas, que devem acompanhar a execução orçamentária para que os administradores públicos entreguem dividendos sociais decorrentes do pagamento dos tributos.

O Ministério Público de Contas tem a missão de representar ao Tribunal todo e qualquer desvio de gestão, garantindo a supremacia do interesse público e do interesse geral, na forma da lei.

No que concerne à Magistratura de Contas, importa assegurar-lhes, efetivamente, todas as prerrogativas inerentes aos magistrados em geral, especialmente as relativas ao poder decisório, monocrático ou colegiado com poder de voto aos relatores dos processos, com objetivo de se obter resultados técnico jurídicos adequados.

Quanto ao Ministério Público de Contas, deve ser assegurada a mesma liberdade funcional, administrativa e orçamentária do Ministério Público Comum, na forma Constitucional, de maneira a garantir, àqueles, plena capacidade de ação e, consequentemente, a devida efetivação do Direito Fundamental à boa governança.

Esses guardiões da Responsabilidade Fiscal têm o poder-dever de fomentar o controle social, garantir o funcionamento adequado do controle interno dos entes sob a sua jurisdição e atuar em cooperação com os demais órgãos de controle, com objetivo de potencializar a atuação do controle e, consequentemente, cumprir sua função social, qual seja: apontar para a Administração Pública os caminhos da transparência, da mensuração dos custos operacionais, da avaliação patrimonial, da inovação, da responsabilidade fiscal e da boa governança, com vistas a assegurar a eficiência e a qualidade das políticas públicas, bem como a efetivação dos direitos fundamentais devidos ao ser humano e demais contribuintes.

REFERÊNCIAS

A ÉTICA nos negócios ou compliance? O que virá primeiro no futuro! São José dos Campos: Conselho Regional de Administração, 23 out. 2017. Disponível em https://pt.slideshare.net/crasp/tica-nos-negcios-ou-compliance-o-que-vir-primeiro-no-futuro. Acesso em: 05 ago. 2019.

ABBAGNANO, Nicola. *Dicionário de Filosofia*. 6. ed.; 2. reimp.. São Paulo: Martins Fontes, 2012.

ABOUD, Alexandre. Princípio da Supremacia do interesse público sobre o privado: destruição, reconstrução ou assimilação? *Revista Jurídica Consulex*, ano XXII, n. 267, 2008.

ACOMPANHAMENTO dos Inquéritos Civis do Ministério Público de Contas de Minas Gerais. *Portal MPC-MG*, [s.d.]. Disponível em: http://www.mpc.mg.gov.br/acompanhamento-dos-ics/. Acesso em: 15 ago. 2019.

ALAGOAS. Tribunal de Justiça. *Improbidade Administrativa: 05000030820168020000 AL 0500003-08.2016.8.02.0000*. Rel. Des. Sebastião Costa Filho. Julg. 22.11.2016. Tribunal Pleno. Public. 24.11.2016. Disponível em: https://tj-al.jusbrasil.com.br/jurisprudencia/409227989/improbidade-administrativa-5000030820168020000-al-0500003-0820168020000/inteiro-teor-409227999. Acesso em: 15 ago. 2019.

ALECRIM, Emerson. O que é o Big Data? *InfoWester*, 13 jan. 2015. Disponível em: https://www.infowester.com/big-data.php. Acesso em: 06 ago. 2019.

ALEXY, Robert. *Conceito e validade do Direito*. 2. reimp. São Paulo: WMF Martins Fontes, 2011.

AMARAL, Gustavo. *Direito, escassez e escolha*: em busca de critérios jurídicos para lidar com a escassez de recursos e as decisões trágicas. Rio de Janeiro: Renovar, 2001.

ANTONIK, Luis Roberto. *Compliance, ética, responsabilidade social e empresarial*: uma visão prática. Rio de Janeiro: Alta Books, 2016.

ASSIS, Araken de. *Aspectos polêmicos e atuais dos limites da jurisdição e do direito à saúde*. São Paulo: Notadez, 2007.

ATRICON. *Resolução Atricon nº 03/2014*: Composição dos TCs. Aprova as Diretrizes de Controle Externo Atricon 3301/2014 relacionadas à temática "Composição, organização e funcionamento dos Tribunais de Contas no Brasil". Fortaleza, 6 ago. 2014. Disponível em: http://www.atricon.org.br/normas/resolucao-atricon-no-032014-composicao-dos-tcs/. Acesso em: 13 ago. 2019.

AURÉLIO. *Minidicionário da língua portuguesa*. 4. ed. Rio de Janeiro: Positivo, 2002.

AZEREDO, Renato. *Natureza Jurídica dos Tribunais de Contas*. [S.l]: [s.n.], [s.d.]. 2 p. Disponível: em: http://www.audicon.org.br/v1/wp-content/uploads/2014/09/NATUREZA-JUR%C3%8DDICA-DOS-TRIBUNAIS-DE-CONTAS.pdf. Acesso em: 15 ago. 2019.

BARBOSA, Rui. Exposição de Motivos de Rui Barbosa sobre a Criação do TCU. *Revista do TCU*, n. 82, Seção Destaques, p. 253-262, 10 jan. 1999. Disponível em: https://revista.tcu.gov.br/ojs/index.php/RTCU/article/view/1113. Acesso em: 08 ago. 2018.

BARCELLOS, Ana Paula de. *A eficácia jurídica dos princípios constitucionais*: o princípio da dignidade humana. 2. ed. Rio de Janeiro: Renovar, 2008.

BARNARD, Chester I. *As funções do executivo*. São Paulo: Atlas, 1971.

BARRETO, Neila Maria Souza (Org.). *Cinquenta + 10 anos de História do Tribunal de Contas do Estado de Mato Grosso*: 1953-2013. Cuiabá: Carlini & Caniato, 2013.

BIG FOUR. *Conhecimento geral*, 30 jun. 2016. Disponível em: https://www.conhecimentogeral.inf.br/big_four/. Acesso em: 06 ago. 2019.

BINENBOJM, Gustavo. *Uma teoria do Direito Administrativo*: direitos fundamentais, democracia e constitucionalização. Rio de Janeiro: Renovar, 2006.

BINENBOJM, Gustavo. *Uma teoria do Direito Administrativo*: direitos fundamentais, democracia e constitucionalização. 2. ed. rev. e atual. Rio de Janeiro: Renovar, 2008.

BINEMBOJM, Gustavo. *Uma teoria do Direito Administrativo*: direitos fundamentais, democracia e constitucionalização. 3. ed. rev. e atual. Rio de Janeiro: Renovar, 2014.

BLOK, Marcela. *Compliance e Governança Corporativa*. Rio de Janeiro: Freitas Bastos, 2017.

BOBBIO, Norberto. *A Era dos Direitos*. Rio de Janeiro: Elsevier, 1992.

BOBBIO, Norberto. *Teoria do Ordenamento Jurídico*. 2. ed. São Paulo: Saraiva, 2014.

BRASIL. *Constituição Política do Império do Brazil*, de 25 de março de 1824. Manda observar a Constituição Politica do Imperio, offerecida e jurada por Sua Magestade o Imperador. Rio de Janeiro, 1824. Disponível em: http://www.planalto.gov.br/ccivil_03/constituicao/constituicao24.htm. Acesso em: 15 ago. 2019.

BRASIL. *Constituição da República Federativa do Brasil de 1967*. Brasília, 24 de janeiro de 1967. Disponível em: http://www.planalto.gov.br/ccivil_03/constituicao/constituicao67.htm. Acesso em: 15 ago. 2019.

BRASIL. *Constituição da República Federativa do Brasil de 1988*. Brasília: Senado Federal, 1988. Disponível em: http://www.planalto.gov.br/ccivil_03/constituicao/constituicao.htm. Acesso em: 04 ago. 2019.

BRASIL. Constituição (1988). *Constituição da República Federativa do Brasil*. Brasília, DF: Senado Federal: Centro Gráfico, 1988.

BRASIL. *Emenda Constitucional nº 45*, de 30 de dez. de 2004. Altera dispositivos dos arts. 5º, 36, 52, 92, 93, 95, 98, 99, 102, 103, 104, 105, 107, 109, 111, 112, 114, 115, 125, 126, 127, 128, 129, 134 e 168 da Constituição Federal, e acrescenta os arts. 103-A, 103B, 111-A e 130-A, e dá outras providências. Brasília, DF, 2004.

BRASIL. Câmara dos Deputados. *Decreto nº 392*, de 8 de outubro de 1896. Reorganiza o Tribunal de Contas. Capital Federal, 08 de outubro de 1896. Legislação Informatizada, publicação original. Disponível em: http://www2.camara.leg.br/legin/fed/decret/1824-1899/decreto-392-8-outubro-1896-540205-publicacaooriginal-40163-pl.html. Acesso em: 07 ago. 2019.

REFERÊNCIAS | 233

BRASIL. Câmara dos Deputados. *Decreto nº 966-A*, de 7 de novembro de 1890. Crêa um Tribunal de Contas para o exame, revisão e julgamento dos actos concernentes á receita e despeza da Republica. Sala das sessões do Governo Provisorio, 7 de novembro de 1890. Legislação Informatizada, publicação original. Disponível em: http://www2.camara.leg. br/legin/fed/decret/1824-1899/decreto-966-a-7-novembro-1890-553450-publicacaooriginal-71409-pe.html. Acesso em: 08 ago. 2019.

BRASIL. *Decreto nº 1.166*, de 17 de dezembro de 1892. Dá regulamento para execução da lei n. 23 de 30 de outubro de 1891, na parte referente ao Ministerio da Fazenda. Capital Federal, 17 de dezembro de 1892. Legislação Informatizada, publicação original. Disponível em: http://www2.camara.leg.br/legin/fed/decret/1824-1899/decreto-1166-17-dezembro-1892-523025-publicacaooriginal-1-pe.html. Acesso em: 15 ago. 2019.

BRASIL. *Decreto nº 8.420*, de 18 de março de 2015. Regulamenta a Lei nº 12.846, de 1º de agosto de 2013, que dispõe sobre a responsabilização administrativa de pessoas jurídicas pela prática de atos contra a administração pública, nacional ou estrangeira e dá outras providências. Brasília, 2015. Disponível em: http://www.planalto.gov.br/ ccivil_03/_ato2015-2018/2015/decreto/D8420.htm. Acesso em: 06 ago. 2019.

BRASIL. *Decreto nº 9.203*, de 22 de novembro de 2017. Dispõe sobre a política de governança da administração pública federal direta, autárquica e fundacional. Brasília, 2017. Disponível em: http://www.planalto.gov.br/ccivil_03/_ato2015-2018/2017/decreto/ D9203.htm. Acesso em: 06 ago. 2019.

BRASIL. Câmara dos Deputados. *Decreto nº 13.247*, de 23 de outubro de 1918. Reorganiza o Tribunal de Contas. Rio de Janeiro, 1918. Legislação Informatizada, publicação original. Disponível em: http://www2.camara.leg.br/legin/fed/decret/1910-1919/decreto-13247-23-outubro-1918-504299-publicacaooriginal-1-pe.html. Acesso em: 08 ago. 2019.

BRASIL. Câmara dos Deputados. *Decreto nº 15.770*, de 1º de novembro de 1922. Modifica o regulamento do Tribunal de Contas. Rio de Janeiro, 1922. Legislação Informatizada, publicação original. Disponível em: http://www2.camara.leg.br/legin/fed/decret/1920-1929/ decreto-15770-1-novembro-1922-517652-publicacaooriginal-1-pe.html. Acesso em: 08 ago. 2019.

BRASIL. *Lei nº 830*, de 23 de setembro de 1949. Reorganiza o Tribunal de Contas da União. [*S.l.*], 1949. Disponível em: http://www.planalto.gov.br/ccivil_03/Leis/1930-1949/L0830. htm. Acesso em: 08 ago. 2019.

BRASIL. *Lei nº 3.454*, de 6 de janeiro de 1918. Fixa a Despeza Geral da Republica dos Estados Unidos do Brasil para o exercicio de 1918. Rio de Janeiro, 1918. Disponível em: http://www.planalto.gov.br/ccivil_03/leis/1901-1929/L3454.htm. Acesso em: 08 ago. 2019.

BRASIL. Lei nº 8.443, de 16 de julho de 1992. Dispõe sobre a Lei Orgânica do Tribunal de Contas da União e dá outras providências. Brasília, DF, 1992. Disponível em: http:// www.planalto.gov.br/ccivil_03/leis/L8443.htm. Acesso em: 15 ago. 2019.

BRASIL. *Lei nº 8.625*, de 12 de fevereiro de 1993. Institui a Lei Orgânica Nacional do Ministério Público, dispõe sobre normas gerais para a organização do Ministério Público dos Estados e dá outras providências. Brasília, DF, 1993. Disponível em: http://www. planalto.gov.br/ccivil_03/Leis/L8625.htm. Acesso em: 15 ago. 2019.

BRASIL. *Lei nº 11.365*, de 26 de outubro de 2006. Dispõe sobre a remuneração dos membros do Conselho Nacional de Justiça. Brasília, DF, 2006. Disponível em: http://www.planalto. gov.br/ccivil_03/_Ato2004-2006/2006/Lei/L11365.htm. Acesso em: 14 ago. 2019.

BRASIL. *Lei nº 12.846*, de 01 de agosto de 2013. Dispõe sobre a responsabilização administrativa e civil de pessoas jurídicas pela prática de atos contra a administração pública, nacional ou estrangeira, e dá outras providências. Brasília, 2013. Disponível em: http://www.planalto.gov.br/ccivil_03/_ato2011-2014/2013/lei/l12846.htm. Acesso em: 06 ago. 2019.

BRASIL. *Lei nº 13.303*, de 30 de junho de 2016. Dispõe sobre o estatuto jurídico da empresa pública, da sociedade de economia mista e de suas subsidiárias, no âmbito da União, dos Estados, do Distrito Federal e dos Municípios. Brasília, 2016. Disponível em: http://www. planalto.gov.br/ccivil_03/_ato2015-2018/2016/lei/l13303.htm. Acesso em: 06 ago. 2019.

BRASIL. *Lei nº 13.502*, de 1º de novembro de 2017. Estabelece a organização básica dos órgãos da Presidência da República e dos Ministérios; altera a Lei nº 13.334, de 13 de setembro de 2016; e revoga a Lei nº 10.683, de 28 de maio de 2003, e a Medida Provisória nº 768, de 2 de fevereiro de 2017. Brasília, 2017. Disponível em: https://abmes.org.br/arquivos/legislacoes/Lei-13502-2017-11-01.pdf. Acesso em: 07 ago. 2019.

BRASIL. Conselho Nacional de Justiça. *Resolução nº 72*, de 31 de março de 2009. Dispõe sobre a convocação de juízes de primeiro grau para substituição e auxílio no âmbito dos Tribunais estaduais e federais. Brasília, DF, 2009. Disponível em: http://www.cnj. jus.br/busca-atos-adm?documento=2760,%20acesso%20em%2019/07/2018. Acesso em: 14 ago. 2019.

BRASIL. Controladoria-Geral da União. *Convenção Interamericana Contra a Corrupção*. Brasília, 2007. Disponível em: http://www.cgu.gov.br/assuntos/articulacao-internacional/convencao-da-oea/documentos-relevantes/arquivos/cartilha-oea. Acesso em: 11 maio 2017.

BRASIL. Controladoria-Geral da União. *Convenção das Nações Unidas contra a Corrupção*. Brasília, 2008. Disponível em: http://5ccr.pgr.mpf.mp.br/publicacoes/publicacoes-diversas/ConvONUcorrup_port.pdf. Acesso em: 05 ago. 2019.

BRASIL. Ministério da Transparência. Controladoria-Geral da União. *Convenção da ONU*. [s.d.]. Disponível em: http://www.cgu.gov.br/sobre/perguntas-frequentes/articulacao-internacional/convencao-da-onu. Acesso em: 05 ago. 2019.

BRASIL. Controladoria-Geral da União. *Convenção da OCDE sobre o Combate da Corrupção de Funcionários Públicos Estrangeiros em Transações Comerciais Internacionais*. Cartilha. 1. Convenções Internacionais 1.1 Convenção da OCDE contra suborno de funcionários públicos estrangeiros em transações comerciais internacionais. Brasília, 2007. p. 09. Disponível em: http://www.abgf.gov.br/media/Download/CGU.OCDE.pdf. Acesso em: 11 maio 2017.

BRASIL. Controladoria-Geral da União. *Programa de Integridade*: diretrizes para empresas privadas. Brasília, 2015. 27 p. Disponível em: http://www.cgu.gov.br/Publicacoes/etica-e-integridade/arquivos/programa-de-integridade-diretrizes-para-empresas-privadas. pdf. Acesso em: 06 ago. 2019.

BRASIL. Ministério do Planejamento, Orçamento e Gestão. Controladoria-Geral da União. *Instrução Normativa Conjunta MP/CGU nº 01/2016*. Dispõe sobre controles internos, gestão de riscos e governança no âmbito do Poder Executivo federal. Brasília, 2016. Disponível em: http://www.cgu.gov.br/sobre/legislacao/arquivos/instrucoes-normativas/in_cgu_mpog_01_2016.pdf. Acesso em: 06 ago. 2019.

BRASIL. Ministério Público Federal. *Declaração dos Direitos do Homem e do Cidadão de 1789*. Procuradoria Federal dos Direitos do Cidadão, [s.d.]. Disponível em: http://

REFERÊNCIAS | 235

pfdc.pgr.mpf.mp.br/atuacao-e-conteudos-de-apoio/legislacao/direitos-humanos/declar_dir_homem_cidadao.pdf. Acesso em: 05 ago. 2019

BRASIL. Superior Tribunal de Justiça. Recurso Ordinário em Mandado de Segurança: RMS 52741 GO 2016/0330455-9. Rel. Min. Herman Benjamin. Julg. 08.08.2017. T2 - Segunda Turma. *DJe*, 12.09.2017. Disponível em: https://stj.jusbrasil.com.br/jurisprudencia/498966374/recurso-ordinario-em-mandado-de-seguranca-rms-52741-go-2016-0330455-9/inteiro-teor-498966379?ref=juris-tabs. Acesso em: 15 ago. 2019.

BRASIL. Superior Tribunal de Justiça. *Acórdão nº 73/2014*. Rel. Augusto Sherman. Enunciado. Disponível em: https://contas.tcu.gov.br. Acesso em: 04 jul. 2018.

BRASIL. Superior Tribunal de Justiça. *RHC 35556/RS (2013/0033150-0)*. Rel. Min. Felix Fischer. Julg. 18.11.2014. Brasília, 18 nov. 2014. Disponível em: https://ww2.stj.jus.br/websecstj/cgi/revista/REJ.cgi/ITA?seq=1366407&tipo=0&nreg=201300331500&SeqCgrmaSessao=&CodOrgaoJgdr=&dt=20141128&formato=PDF&salvar=false. Acesso em: 15 ago. 2019.

BRASIL. Superior Tribunal de Justiça. Súmula nº 329. O Ministério Público tem legitimidade para propor ação civil pública em defesa do patrimônio público. Rel. Min. Franciulli Netto. Corte Especial, 02.08.2006. *DJ*, 10.08.2006. Disponível em: https://ww2.stj.jus.br/docs_internet/revista/eletronica/stj-revista-sumulas-2012_27_capSumula329.pdf. Acesso em: 15 ago. 2019.

BRASIL. Superior Tribunal de Justiça. *Recurso Especial nº 8.970-SP- 91.0004360-5*. Rel. Min. Gomes de Barros. Julg. 18.12.91. Brasília, 1991. Disponível em: https://ww2.stj.jus.br/processo/ita/documento/mediado/?num_registro=199100043605&dt_publicacao=09-03-1992&cod_tipo_documento=. Acesso em: 15 ago. 2019.

BRASIL. Supremo Tribunal Federal. *Súmula 42*. É legítima a equiparação de juízes do Tribunal de Contas, em direitos e garantias, aos membros do Poder Judiciário. Sessão Plenária, 13 dez. 1963. Disponível em: http://www.stf.jus.br/portal/jurisprudencia/menuSumarioSumulas.asp?sumula=2143. Acesso em: 08 ago. 2019.

BRASIL. Supremo Tribunal Federal. *Ag. Reg. Na Reclamação 24.162/DF*. Rel. Min. Dias Toffoli. Brasília, 22 nov. 2016. Disponível em: http://redir.stf.jus.br/paginadorpub/paginador.jsp?docTP=TP&docID=12172734. Acesso em: 15 ago. 2019.

BRASIL. Supremo Tribunal Federal. ADI 160-4 Tocantins. Rel. Min. Octavio Gallotti. Tribunal Pleno. Julg. 23.04.1998. Brasília, 23 abr. 1998. *DJ*, 20.11.1998. Disponível em: http://redir.stf.jus.br/paginadorpub/paginador.jsp?docTP=AC&docID=266228. Acesso em: 15 ago. 2019.

BRASIL. Supremo Tribunal Federal. ADI 2.378-1 Goiás. Rel. Min. Maurício Corrêa. Tribunal Pleno. Julg. 22.03.2001. Brasília, 22 mar. 2001. *DJ*, 05.04.2002. Disponível em: http://redir.stf.jus.br/paginadorpub/paginador.jsp?docTP=AC&docID=347571. Acesso em: 15 ago. 2019.

BRASIL. Supremo Tribunal Federal. ADI 3.192-9 Espírito Santo. Rel. Min. Eros Grau. Tribunal Pleno. Julg. 24.05.2006. Brasília, 24 maio 2006. *DJ*, 18.08.2006. Disponível em: http://redir.stf.jus.br/paginadorpub/paginador.jsp?docTP=AC&docID=363333. Acesso em: 15 ago. 2019.

BRASIL. Supremo Tribunal Federal. ADI nº 3.361-MC. Rel. Ministro Eros Grau. *DJ*, 22.04.2005.

BRASIL. Supremo Tribunal Federal. ADI 328-3 Santa Catarina. Rel. Min Ricardo Lewandowski. Tribunal Pleno. Brasília, 02 de fev. de 2009. *DJe*, n. 43, divulg. 05.03.2009, public. 06.03.2009. Disponível em: http://redir.stf.jus.br/paginadorpub/paginador. jsp?docTP=AC&docID=579474. Acesso em: 15 ago. 2019.

BRASIL. Supremo Tribunal Federal. ADI 789-1 Distrito Federal. Rel. Min. Celso de Mello. Tribunal Pleno. Julg. 26.05.1994. *DJ*, 19.12.1994. Disponível em: http://redir.stf. jus.br/paginadorpub/paginador.jsp?docTP=AC&docID=266534. Acesso em: 15 ago. 2019.

BRASIL. Supremo Tribunal Federal. ADPF nº 45. Rel. Min. Celso de Mello. Julg. 29.04.2004, *DJU* 04.05.2004. Disponível em: http://stf.jus.br/portal/jurisprudencia/listarJurisprudencia. asp?s1=%28ADPF+45%29&base=baseRepercussao&url=http://tinyurl.com/zhun8ef. Acesso em: 01 jun. 2018.

BRASIL. Supremo Tribunal Federal. MS nº 31439 MC. Rel. Min. Marco Aurélio. Decisão monocrática. Julg. 19.07.12. *DJe*, 7.8.2012. Disponível em: www.stf.jus.br/portal/ jurisprudencia/menuSumarioSumulas.asp?sumula=2149. Acesso em: 15 ago. 2019.

BRASIL. Supremo Tribunal Federal. MS nº 5.490. Pleno. Rel. Min. Antônio Villas Boas. Julg. 20.8.1958. *DJ*, 25 set. 1958.

BRASIL. Supremo Tribunal Federal. MS nº 21.466. Pleno. Rel. Min. Celso de Melo. Julg. 6 mai.1994.

BRASIL. Supremo Tribunal Federal. RE nº 132.747. Rel. Min. Marco Aurélio. *DJU*, 07.12.95.

BRASIL. Supremo Tribunal Federal. *Resolução nº 413*, de 1º de outubro de 2009. Regulamenta o inciso XVI-A do art. 13 do Regimento Interno e dá outras providências. Brasília, DF, 2009. Disponível em: http://www.stf.jus.br/ARQUIVO/NORMA/RESOLUCAO413-2009. PDF. Acesso em: 14 ago. 2019.

BRASIL. Tribunal de Contas. *Relatório de levantamento*. TC 020.830/2014-9. Governança pública em âmbito nacional: análise sistêmica das oportunidades de melhoria constatadas. Atuação conjunta dos Tribunais de Contas do Brasil. Brasília: TCU, 2015.

BRASIL. Tribunal de Contas da União. *Resolução Administrativa nº 14*, de 12 de dezembro de 1977. Regimento Interno do Tribunal de Contas da União. Brasília, DF, 1977. Disponível em: shorturl.at/iAM46. Acesso em: 08 ago. 2019.

BRASIL. Tribunal de Contas do Estado do Paraná. Tribunal de Justiça impede retrocesso no Ministério Público de Contas. *Portal do MPC-PR*, 17 dez. 2015. Disponível em: http:// www.mpc.pr.gov.br/tribunal-de-justica-impede-retrocesso-no-ministerio-publico-de-contas/. Acesso em: 15 ago. 2019

BREUS, Thiago Lima. *Políticas públicas no Estado constitucional*. Belo Horizonte: Fórum, 2007.

BRITTO, Carlos Ayres. O regime jurídico do Ministério Público de Contas. *In*: ASSOCIAÇÃO NACIONAL DO MINISTÉRIO PÚBLICO DE CONTAS. *Ministério Público de Contas*: perspectivas doutrinárias do seu estatuto jurídico. Belo Horizonte: Fórum, 2017.

BURKHEAD, Jesse. *Orçamento Público*. Rio de Janeiro: Ed. FGV, 1971.

CAMPOS, Anna Maria. Accountability: quando poderemos traduzi-la para o português? *In*: JABBRA, Joseph G.; DWIVEDI, O. P. (Ed.). *Public service accountability*: a comparative perspective. Connecticut: Kumarian Press, 1989.

REFERÊNCIAS | 237

CANELA JUNIOR, Osvaldo. *A Efetivação dos Direitos Fundamentais através do Processo Coletivo*: o âmbito de cognição das políticas públicas pelo Poder Judiciário. Orientador: Prof. Dr. Kazuo Watanabe. 2009. 151 f. Tese (Doutorado em Direito) – Faculdade de Direito, Universidade de São Paulo, São Paulo, 2009. Disponível em: http://www.teses. usp.br/teses/disponiveis/2/2137/tde-03062011-114104/publico/Versao_simplificada_pdf. pdf. Acesso em: 05 ago. 2019.

CANOTILHO, José Joaquim Gomes. *Estado de Direito*. Lisboa: Gradiva, 1999a.

CANOTILHO, José Joaquim Gomes. *Direito constitucional e teoria da constituição*. 3. ed. Coimbra: Almedina, 1999b.

CANOTILHO, José Joaquim Gomes. *Direito constitucional e Teoria da Constituição*. 7. ed. Coimbra: Almedina, 2008.

CARLINI, Lucas; LAGE, Daniel. Capitalismo e corrupção. *Passapalavra*, 06 jul. 2017. Disponível em: http://passapalavra.info/2017/07/113314. Acesso em: 05 ago. 2019.

CARVALHO, Francisco José. *Teoria da função social do Direito*. Curitiba: Juruá, 2013.

CARVALHO FILHO, José dos Santos. *Manual de Direito Administrativo*. 28. ed. São Paulo: Atlas, 2015.

CASTELLS, Manuel. *A Era da Informação*: economia, sociedade e cultura. 6. ed. São Paulo: Paz e Terra, 2013. v. 1.

CASTRO, Alisson. MPC pede suspensão de gastos de R$ 1 mi com artistas em Coari. *D24am*, 27 jun. 2018. Disponível em: http://d24am.com/politica/mpc-pede-suspensao-de-gastos-de-r-1-mi-com-artistas-em-coari/. Acesso em: 15 ago. 2019.

CAVALCANTI, Francisco de Queiroz Bezerra. Da necessidade de aperfeiçoamento do controle judicial sobre a atuação dos Tribunais de Contas visando a assegurar a efetividade do sistema. *Revista do TCU*, Brasília, v. 1, n. 108, p. 7-18, jan./abr. 2007.

CONHEÇA o Ministério Público junto ao TCU. *Portal TCU*, Institucional, [s.d.]. Disponível em: https://portal.tcu.gov.br/institucional/ministerio-publico-junto-ao-tcu/. Acesso em: 15 ago. 2019.

COSTA, Aldo de Campos. Normas de sobredireito para resolver conflitos de direitos humanos. *Consultor Jurídico*, 22 jan. 2015. Disponível em http://www.conjur.com. br/2015-jan-22/toda-prova-normas-sobredireito-resolver-conflitos-direitos-humanos. Acesso em: 19 ago. 2019.

DANTAS, Fábio Wilder da Silva. Ministério Público de Contas: origem e evolução histórica no Brasil. *Revista Eletrônica do Curso de Direito do Centro Universitário CESMAC*, n. 1, 15 p., 2013. Disponível em: http://revistas.cesmac.edu.br/index.php/refletindo/article/view/204. Acesso em: 15 ago. 2019.

DE PLÁCIDO E SILVA. *Dicionário de Contabilidade*. 10. ed. São Paulo: Atlas, 2005.

DECLARAÇÃO de direitos do homem e do cidadão – 1789. *Biblioteca virtual de Direitos Humanos*, Universidade de São Paulo, [s.d.]. Disponível em: http://www.direitoshumanos. usp.br/index.php/Documentos-anteriores-à-criação-da-Sociedade-das-Nações-até-1919/ declaracao-de-direitos-do-homem-e-do-cidadao-1789.html. Acesso em: 07 ago. 2019.

DIÓGENES JÚNIOR, José Eliaci Nogueira. Aspectos gerais das características dos direitos fundamentais. *Âmbito Jurídico*, 01 maio 2012. Disponível em: http://www.ambitojuridico. com.br/site/?n_link=revista_artigos_leitura&artigo_id=11749#_ftn10. Acesso em: 19 ago. 2019.

DI PIETRO, Maria Sylvia Zanella. *Direito Administrativo*. 30. ed. Rio de Janeiro: Forense, 2017.

ENCCLA. *Ações de 2018*. XV Reunião Plenária da Estratégia Nacional de Combate à Corrupção e à Lavagem de Dinheiro. Campina Grande-PB, 20 a 24 de novembro de 2017. Disponível em: https://www.justica.gov.br/sua-protecao/lavagem-de-dinheiro/enccla/acoes-enccla/acoes-de-2018. Acesso em: 14 ago. 2019.

ENCCLA – Estratégia Nacional de Combate à Corrupção e à Lavagem de Dinheiro. Disponível em: http://enccla.camara.leg.br/. Acesso em: 19 ago. 2019.

FARIAS, Luciano Chaves de. *Mínimo existencial*: um parâmetro para o controle judicial das políticas sociais de saúde. Belo Horizonte: Fórum, 2015.

FEITOSA, Leilyane Brandão. *A função do Ministério Público junto aos Tribunais de Contas na Filosofia de John Locke*. Orientador: Prof. Dr. Regenaldo Rodrigues da Costa. 2010. 60 f. Monografia (Especialista em Filosofia Moderna do Direito) – Escola Superior do Ministério Público do Ceará, Fortaleza, 2010. Disponível em: http://www.mpce.mp.br/wp-content/uploads/ESMP/monografias/filosofia.moderna.do.direito/a.funcao.do.ministerio.publico.junto.aos.tribunais[2010].pdf. Acesso em: 19 ago. 2019.

FERNANDES, Jorge Ulisses Jacoby. O julgamento pelos Tribunais de Contas. *Revista do Tribunal de Contas do Distrito Federal*, v. 22, p. 17, 1996.

FERNANDES, Jorge Ulisses Jacoby. A ação do controle. *Jus.com.br*, jul. 1999. Disponível em: https://jus.com.br/artigos/336/a-acao-do-controle. Acesso em: 05 ago. 2019.

FERNANDES, Jorge Ulysses Jacoby. *Tribunal de Contas do Brasil*: jurisdição e competência. 2. ed. Belo Horizonte: Fórum, 2005.

FERRAZ JUNIOR, Tércio Sampaio. *Introdução ao Estudo do Direito*. 9. ed. São Paulo: Atlas, [s.d.].

FERRAZ JUNIOR, Tércio Sampaio. A validade das normas jurídicas. *Sequência*, n. 28, p. 73-87, jun. 1994. Disponível em: https://periodicos.ufsc.br/index.php/sequencia/article/view/15875/14364. Acesso em: 05 ago. 2019.

FERREIRA JÚNIOR, Adircélio de Moraes. *O bom controle público e as cortes de contas como Tribunais da boa governança*. Orientador: Prof. Dr. Luis Carlos Cancellier de Olivo. 2015. 257 f. Dissertação (Mestrado em Direito) – Centro de Ciências Jurídicas, Universidade Federal de Santa Catarina, Florianópolis, 2015. Disponível em: shorturl.at/blDR7. Acesso em: 05 ago. 2019.

FILGUEIRAS, Fernando; ARANHA, Ana Luiza Melo. Controle da corrupção e burocracia da linha de frente: regras, discricionariedade e reformas no Brasil. *Dados*, v. 54, n. 2, p. 349-387, 2011. Disponível em: http://www.scielo.br/scielo.php?script=sci_arttext&pid=S0011-52582011000200005&lng=pt&tlng=pt. Acesso em: 19 ago. 2019.

FILHO, Salomão Abdo Aziz Ismail. *Ministério Público e atendimento à população*: instrumento de acesso à justiça social. Curitiba: Juruá, 2013.

FREITAS, Juarez. *Estudos de direito administrativo*. 2. ed. São Paulo: Malheiros, 1995.

FREITAS, Juarez. O controle social do orçamento público. *Interesse Público*, São Paulo, ano 3, n. 11, p. 13-26, jul./set. 2001.

FREITAS, Juarez. *A interpretação sistemática do Direito*. São Paulo: Malheiros, 2004.

FREITAS, Juarez. *O controle dos atos administrativos e os princípios fundamentais.* 5. ed. São Paulo: Malheiros, 2013.

FREITAS, Juarez. *Direito Fundamental à boa administração pública.* 3. ed. São Paulo: Malheiros, 2014.

FREITAS, Juarez. *Discricionariedade Administrativa e o Direito Fundamental à Boa Administração.* 2. Ed. São Paulo: Malheiros, 2009.

FREITAS, Juarez. Ministério Público de Contas: estágio probatório; vitaliciamento; correição funcional, escolha de procurador-geral e autonomia institucional. *In:* ASSOCIAÇÃO NACIONAL DO MINISTÉRIO PÚBLICO DE CONTAS. *Ministério Público de Contas:* perspectivas doutrinárias do seu estatuto jurídico. Belo Horizonte: Fórum, 2017.

FUNÇÃO. *In:* DICIONÁRIO Etimológico. Disponível em www.dicionarioetimologico. com.br/funcao/. Acesso em: 15 ago. 2019.

FUNÇÃO. *In:* DICIONÁRIO Online de Português. Disponível em: https://www.dicio. com.br/funcao/. Acesso em: 15 ago. 2019.

FUNDAÇÃO CASA DE RUI BARBOSA. *Qual a grafia correta, Rui ou Ruy?* Disponível em: http://www.casaruibarbosa.gov.br/interna.php?ID_S=0&ID_M=1006. Acesso em: 08 ago. 2019.

FURTADO, José de Ribamar Caldas. *Direito Financeiro.* Belo Horizonte: Fórum, 2014.

FURTADO, Lucas Rocha. *Curso de Direito Administrativo.* Belo Horizonte: Fórum, 2007.

GASPARINI, Diógenes. *Direito Administrativo.* 13. ed. rev. e atual. São Paulo: Saraiva, 2008.

GLOSSÁRIO: termos técnicos mais comuns utilizados por Tribunais de Contas. [*S.l.*]: Instituto Rui Barbosa, 2005.

GOULART, Celestino; GUIMARÃES, Fernando Augusto Mello. *O Ministério Público Especial e seus Princípios Fundamentais.* [*S.l.*], [s.d.], 31 p. Disponível em: http://mpc.ba.gov. br/m/wp-content/uploads/2014/12/OMPEEPRINCIPIO.pdf. Acesso em: 15 ago. 2019.

GOULART, Marcelo Pedroso. *Princípios institucionais do Ministério Público:* a necessária revisão conceitual da unidade institucional e da independência funcional. Disponível em: shorturl.at/wFJW6. Acesso em: 28 maio 2018.

GUALAZZI, Eduardo Lobo Botelho. *Regime Jurídico dos Tribunais de Contas.* São Paulo: Revista dos Tribunais, 1992.

GUASTINI, Riccardo. *Interpretación, Estado Y Constitución.* Lima: Ara, 2010.

HEITOR, Leonardo. FOLHAMAX: Auditoria do TCE descobre rombo milionário em atendimentos por ordem judicial em MT. *Portal do SISMA/MT,* 18 jun. 2018. Disponível em: https://sismamt.org.br/27554/folhamax-auditoria-do-tce-descobre-rombo-milionario-em-atendimentos-por-ordem-judicial-em-mt. Acesso em: 15 ago. 2019.

INSTITUTO BRASILEIRO DE GOVERNANÇA CORPORATIVA (IBGC). *Código das Melhores Práticas de Governança Corporativa.* São Paulo: IBGC, 2015. 108 p. Disponível em: https://conhecimento.ibgc.org.br/Paginas/Publicacao.aspx?PubId=21138. Acesso em: 06 ago. 2019.

INSTITUTO BRASILEIRO DE GOVERNANÇA CORPORATIVA (IBGC). *Principais modelos.* [s.d.]. Disponível em: https://siteatg.ibgc.org.br/governanca/origens-da-governanca/principais-modelos. Acesso em: 06 ago. 2019.

INSTITUTO COMPLIANCE BRASIL. *Breve história.* Disponível em: http://compliancebrasil.org/instituto/. Acesso em: 06 ago. 2019.

IOCKEN, Sabrina Nunes. *As funções do Tribunal de Contas no controle de políticas públicas.* Orientador: João dos Passos Martins Neto. 2010. Dissertação (Mestrado em Direito) – Centro de Ciências Jurídicas, Universidade Federal de Santa Catarina, Florianópolis, 2010.

JUCÁ, Francisco Pedro. Direito Fundamental a um bom Governo. *Revista Pensamento Jurídico,* São Paulo, v. 11, n. 12, jul./dez. 2017.

JUSTEN FILHO, Marçal. *Curso de Direito Administrativo.* 8. ed. rev. ampl. e atual. Belo Horizonte: Fórum, 2012.

KANIA, Cláudio Augusto. A evolução (?) do papel dos auditores dos Tribunais de Contas do Brasil. *In*: LIMA, Luiz Henrique (Coord.). *Tribunais de Contas*: temas polêmicos na visão de Ministros e Conselheiros Substitutos. Belo Horizonte: Fórum, 2014.

KANIA, Cláudio Augusto. A evolução (?) do papel dos auditores dos Tribunais de Contas do Brasil. *In*: LIMA, Luiz Henrique (Coord.). *Tribunais de Contas*: temas polêmicos na visão de Ministros e Conselheiros Substitutos. 2. ed. Belo Horizonte: Fórum, 2018.

KANT, Immanuel. *Ideia de uma história universal de um ponto de vista cosmopolita.* Ed. bilíngue alemão/português. Tradução de Rodrigo Naves e Ricardo R. Terra. São Paulo: Brasiliense, 1986.

KELSEN, Hans. *Teoria pura do direito.* Tradução de João Baptista Machado. 6. ed. São Paulo: Martins Fontes, 1998.

KLEIN, Naomi. *A doutrina do choque*: a ascensão do capitalismo de desastre. Rio de Janeiro: Nova Fronteira, 2008.

LEITE, Glauco Costa. *Corrupção política*: mecanismos de combate e fatores estruturantes no sistema jurídico brasileiro. Belo Horizonte: Del Rey, 2016.

LIMA, Edilberto Carlos Pontes. O orçamento público e o direito financeiro e a carta de fortaleza. *Atricon,* 04 jul. 2017. Disponível em: http://www.atricon.org.br/artigos/o-orcamento-publico-o-direito-financeiro-e-a-carta-de-fortaleza/. Acesso em: 07 ago. 2019.

MANZI, Vanessa Alessi. *Compliance no Brasil.* São Paulo: Saint Paul, 2008.

MARTINS, Humberto Falcão; MARINI, Caio. Governança Pública Contemporânea: uma tentativa de dissecação conceitual. *Revista do TCU,* n. 130, p. 42-53, maio/ago. 2014. Disponível em: http://revista.tcu.gov.br/ojs/index.php/RTCU/article/download/40/35. Acesso em: 06 ago. 2019.

MARTINS, Ives Gandra da Silva. *Roteiro para uma Constituição.* Rio de Janeiro: Forense, 1987.

MARTINS, Ives Gandra da Silva; BASTOS, Celso Ribeiro. *Comentários à Constituição do Brasil.* São Paulo: Saraiva, 2000.

MARTINS JÚNIOR, Walace Paiva. *Transparência administrativa*: publicidade, motivação e participação popular. São Paulo: Saraiva, 2004.

REFERÊNCIAS | 241

MATO GROSSO. Assembleia Legislativa. Secretaria de Serviços Legislativos. *Lei nº 10.191*, de 05 de março de 2018. Institui o Programa de Integridade Pública do Governo do Estado de Mato Grosso para todos os órgãos e entidades da Administração Pública, Autárquica e Fundacional do Poder Executivo Estadual, fomentado e fiscalizado pelo Gabinete de Transparência e Combate à Corrupção. Cuiabá, 2018. Disponível em: https://www.al.mt.gov.br/storage/webdisco/leis/lei-10691-2018.pdf. Acesso em: 06 ago. 2019.

MAZZILLI, Hugo Nigro. Princípios institucionais do Ministério Público brasileiro. [S.d.]. 39 p. Disponível em: http://www.mazzilli.com.br/pages/artigos/princinst.pdf. Acesso em: 15 ago. 2019.

MCKINSEY GLOBAL INSTITUTE. *Big Data:* The next frontier for innovation, competition, and productivity. McKinsey Global Institute, May 2011. Disponível em: https://www.mckinsey.com/~/media/McKinsey/Business%20Functions/McKinsey%20Digital/Our%20Insights/Big%20data%20The%20next%20frontier%20for%20innovation/MGI_big_data_exec_summary.ashx>. Acesso em: 06 ago. 2019.

MEDAUAR, Odete. *Controle da administração pública.* São Paulo: Revista dos Tribunais, 1993.

MEDAUAR, Odete. *Direito Administrativo moderno.* 21. ed. Belo Horizonte: Fórum, 2018.

MELLO, Celso Antônio Bandeira de. *Curso de Direito Administrativo.* 19. ed. São Paulo: Malheiros, 2005.

MELLO, Marcos Bernardes de. *Teoria do fato jurídica:* plano da existência. 15. ed. São Paulo: Saraiva, 2008.

MEIRELLES, Hely Lopes. *Direito Administrativo Brasileiro.* 25. ed. São Paulo: Malheiros, 2000.

MENDES, Gilmar Ferreira; COELHO, Inocêncio Mártires; BRANCO, Paulo Gustavo Gonet. *Curso de direito constitucional.* 3. ed. rev. atual. São Paulo: Saraiva, 2008.

MENEZES, Vitor Hugo Mota. *Direito à Saúde e Reserva do Possível.* Curitiba: Juruá, 2015.

MENEGUIN, Fernando B; FREITAS, Igor Vilas Boas de. *Aplicação em avaliação de políticas públicas:* metodologia e estudos de casos. Textos para Discussão n. 123. Brasília: Núcleo de Estudos e Pesquisas do Senado, mar. 2013. Acesso em: https://www2.senado.leg.br/bdsf/bitstream/handle/id/243255/TD123-FernandoB.Meneguin_IgorVilasBoasdeFreitas.pdf?sequence=1&isAllowed=y. Acesso em: 29 ago. 2019.

MILESKI, Helio. *O controle da gestão pública.* São Paulo: Revista dos Tribunais, 2003.

MILESKI, Helio. *O Estado contemporâneo e a corrupção.* Belo Horizonte: Fórum, 2015.

MILESKI, Helio. Comentário ao artigo 73. *In:* CANOTILHO, J. J. Gomes; MENDES, Gilmar F.; SARLET, Ingo W.; STRECK, Lenio Luiz (Coords. científicos); LEONCY, Léo Ferreira (Coord. executivo). *Comentários à Constituição do Brasil.* São Paulo: Saraiva; Almedina, 2013.

MIRANDA, Jorge. *Manual de Direito Constitucional.* 3. ed. Coimbra: Coimbra Ed., 1996. t. II.

MIRANDA, Jorge. *Manual de Direito Constitucional.* 3. ed. Coimbra: Coimbra Ed., 2000. t. IV.

MINAS GERAIS. Ministério Público de Contas. *Resolução MPC-MG nº 07*, de 21 de novembro de 2013. Regulamenta o recebimento e tratamento das informações remetidas ao Ministério Público de Contas relativas à ocorrência, em tese, de irregularidades no âmbito da Administração Pública Estadual ou Municipal, bem como a instauração de Inquérito Civil e de Procedimento Preparatório. Belo Horizonte, 21 nov. 2013. Disponível em: http://www.mpc.mg.gov.br/wp-content/uploads/2014/10/RESOLUCAO-007-2013-2. pdf. Acesso em: 15 ago. 2019.

MOHALLEM, Michael Freitas; RAGAZZO, Carlos Emmanuel Joppert (Coords.). *Diagnóstico institucional*: primeiros passos para um plano nacional anticorrupção. Rio de Janeiro: Escola de Direito do Rio de Janeiro da Fundação Getúlio Vargas, 2017. Disponível em: https://bibliotecadigital.fgv.br/dspace/handle/10438/18167. Acesso em: 05 ago. 2019.

MONTESQUIEU. *O Espírito das Leis*. Tradução de Cristina Murachco. 2. ed.; 2 reimp. São Paulo: Martins Fontes, 2000.

MOREIRA NETO, Diogo de Figueiredo. *Mutações do direito administrativo*. 2. ed. Rio de Janeiro: Renovar, 2001; p. 41 *apud* GUERRA, Evandro Martins. Controle sistêmico: a interação entre os controles interno, externo e social. *Fórum de Contratação e Gestão Pública*, Belo Horizonte: Editora Fórum, ano 7, n. 82, out. 2008.

MOURA, José Fernando Ehlers de. *Ensaio sobre a corrupção*. Porto Alegre: AGE, 2012.

MOURÃO, Licurgo; FERREIRA, Diogo Ribeiro. A atuação constitucional dos Tribunais de Contas e de seus magistrados (composição, atuação e deliberações): de Eisenhower a Zé Geraldo. *In*: LIMA, Luiz Henrique (Coord.). *Tribunais de Contas*: temas polêmicos na visão de Ministros e Conselheiros Substitutos. 2. ed. rev. ampl. atual. Belo Horizonte: Fórum, 2018.

MOURÃO, Licurgo; FERREIRA, Diogo Ribeiro; PIANCASTELLI, Sílvia Motta. *Controle democrático da Administração Pública*. Belo Horizonte: Fórum, 2017.

MPC-PA E MPF reforçam parceria institucional para as eleições de 2018. *Portal MPC-PA*, 24 abr. 2018. Disponível em: http://www.mpc.pa.gov.br/noticia/detalhe/id/320/titulo/mpc-pa-e-mpf-reforcam-parceria-institucional-para-as-eleicoes-de-2018. Acesso em: 15 ago. 2019.

NÓBREGA, Marcos. *Os Tribunais de Contas e o controle dos programas sociais*. Belo Horizonte: Fórum, 2011.

NOVAIS, Jorge Reis. *Os princípios constitucionais estruturantes da república portuguesa*. Coimbra: Coimbra Ed., 2004.

NOVELINO, Marcelo. *Curso de Direito Constitucional*. 2. ed. Salvador: Juspodivm, 2008.

OESTREICH, Gerhard. Die Entwicklung der Menschenrechte und Grundfreiheiten: eine historische Einführung. *In*: BETTERMANN, Karl August; NEUMANN, Franz L.; NIPPERDEY, Hans Carl. *Die Grundrechte*: Handbuch der Theorie und Praxis der Grundrechte. Berlin: Duncker & Humblot, 1966. v. 1.

OLIVEIRA, Régis Fernandes de. *Curso de Direito Financeiro*. São Paulo: Revista dos Tribunais, 2006.

OLIVEIRA, L. P. S.; BERTOLDI, M. R. A Importância do soft law na evolução do Direito Internacional. *RIDB*, ano 1, n. 10, p. 6265-6289, 2012. Disponível em: http://www.cidp.pt/revistas/ridb/2012/10/2012_10_6265_6289.pdf. Acesso em: 20 ago. 2019.

ORGANIZAÇÃO DAS NAÇÕES UNIDAS (ONU). *Declaração dos Direitos do Homem e do Cidadão*. 26 de Agosto de 1789. Disponível em http://www.onu.org.br/img/2014/09/DUDH.pdf. Acesso em: 13 ago. 2017.

ORGANIZAÇÃO DAS NAÇÕES UNIDAS (ONU). *Declaração Universal dos Direitos Humanos*. Rio, 05 ago. 2009. 17 p. Disponível em: https://nacoesunidas.org/wp-content/uploads/2018/10/DUDH.pdf. Acesso em: 04 ago. 2019.

OS DESAFIOS da governança corporativa no Brasil. *Estadão*, Economia & Negócios, 16 out. 2014. Disponível em: http://economia.estadao.com.br/blogs/descomplicador/os-desafios-da-governanca-corporativa-no-brasil/. Acesso em: 06 ago. 2019.

PACINI, Mário. Aspectos históricos do desenvolvimento e aperfeiçoamento do controle externo das finanças públicas. *Revista do Tribunal de Contas do Rio de Janeiro*, ano 7, n. 12, p. 1-280, nov. 1981.

PINTO, A. G. C.; PARTALA, L.; PATRYK, V.; CORDEIRO, C. M. R. *Governança Corporativa e as Normas Internacionais de Contabilidade*. [S.d.]. 27 p. Disponível em: http://www2.crcpr.org.br/uploads/arquivo/2014_07_22_53ceb2a406bd6.pdf. Acesso em: 20 ago. 2019.

PLENÁRIO JULGA constitucional emenda que extinguiu Tribunal de Contas dos Municípios do CE. *stf.jus.br*, 26 out. 2017. Disponível em http://www.stf.jus.br/portal/cms/verNoticiaDetalhe.asp?idConteudo=360247. Acesso em: 07 ago. 2019.

PONTES DE MIRANDA, Francisco Cavalcanti. *Comentários à Constituição de 1967*: com a EC nº 01, de 1969. São Paulo: RT, 1970. t. III.

RAMOS, André de Carvalho. *Curso de Direitos Humanos*. 4. ed. São Paulo: Saraiva, 2017.

REALE, Miguel. *Lições preliminares de Direito*. 26. ed. São Paulo: Saraiva, 2002.

REDE DE CONTROLE DA GESTÃO PÚBLICA. *Sobre a Rede*. Disponível em: http://www.rededecontrole.gov.br/rede-de-controle/inicio.htm. Acesso em: 20 maio 2018.

REINO UNIDO. *UK Anti-Corruption Plan*. Disponível em: https://www.gov.uk/government/publications/ uk-anti-corruption-plan. Acesso em: 10 maio 2017.

RENNER, Karl. Instituições legais e estrutura econômica (1980). *In*: FALCÃO, Joaquim; SOUTO, Cláudio (Org.). *Sociologia e direito*. 2. ed. São Paulo: Thompson Pioneira, 2002, p. 147-157.

RIBAS JUNIOR, Salomão. *Corrupção pública e privada*. Belo Horizonte: Fórum, 2014.

RIBEIRO, Ivete Marla. O custo Brasil da corrupção. *Estadão*, 20 set. 2016. Disponível em: http://politica.estadao.com.br/blogs/fausto-macedo/o-custo-brasil-da-corrupcao/. Acesso em: 05 ago. 2019.

RIBEIRO, Antônio Carlos. A integração como estratégia de combate à corrupção: conexões entre agentes públicos e civis em três estados do nordeste brasileiro. *In*: SEMINÁRIO INTERNACIONAL DE CIÊNCIA POLÍTICA – ESTADO E DEMOCRACIA EM MUDANÇA NO SÉCULO XXI, 1., 2015, Porto Alegre. *Anais...* Porto Alegre: [s.n.], 2015. p. 1-24.

RINGENBERG, Diogo Roberto. Poder de requisição do Ministério Público de Contas. *In*: ASSOCIAÇÃO NACIONAL DO MINISTÉRIO PÚBLICO DE CONTAS. *Ministério Público de Contas*: perspectivas doutrinárias do seu estatuto jurídico. Belo Horizonte: Fórum, 2017.

RIO GRANDE DE SUL. Tribunal de Justiça. *Apelação Cível nº 70011124955*. 4ª Câmara Cível, Rel. Des. Araken de Assis, j. 03.08.2005.

ROCHA, Arlindo Carvalho. A função da Auditoria Operacional na avaliação e no controle de entidades governamentais. *Revista do Tribunal de Contas da União*, n. 44, p. 67-69, abr./jun. 1990. Disponível em: http://www.betatreinamento.com.br/visita/Funcao%20da%20Audit%20Op.htm. Acesso em: 19 ago. 2019.

ROSSETI, José Paschoal; ANDRADE, Adriana. *Governança corporativa*: fundamentos, desenvolvimento e tendências. 7. ed. São Paulo: Atlas, 2014.

SALZANO NETO, Rubem. *Auditoria de Sistemas de Informação e sua inserção nas melhores práticas para a Gestão de TI*. Orientadora: Ana Carolina Brandão Salgado. 2012. 56 f. Monografia (Bacharelado em Ciência da Computação) – Centro de Informática, Universidade Federal de Pernambuco, Recife, 2012. Disponível em: http://www.cin.ufpe. br/~tg/2012-1/rsn3.docx. Acesso em: 06 ago. 2019.

SANTOS, Jair Lima. *Tribunal de Contas da União e Controles Estatal e Social da Administração Pública*. Curitiba: Juruá, 2011.

SARLET, Ingo Wolfgang. *A eficácia dos direitos fundamentais*. 12. ed. Porto Alegre: Livraria do Advogado, 2015.

SARLET, Ingo Wolfgang; FIGUEIREDO, Mariana F. Reserva do possível, mínimo existencial e direito a saúde: algumas aproximações. *In*: SARLET, Ingo Wolfgang; TIMM, Luciano Benetti. *Direitos Fundamentais*: orçamento e "reserva do possível". 2. ed. Porto Alegre: Livraria do Advogado, 2013.

SARQUIS, Alexandre Manir Figueiredo. A Carreira de Auditor do Tribunal de Contas. *Carta Forense*, 03 nov. 2015. Disponível em: http://www.cartaforense.com.br/conteudo/ artigos/a-carreira-de-auditor-do-tribunal-de-contas/15957. Acesso em: 13 ago. 2019.

SCHOLLER, Heinrich. Die Störung Des Urlaubsgenusses Eines "Empfindsamen Menschen" Durch Einen Behinderten: Bemerkungen Zum Frankfurter Behinderten-Urteil. *JuristenZeitung*, Tuebingen, v. 35, n. 25, p. 672-677, out. 1980. Disponível em: https://www. jstor.org/stable/20814862. Acesso em: 05 ago. 2019.

SCHWARZ, Rodrigo Garcia. Judicialização de políticas: uma introdução à temática do controle judicial sobre as respostas dos poderes públicos às demandas sociais. *In*: SCHWARZ, Rodrigo Garcia (Org.). *Direito administrativo contemporâneo. Administração pública, justiça e cidadania*: garantias fundamentais e direitos sociais. Rio de Janeiro: Elsevier, 2010.

SEABRA FAGUNDES, Miguel. *O controle dos atos administrativos pelo Poder Judiciário*. 4. ed. Rio de Janeiro: Forense, 1967.

SEIXAS, Beatriz. Saiba qual o preço da corrupção no Brasil. *GazetaOnline*, 29 maio 2017. Disponível em: https://www.gazetaonline.com.br/noticias/economia/2017/05/ saiba-qual-e-o-preco-da-corrupcao-no-brasil-1014059906.html. Acesso em: 05 ago. 2019.

SIFUENTES, Mônica Jacqueline. O poder judiciário no Brasil e em Portugal: reflexões e perspectivas. *Revista de informação legislativa*, v. 36, n. 142, p. 325-340, abr./jun. 1999. Disponível em: http://www2.senado.leg.br/bdsf/handle/id/494. Acesso em: 07 ago. 2019.

SILVA, Evander de Oliveira da. A Magna Carta de João Sem-Terra e o devido processo legal. *Jusbrasil*, 2014. Disponível em: https://evanderoliveira.jusbrasil.com.br/artigos/152036542/a-magna-carta-de-joao-sem-terra-e-o-devido-processo-legal. Acesso em: 04 ago. 2019.

SILVA, Flávia Martins André. Direitos Fundamentais. *DireitoNet*, 16 maio 2006. Disponível em: http://www.direitonet.com.br/artigos/exibir/2627/Direitos-Fundamentais. Acesso em: 04 ago. 2019.

SILVA, José Afonso da. *Orçamento-Programa no Brasil*. São Paulo: Revista dos Tribunais, 1973.

SILVA, José Afonso da. *Curso de Direito Constitucional Positivo*. 29. ed. São Paulo: Malheiros, 2007.

SILVEIRA, Daniel. Em 2016, 24,8 milhões de brasileiros viviam na miséria, 53% a mais que em 2014, revela IBGE. *G1*, 15 dez. 2017. Disponível em: https://g1.globo.com/economia/noticia/em-2016-248-milhoes-de-brasileiros-viviam-na-miseria-53-a-mais-que-em-2014-revela-ibge.ghtml. Acesso em: 05 ago. 2019.

SOCIAL. *In*: DICIONÁRIO Online de Português. Disponível em: https://www.dicio.com.br/social/. Acesso em: 15 ago. 2019.

STC e Ministério Público de Contas firmam parceria para apurar desvios de recursos públicos. *Portal TCE-MA*, [s.d.]. Disponível em: http://site.tce.ma.gov.br/index.php/noticias-intranet/1893-stc-e-ministerio-publico-de-contas-firmam-parceria-para-apuracao-de-desvios-de-recursos-publicos. Acesso em: 15 ago. 2019.

TAURION, Cesar. *Big Data*. Rio de Janeiro: Brasport, 2013.

TCU DEVE SER o guardião da lei de responsabilidade fiscal, diz Bruno Dantas. *Consultor Jurídico*, 28 ago. 2015. Disponível em: https://www.conjur.com.br/2015-ago-28/tcu-guardiao-lei-responsabilidade-fiscal-dantas. Acesso em: 19 ago. 2019.

TEMER, Michel. *Elementos de direito constitucional*. São Paulo: Malheiros, 1988.

THEODOLOU, Stella Z. How public policy is made. *In*: THEODOLOU, Stella Z; CHAN, Mathew. *A Public Policy*: The Essential Readings. Upper Saddle River, New Jersey: Prentice Hall, 2005.

TORRES, Ricardo Lobo. A legitimidade democrática e o Tribunal de Contas. *Revista de Direito Administrativo*, Rio de Janeiro, v. 194, out./dez. 1993, p. 33. Disponível em: http://bibliotecadigital.fgv.br/ojs/index.php/rda/article/view/45894/46788. Acesso em: 05 ago. 2019.

TORRES, Ricardo Lobo. *O direito ao mínimo existencial*. Rio de Janeiro: Renovar, 2009.

VUOLO, Cassyra Lúcia Corrêa Barros; SILVA, Rose da; SOUSA, Bartolomeu. *Os Conselhos Municipais de Políticas Públicas em Mato Grosso*: mapeamento, desempenho e perspectivas. Cuiabá: Publicontas, 2017.

WEBER, Max. *A ética protestante e o espírito do capitalismo*. Tradução de José Marcos Mariani de Macedo; revisão técnica, edição de texto, apresentação, glossário, correspondência vocabular e índice remissivo de António Flávio Pierucci. São Paulo: Companhia das Letras, 2004.

WEBER, Max. *Economia e sociedade*: fundamentos de Sociologia Compreensiva. Brasília: UnB, 1999.

WILLEMAN, Marianna Montebello. *Accountability democrática e o desenho institucional dos Tribunais de Contas*. Belo Horizonte: Fórum, 2017.

Esta obra foi composta em fonte Palatino Linotype, corpo 10
e impressa em papel Offset 75g (miolo) e Supremo 250g (capa)
pela Gráfica e Editora O Lutador, em Belo Horizonte/MG.